U0552607

THE FUNCTION AND CREDIBILITY
OF CHINA'S MINING INSTITUTIONS

中国矿业制度的
功能和可信度

杨秀云　著

中国社会科学出版社

图书在版编目（CIP）数据

中国矿业制度的功能和可信度 / 杨秀云著. -- 北京：中国社会科学出版社，2025.5. -- ISBN 978-7-5227-4958-7

Ⅰ.F426.1

中国国家版本馆CIP数据核字第2025MN6535号

出 版 人	赵剑英
责任编辑	孔继萍
责任校对	禹　冰
责任印制	李寡寡

出　　版	中国社会科学出版社
社　　址	北京鼓楼西大街甲158号
邮　　编	100720
网　　址	http://www.csspw.cn
发 行 部	010-84083685
门 市 部	010-84029450
经　　销	新华书店及其他书店
印　　刷	北京君升印刷有限公司
装　　订	廊坊市广阳区广增装订厂
版　　次	2025年5月第1版
印　　次	2025年5月第1次印刷
开　　本	710×1000　1/16
印　　张	15.25
字　　数	275千字
定　　价	98.00元

凡购买中国社会科学出版社图书，如有质量问题请与本社营销中心联系调换
电话：010-84083683
版权所有　侵权必究

国家社科基金后期资助项目
出 版 说 明

后期资助项目是国家社科基金设立的一类重要项目，旨在鼓励广大社科研究者潜心治学，支持基础研究多出优秀成果。它是经过严格评审，从接近完成的科研成果中遴选立项的。为扩大后期资助项目的影响，更好地推动学术发展，促进成果转化，全国哲学社会科学工作办公室按照"统一设计、统一标识、统一版式、形成系列"的总体要求，组织出版国家社科基金后期资助项目成果。

全国哲学社会科学工作办公室

前　言

党的二十大报告在阐述中国式现代化的本质要求时，明确提出了"中国式现代化是人与自然和谐共生的现代化"这一重要特征。在人与自然和谐共生的现代化方面，要尊重自然、顺应自然、保护自然，推动形成绿色发展方式和生活方式，促进人与自然和谐共生。同时，报告还强调要加强生态文明制度建设，完善生态环境法律法规和政策体系，推动生态环境治理体系和治理能力现代化。这为我们推动生态文明建设提供了制度保障和政策支持，也为我们实现人与自然和谐共生的现代化提供了有力支撑。

矿产资源制度和治理是国家治理的重要场域。在组织社会学的新制度主义视角下，合法性机制不仅约束组织的行为，而且有助于提高组织社会地位，从而获得社会的认可。合法性多被用于指组织和环境之间的相容性。本书从制度功能和制度可信度角度来认识和解释中国矿业制度的生成和演变。制度可信度（institutional credibility）被定义为"一项制度安排在特定的时空条件下得到的社会支持"。当制度达到了其预期的效果时，即制度是可信的，取得了社会和政治支持，同时产生较低水平的社会冲突（Ho，2013，2017）。根据是否达到其功能和得到行动者的支持，制度可分为可信制度（credible institution）、空制度（empty institution）和不可信制度（non-credible institution）。

本书以可信度理论为指导，从宏观的制度变迁和微观的制度可信度的操作化两个维度进行研究。宏观层面，制度涵盖了矿业土地、环境、移民安置和矿业安全制度；制度不仅限于法律制度，还包括文化、观念、社会期待等。微观层面，通过问卷、访谈和法院判决文书等手段，研究利益相关者对矿业利益的认知、环境抗争、法律诉讼、移民安置制度以及文化信仰，从而与环境社会学、法律社会学、移民社会学和文化社会学等社会学分支进行理论对话。

本书的数据来源主要有两类。第一，档案研究法。本书融合了可信度理论、发展社会学、制度经济学、法律社会学、抗争政治学等多个学科的理论，注重对法律制定过程的文本进行考察，以及对法院纠纷案件的审理过程和结果材料进行深入挖掘，从而较为完整地呈现了产权争议与法律制定的动态过程。第二，问卷调查法和访谈。本书通过在 6 省市 8 县（陕西彬州市和韩城、山西朔州、山东兖州和滕州、江苏沛县、重庆秀山和湖南花垣）进行实地调研，收集了 352 份问卷和 29 次访谈的数据，深入了解了矿区居民对制度的认知和行为。

本书的框架按照"问题提出—理论构建—实证研究—归纳总结"的方式构建，共分为八章。第一章和第二章介绍主要概念、研究问题和研究方法。实证部分分为五个章节，包括利益相关者对矿业利益的认知、环境抗争、法律诉讼以及文化信仰。第八章是研究结论和政策建议。

以下是五个实证章节的内容介绍：

第三章"矿区居民对矿业利益的认知"的实证研究主要关注采矿业对矿区居民生计的影响，以及他们对采矿净收益的认知。研究发现，采矿确实为当地社区带来了就业机会，从而积极地影响了居民的认知净收益。然而，居民的认知净收益受到采矿引起的地面塌陷和移民安置的负面影响。移民安置过程的拖延、补偿不足以及对长期生计的担忧降低了被搬迁农民的认知净收益。

第四章"矿区居民的环境抗争行为"通过问卷调查的方式，对矿区居民在面对矿业开采的环境污染时所采取的抗争方式及频次进行了研究，并利用计划行为理论来确定影响受访者参与环境抗争行为的因素。研究发现，曾经在矿山工作的居民不太可能参加环境抗争行为。回归分析表明，邻居的参与度、参与意愿和对污染严重度的认知会影响环境抗争行为。

第五章"矿区居民的法律行动研究"利用法院判决文书网收集的 123 个案例，针对矿业土地取得和移民安置引起的冲突进行了深入研究。其中 48 个矿业用地纠纷主要是村民和矿业公司之间的土地租金纠纷，且表现出时间滞后和低强度的特点。大部分纠纷发生在矿业开采期，案件都是在基层法院提起，只有 14 个案件向中级人民法院提起上诉。国家明确禁止土地被用于非农建设，但在大部分情况下，法院判决矿业土地租赁合同有效。在矿业移民安置案例中，政府因其仲裁者、实施者和管理者的角色而成为诉讼对象。具体来说，20 起农民起诉采煤公司的案件被法院驳回，法院认为，采煤塌陷地的征用赔偿应由政府负责，应找政府部门解决，不应当以采煤公司作为被告提起诉讼。20 起案例中，农民将国土部门告上法庭，对其地质灾害成因和认定责任单位的决定不满。21 起案例中，农民对乡镇政府搬迁安置项目执行中资格确认和赔偿款的数额不满意而提起诉讼。14起案件中，农民就矿业土地塌陷和搬迁补偿标准起诉当地市县政府。搬迁纠纷集中爆发在矿业开采阶段，并且大部分矿业移民安置的案件没有被受理。

第六章"矿业移民安置的风险及重建"从宏观和微观两个层面进一步研究矿业土地塌陷导致的移民安置问题。宏观层面，现有的法律没有对地下开采如何处理地面用地作出明确规定，导致"先挖后搬"。除非土地和房屋的损害达到难以控制的程度，移民安置才成为唯一、最终的解决方案。这种制度上的漏洞导致了矿区土地塌陷和强迫性的流离失所问题的产生。微观层面，流离失所的农民没有得到充分的补偿，对安置计划一无所知，对搬迁后的生活成本上升表示担忧。农民、矿业公司和地方政府之间存在着广泛的冲突，在超过2/3的被调查村庄中出现过各种纠纷。

第七章"矿业安全和煤窑神信仰的消逝"创新性地将矿业安全和矿工的煤窑神信仰联系起来，利用功能主义视角，结合矿业安全生产数据，分析了矿工煤窑神信仰的兴起、煤窑神的多样性和祭祀仪式，以及煤窑神信仰的消逝。

第八章对五个实证章节进行归纳总结，将四类采矿制度及其可信度表述如下。首先，国家关于矿业用地征用的规定变成了"空制度"。按照法规，采矿用地属于建设用地。若要占用集体农地，必须经过政府进行农地征用。然而，研究发现，矿业用地征用的规定在很大程度上被忽略了。矿业公司直接向农民租用土地。农民可以协商价格并从土地增值中获得收益，矿业公司可以绕开正式的土地规章开始开采，而地方政府可以从矿物开采中得到税收收益。因此，"以租代征"不仅有利于矿产开采，而且还得到了地方政府、矿业公司和农民等地方角色的社会支持。"空制度"还表现在土地冲突的强度较低，集中在矿业开采阶段，而不是采矿开始之前；案件主要是在基层法院进行受理，上诉率中等，从而矿业开采可以在长时间内获得运营的相对稳定性。

环境保护和环境正义诉求还没有形成共同的认知，导致矿业环境法规成为"空制度"。尽管中国已建立完备的环境法规，但中央和地方政府在环境保护问题上的利益冲突、地方政府对污染企业的依赖以及央地之间的推诿等造成环境保护法律执行难、选择性执行等环境治理困境。尽管法律规定了矿业权主体在矿产资源开发中的责任和义务，但对矿产资源开发中的环境权缺乏详细的条文界定。这种法律缺陷导致了资源开发中生态破坏严重，而且缺乏有效的约束和治理机制。研究发现，即使矿区居民认为矿业开采带来严重的污染，除因土地塌陷和移民安置问题引起集体抗争外，环境抗争的参与度仍很低。

矿业移民安置制度是不可信的制度，表现在宏观和微观层面。第一，现有政策主要集中于露天采矿，而不是地下采矿；第二，国家法律并未涵盖自由事先知情的同意原则；第三，针对采矿造成的损害和安置补偿，缺乏国家层面的法规；第四，中央与地方政府之间的责任分配不明确。这些制度上的漏洞导致了矿区土地塌陷和房屋受损，农民因此经历着多重生计剥夺：失地、失业、无家可归和非自愿的安置。旷日持久的搬迁过程和缺乏参与加剧了冲突。受损农民针对采矿公司、乡镇和县政府发起了诉讼。

以煤窑神崇拜的兴衰为视角，结合矿业安全生产数据，我们可以看到中国的矿业安全制度在过去几十年中进行了大规模的制度重构，逐渐从不可信制度转变为可信制度。

本书的观点如下：第一，矿业用地征用和环境法规在地方层面没有得到有效执行，从而沦为"空制度"。第二，"空制度"有利于矿产资源的开采，促进了地方和国家的经济增长。当采矿为矿区居民提供额外生计，而环境恶化和土地流失还没有威胁到当地社区的生计时，大多数农民对采矿持接受态度。第三，"空制度"存在固有的风险，可能发展为不可信的制度。矿业公司在未经同意之前进行开采，产生了大规模的土地塌陷和房屋受损。旷日持久的搬迁过程、补偿不足和对生计的担忧引发了社会抗争。因而采矿土地塌陷和移民安置制度的可信度受到削弱。制度在特定的阶段显得"空"，但当采矿进入下一阶段时，则变得不可信。第四，当现有制度不再能够吸纳冲突时，可能会催生新的制度安排。因而本书为如何使矿业制度变成可信制度提供了政策建议。

本书的学术创新之处在于，第一，本书拓展了制度可信度理论并对其进行了主要概念的操作化。制度可信度理论提醒我们关注制度的功能及可信度，而非仅仅关注制度的形式，为讲好中国故事提供了理论基础。这一理论可应用到土地、水资源、城市房地产领域。第二，本书以地理空间维度（调研地点涵盖了中、东、西部）、制度维度（涉及矿业土地、环境、移民、安全制度等）、社会冲突维度（包括沉默的大多数、环境抗争、法律诉讼、集体行动等）、可信度维度（涵盖不可信、空制度、可信制度）等多个维度展示了中国矿业制度。

本书的学术价值在于，第一，本书立足国情，将制度可信度框架运用于中国矿产资源公共治理问题的实证研究和理论探索，推动对环境社会学、法律社会学、移民社会学和文化社会学在矿业领域的知识创新和科学理解，有助于进一步丰富和完善中国矿产资源公共治理政策。第二，本书提供了新的数据资料，在国际上系统地展示了中国的矿业政策及矿业开采对矿区居民的经济、环境和社会的影响。这些实证章节已发表在国际资源环境类 SSCI 期刊，共计被引 200 余次。

目 录

第一章 绪论 …………………………………………………… (1)
 第一节 研究背景和意义 ………………………………… (1)
 第二节 理论分析框架 …………………………………… (10)
 第三节 研究思路和方法 ………………………………… (16)

第二章 制度可信度理论的研究进展 …………………… (23)
 第一节 制度可信度理论 ………………………………… (24)
 第二节 制度可信度理论的应用与评价 ………………… (35)
 第三节 制度可信度在中国矿业领域的适用性 ………… (40)

第三章 矿区居民对矿业利益的认知 …………………… (45)
 第一节 采矿的利与弊的文献回顾 ……………………… (46)
 第二节 研究设计和数据 ………………………………… (50)
 第三节 实证分析：利益相关者的认知净收益 ………… (52)
 第四节 小结与讨论 ……………………………………… (60)

第四章 矿区居民的环境抗争行为 ……………………… (62)
 第一节 环境抗争文献回顾 ……………………………… (63)
 第二节 基于计划行为理论的分析框架 ………………… (70)
 第三节 实证分析：环境抗争行为及影响因素 ………… (74)
 第四节 小结与讨论 ……………………………………… (80)

第五章 矿区居民的法律行动研究 ……………………… (83)
 第一节 资源冲突文献回顾 ……………………………… (85)
 第二节 冲突分析模型和数据 …………………………… (87)
 第三节 实证分析：矿业法律冲突的多维度分析 ……… (94)

第四节　小结与讨论 …………………………………………（108）

第六章　矿业移民安置的风险及重建 ……………………………（113）
　　第一节　矿业移民文献回顾 …………………………………（114）
　　第二节　分析框架和研究数据 ………………………………（116）
　　第三节　中国的矿业移民制度分析 …………………………（121）
　　第四节　矿业移民的问卷调查结果 …………………………（129）
　　第五节　小结与讨论 …………………………………………（136）

第七章　矿业安全和煤窑神信仰的消逝 …………………………（141）
　　第一节　民俗与资源采掘的文献回顾 ………………………（143）
　　第二节　中国的煤窑神 ………………………………………（146）
　　第三节　矿业信仰的比较 ……………………………………（155）
　　第四节　窑神崇拜的产生与消逝 ……………………………（158）
　　第五节　小结与讨论 …………………………………………（161）

第八章　结论与政策建议 …………………………………………（163）
　　第一节　研究发现 ……………………………………………（163）
　　第二节　中国矿业制度的功能和可信度评估 ………………（165）
　　第三节　制度可信度理论之再探讨 …………………………（169）
　　第四节　研究局限与展望 ……………………………………（172）
　　第五节　政策建议 ……………………………………………（176）

参考文献 ……………………………………………………………（179）

附录　矿业开采对矿区居民影响的问卷调查 ……………………（218）

第一章 绪论

第一节 研究背景和意义

一 蓬勃发展的中国矿业

矿产资源是经济社会发展的重要物质基础,根据其特性及主要用途被分为能源矿产、金属矿产和非金属矿产等。能源矿产主要包括煤、石油、天然气和核能等,是国民经济发展的重要能源来源,为工业生产和人们的日常生活提供源源不断的能源。金属矿产主要包括铁矿、锰矿、铜矿、铝矿、铅矿、锌矿、镍矿、钨矿、锡矿、钼矿等,它们是国民经济发展的重要原材料,这些金属矿产被广泛应用于各个领域,如建筑、制造、电子、航空航天等;非金属矿产主要包括石灰石、大理石、花岗岩、玻璃原料、水泥原料等,它们是国民经济发展的重要建筑材料和工业原料。矿物原料广泛应用于工农业及科学技术的各个部门(见图1-1)。在工业方面,矿产资源是工业生产的重要原材料,广泛应用于冶金、建材、化工、机械、电子、航空航天等领域。除了在工业方面的应用,矿产资源在农业方面也发挥着重要作用。矿物元素是植物生长和发育的必需元素,广泛应用于土壤改良、肥料生产等领域。在科学技术方面,矿物原料是制造高科技产品的重要原材料,如半导体材料、光电材料、稀土材料等。这些高科技产品不仅在国内市场受到广泛关注,同时也出口到世界各地,为国家赚取大量的外汇。

中国矿产资源总量较大,矿种比较齐全。据自然资源部发布的《中国矿产资源报告(2022)》数据显示,截至2021年年底,全国已发现173种矿产,其中石油、天然气、煤、铀等能源矿产13种;铁、锰、铜、铅、锌等金属矿产59种;石墨、磷、硫、钾盐等非金属矿产95种;地下水、矿泉水等水气矿产6种。然而,人均资源量较少,部分资源供需失

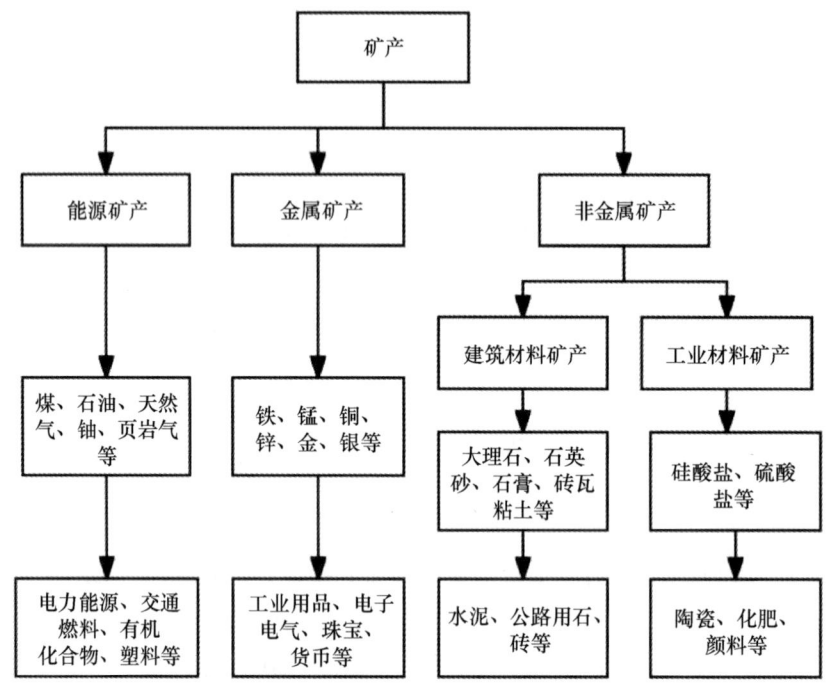

图1-1 矿产资源的分类及其市场利用

来源：作者自绘。

衡。中国是一个人口众多的国家，但人均矿产资源拥有量在世界上处于较低水平。我国的矿产资源品质良莠不齐，既有品质优良的矿石，也有低品位、组分复杂的矿石。在已查明的资源储量中，地质控制程度较低的部分所占比重较大。尽管如此，我国的成矿条件较好，通过勘查工作找到更多矿产资源的前景仍然较好。矿产资源勘探开发为我国经济的持续、快速、协调、健康发展提供了重要保障。据国务院发布的《中国的矿产资源政策》白皮书统计，我国92%以上的一次能源、80%的工业原材料、70%以上的农业生产资料来自矿产资源。矿产资源是我国经济建设和社会发展的重要物质基础，也是支撑国家工业化、城镇化和现代化建设的重要资源保障。矿产资源勘探开发是我国经济建设和社会发展的重要组成部分，对于促进经济增长、改善人民生活水平、推动科技进步和环境保护等方面具有重要意义。

自新中国成立以来，中国矿产资源管理逐步加强，逐渐走上了法治化、规范化和科学化的轨道，取得了巨大成就。据国务院发布的《中国的矿产资源政策》白皮书统计，1949年，中国相对完整的矿山只有300

多座，年产原油 12 万吨、煤 3200 万吨、钢 16 万吨、有色金属 1.30 万吨。然而，经过 70 年的发展，特别是 20 世纪 90 年代以来，中国生产的能源和矿产资源逐渐增多。从图 1-2 可以看出，主要矿产资源的生产经历了 4 个主要阶段：缓慢增长期（1949—1977），中速增长期（1978—1993），震荡期（1994—2002）和现阶段的蓬勃发展期（2003 年起）。在缓慢增长期，由于国家工业化进程缓慢，矿产资源开发水平较低，矿产资源供应严重不足；在中速增长期，随着国家工业化进程的加快，矿产资源开发水平得到了提高，矿产资源供应能力得到了进一步提升；在震荡期，由于国际市场需求的变化和国内经济体制改革的影响，矿产资源市场出现了波动；在现阶段的蓬勃发展期，随着国家经济建设和社会发展的需要，矿产资源勘探开发力度不断加大，矿产资源供应能力得到了进一步提升。2019 年，中国的原油产量达到了 1.91 亿吨，煤 39.7 亿吨，是世界上最大的生产国之一。此外，中国还是世界上最大的黄金生产国之一，2019 年黄金产量达到了 380.2 吨。在稀土方面，中国是全球最大的稀土生产国和出口国，2019 年稀土产量为 13.20 万吨。此外，中国还是世界上最大的铝、铜、锌、铅、锡、钨、硅等金属生产国之一。

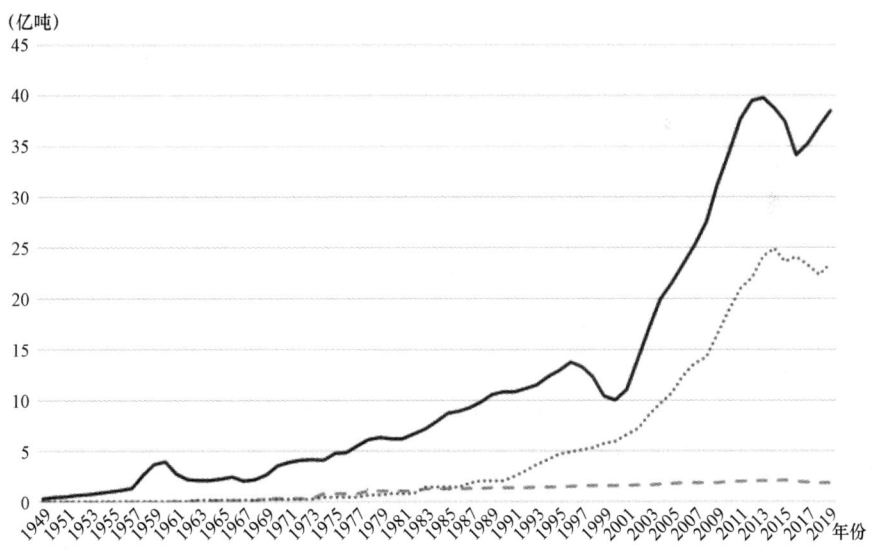

图 1-2 中国主要矿产资源产量（1949—2019）

数据来源：国家统计局。

国有矿山企业是中国矿产资源开发的支柱。自20世纪80年代以来，多种经济成分的矿山企业也得到了迅速发展，包括集体矿业企业、私营企业，甚至包括港澳台、外资投资矿山企业。这些不同经济成分的矿山企业的数量在不断增长，而国有矿山企业的数量虽然较少，但它们在我国矿产资源开发中占有重要地位。国有矿山企业在矿产资源勘探、开发、生产、销售等方面具有较强的综合实力和技术优势，特别是在能源矿产领域。据国家统计局数据，2015年，国有矿山企业的数量只占总矿山企业数量的3%，却产出了60%以上的原煤、89%的原油和20%左右的其他矿产资源。

随着中国经济发展进入"新常态"，经济增长速度从高速增长转为中高速增长，但是，我国大部分战略性矿产需求尚未见顶，消费总量增长和持续高位趋势没有改变。据中国地质调查局的数据，我国大宗矿产产量占全球总量的40%—50%，而这些产量是由占全球储量不足10%的资源所支撑的。据《中国有色金属报》报道，我国对钢铁、煤炭等少数矿产品的需求将在2025年前后达到峰值，铜、铝等大多数矿产品将在2030年前后达到峰值，锂、钴、稀土等战略性新兴产业矿产品需求峰值在2035年后将陆续到来。基于以上对未来矿产资源需求和生产的预测，探讨矿产资源开发对自然环境和社会环境的影响十分必要，这样才能更好地平衡经济发展、环境保护和社会发展之间的关系，这将在下一节做详细介绍。

二 矿业的两面性

矿产资源开发作为国民经济的重要组成部分，对于地方经济的发展和财政收入的提高具有至关重要的作用。矿业开发带来的经济效益和就业机会无疑对地方政府具有巨大的吸引力。通过发展矿业，地方政府不仅能够增加财政收入，提高当地居民的生活水平，还能促进经济发展，创造就业机会，进而提高社会福利。比如，学者通过定量分析不同采矿业的投入产出效应、产业关联效应，实证得出采矿业给中国固定资产投资和GDP带来了强劲的推动力（Ge & Lei, 2013; Lei et al., 2013）。因此，地方政府对于支持矿产资源开发表现出浓厚的兴趣。矿产资源开发同时也为一些地方政府官员和村干部提供了权力寻租的机会。由于制度缺陷和监管漏洞，部分官员可能会滥用职权，从中获取个人私利。此外，一些村干部也可能利用职务之便，在矿产资源开发过程中谋取非法利益。这种情况不仅损害了当地居民的利益，也破坏了地方政府的形象和公信力。

长期以来，矿产资源的开发为农村居民提供了重要的替代生计来源，帮助农民脱贫减贫（Rui，2005；Shen & Gunson，2006；朱清、王联军，2016），这一现象在许多农村地区得到了明显的体现。矿产资源的开发不仅增加了农民的收入来源，还带动了当地经济的发展，为农村社区的繁荣注入了新的活力。比如，截至 2016 年 2 月 1 日，我国在集中连片贫困地区 680 个县保有有效期内的探矿权 8938 个、采矿权 22838 个，分别占全国总数的 31.9% 和 31.1%。这些数据表明，矿产资源开发在贫困地区尤为活跃，极大地增强了贫困地区将资源优势转化为政策优势的能力。矿产资源的开发不仅为当地居民提供了就业机会，还提升了农村社区的基础设施（朱清、王联军，2016）。

然而，矿产资源开发所引起的环境问题同样不能被忽视。矿产资源开发会导致严重的环境退化，包括土地塌陷、水污染、空气污染以及水文地质环境的破坏等（Bian et al.，2010；Greenovation Hub，2014；李永华等，2007）。这些环境问题不仅影响了当地居民的生活质量，也对其他依赖这些水土资源的行业产生了负面影响。矿业开发首先破坏了土地和水资源的质量，从而降低了农业、旅游业和渔业等行业的活力。矿业用地的扩张侵占了农村耕地，导致可用耕地面积减少。此外，矿业开采过程中产生的大量废渣和污染物可能会对土壤和水源造成污染，从而间接影响粮食生产。更为严重的是，矿业开采区与矿产资源开采排放的尾矿水中含有的重金属有毒物质可能会对人体健康产生负面影响（石方军，2020；龚胜生、张涛，2013）。有研究认为，癌症村作为一种社会事实存在，可能与矿产资源开发排放的尾矿水中含有的重金属有毒物质有关（陈阿江、程鹏立，2011）。同时，矿业开发还可能导致地质灾害，如地面塌陷等，给当地居民带来生命和财产的威胁，引起大量生计剥夺和移民安置问题。例如，据新华网报道，在山西省就有上千个因地下采空造成的"悬空村"需要被移民安置，受影响人数超过 230 万，超过了三峡大坝建设引起的移民数量（张玉林，2013）。这些问题给当地居民的生活带来了极大的困扰和不便。

综上所述，虽然矿产资源开发在一定程度上为农村居民提供了替代生计，但同时也伴随着严重的环境问题和生计剥夺及移民安置等问题。因此，不能将矿区民众描绘成坚决反对矿业开采的同质化实体。实际上，矿区民众的态度是复杂的，他们既希望通过矿业开发提高生活水平，又对环境污染问题感到担忧。为了实现矿产资源的可持续发展，需要进一步完善制度建设，加强监管力度，确保矿产资源开发的合法性和可持续性。同时，也需要关注环境保护问题，维护当地居民的权益，实现经济发展、环境保护和社会公平的协调统一。

三 矿业制度的功能

矿产资源开发无疑为经济带来了巨大的推动力,创造了大量的就业机会,为经济增长提供了动力。然而,矿产资源开发也带来了许多新的挑战和风险,比如环境和生态破坏以及由此产生的社会问题。因此,为了应对矿产资源开发所带来的多面影响,平衡各种利益,合理的制度安排十分必要。矿业管理的法律框架应运而生,它不仅包括矿业权的出让和管理、矿业税收,还包括矿业土地取得、矿业安全和矿业环境的规章制度。

Johnson(2010)详细列举了矿业制度应该实现的"理想化"的功能。首先,矿业制度应有利于鼓励和推动矿产资源的勘探和开发利用;其次,保障矿产资源所有者合理的经济回报;再次,确保矿业权使用者的产权安全;最后,解决土地使用冲突,为土地所有者或使用者提供合理的赔偿,并保护环境和矿区居民的利益。除此之外,矿业制度还具有重要的信息功能,使所有参与者事先了解"游戏规则"并建立信心。

然而,在不同的地点、不同的开采阶段、不同的开采规模、不同的矿种之中,矿业制度的功能被赋予不同的重要性。因此,如何在实践中成功应用这些"理想化"的功能仍是一个值得探讨的话题。如下一节所示,有学者指出中国的矿业制度仍存在诸多不足,这些缺陷严重限制了其在实践中的运行效果。因此,针对这些挑战,未来的研究需要探讨制度的形式和功能。

四 中国的矿业制度:不足与局限

自改革开放以来,中国逐步建立并完善了矿产资源管理的法律框架。其中,与矿业直接相关的主要法律有《矿产资源法》和《煤炭法》。此外,考虑到矿业活动对土地和环境产生的深远影响,与土地管理和环境保护相关的法律如《土地管理法》《土地复垦条例》《环境保护法》也与矿业紧密相连。除了《环境保护法》之外,中国还针对不同污染物,如空气、水、废弃物等制定了单独的法律和条例,矿业相关的环境保护条款和政策工具在这些法律文件中均有体现。虽然存在大量针对矿业开采风险的法律法规,但学者们还是发现现有的矿业制度存在以下三大问题:首先,现有法规滞后;其次,法规的模糊性,导致在实际操作中产生歧义;最后,管理体制的碎片化现象严重。

第一个问题是现有的矿业管理法规存在显著滞后的问题,表现在与时代发展脱节、与市场机制不匹配以及被下位法规和地方实践所突破等方面

（李德进，2013；蒋莉、罗胜利，2013；谢青霞、花明，2010）。《矿产资源法》自 1986 年制定以来，仅在 1996 年进行过一次大的修正，以及 2009 年的一次小修正（仅仅是对引用的其他法律法规进行了修正，比如，将 1996 年版中的第六章：法律责任部分中，依照刑法某某具体条款或者依照治安管理处罚条例的内容修改为"依照刑法有关规定"或者"治安管理处罚法"）。法规严重滞后于时代发展要求。比如，李香菊和祝玉坤（2011）指出，我国现行矿产资源产权制度存在诸如矿产资源产权主体虚置、所有权界定不清晰、矿业权权能残缺以及资源使用权和经营权安排失效等缺陷，这使得各种经济要素难以通过市场机制进行有效配置。同时，许多条款已经被下位法规和地方实践所突破，与上位法产生抵触。比如，文正益（2012）指出，矿业权价款制度是在特定历史条件下建立的，其本质是国家出资勘查资本权益的回报。但近年来，矿业权价款制度的法定内涵已被全面突破，且愈演愈烈。《矿产资源法》第二次修订自 2003 年启动，截至 2011 年，修改稿已修至第九稿（谢青霞、戴茂华，2011），矿业权的性质、矿业税费制度、矿山环境保护等问题仍是争论不休的热点问题。2019 年 12 月 17 日，自然资源部公布了《中华人民共和国矿产资源法（修订草案）》（征求意见稿），提出对矿法进行全面修订。然而，截至本书写作时，新的《矿产资源法》仍没有修订完成。

　　第二个问题是现有法规中存在诸多未定义或模糊化的细节，或者仅提供宽泛的普遍化的指导方针。法律措辞通常要求矿业权人遵守有关的法律规定，符合国际标准，运用相关的科技和方法，符合行业最优实践来降低负面环境影响。然而，Otto 等人（1999）对亚洲地区 10 个国家（包括中国、柬埔寨、印度尼西亚、老挝、马来西亚、缅甸、蒙古、菲律宾、泰国、越南）的矿业法规进行研究，指出这些国家的矿业法基本上没有专门应对环境影响的条款，即使有也只是很宽泛的条款。然而，一般化的要求对于矿业公司和地方执法人员的实际指导意义大打折扣。

　　在矿业土地取得的实践中，一个显著的问题是一元矿权和二元地权之间的冲突。矿产资源属国家所有，而其上的土地所有权则可能是国家或者集体。矿业权人欲进行开采活动，需分别通过不同的程序取得矿业权和土地使用权。《矿产资源法》和《煤炭法》规定了矿业权的取得方式，《土地管理法》则规定了土地使用权的取得方式。在农村集体土地上从事矿业开采或者商业建设之前，需先由政府进行征用，再将土地所有权从集体所有转为国家所有。原来的土地所有权（集体）和使用权人（农民）将由征地方（一般来说是县政府）给予补偿（骆云中等，2004）。这导致即使已取得矿业权，但如果没有土地使用权，矿业权也无法得以实施；而当矿业权流转时，如何处理土地使用权也成为一个难题。

同时，关于矿业土地取得的法律规定也存在不足。例如，《土地管理法》和其他相关法规没有明确规定矿业用地范围（孙英辉、肖攀，2011）。矿业用地范围的划定涉及"什么样的土地可以用于什么样的矿业活动，什么样的土地限制和禁止矿业活动"（孙英辉、肖攀，2011）。尽管《矿产资源法》对重要地区限制开采进行了规定，但并没有明确规定哪些土地可用于矿业开采。据国土资源部矿业用地政策研究课题组的定义，我国对采矿用地的界定主要包括地面生产用地以及尾矿堆放用地。《土地利用现状分类》（GB/T 21010—2007）中，采矿用地是指"采矿、采石、采砂（沙）场，盐田，砖瓦窑等地面生产用地及尾矿堆放地"。将采矿用地界定为地面生产用地及尾矿堆放用地，这类用地最显著的特征是占地和用地同时并存，因此应与永久性建设用地等同看待。根据占地和用地同时并存这一特征，上述的矿业土地征用程序，仅适用于需要直接占有和使用地面用地的露天开采及工矿企业办公和生产建设用地。然而，对于地下开采的地面用地，由于其没有被直接占有和使用，因此没有相应的法律条款来规定其征地流程。正因缺乏对地下开采的地面用地的规定，再加上法律中自由事先知情的同意原则（Free, Prior and Informed Consent, FPIC）的缺失，这成为一个亟待解决的问题，导致了大量"先挖后搬迁"的现象出现。

第三个问题是管理体制的碎片化，导致多头管理、权责不清、职能分散，以及边界模糊（范振林，2017）。矿业管理的权力分布在不同的部门，包括国土资源部、环境保护部、工业与信息化部、国家安全监管总局和国家煤炭安全监察局，以及国有资产管理局和国家发展和改革委员会（蒋莉、罗胜利，2013）。比如，对于矿业开采的负面环境影响，塌陷地的复垦由国土资源部门管理，空气和水污染由环境保护部门管理（Cao, 2007）。2018年国务院机构改革组建了新的自然资源部、生态环境部和应急管理部，这几个部门和本书中涉及的矿业权、土地使用权、矿业环境和矿业安全有着密切的关联。此外，中央各部门之间、中央和地方管理部门之间的权力和职责分配没有明确界定，导致各部门之间缺乏有效的沟通和协调，进而呈现出管理碎片化、目标差异化和权益多元化的现象（Shen et al., 2009）。结果便是不同的管理部门各自制定并实施与矿业管理相关的法律，导致政出多门，法律内容重复且存在相互矛盾和不一致的现象；各部门之间也经常出现相互推诿卸责的情况。需要指出的是，除了矿业领域外，这种现象在其他领域也同样存在。

以上描述的问题实际上涉及制度在地方层面的可执行度和社会接受度。在很多情况下，中央的法律法规被放置一旁，成为"空制度"（empty institution）：一种功能上的妥协，旨在表明某些程序已经存在，然而给地方留下了足够的操作空间以启动快速且不受限制的矿业开采。换句话说，制度的预期功能被地方相关角色的动机所削弱。

为阐明这一点，集体煤矿的发展是一个很好的案例。20 世纪 80 年代，中国面临着严重的能源危机。为缓解煤炭供应持续紧张的局面，中央政府于 1983 年正式提倡发展乡镇小煤矿，各级政府也积极推动这一举措。在此背景下，大量乡镇小煤矿在农村地区如雨后春笋般涌现。然而，乡镇小煤矿的发展也带来诸多问题：小煤矿盲目发展、低水平重复建设、非法生产、乱挖滥采、破坏和浪费资源以及伤亡事故多等现象相当严重（Andrews-Speed et al.，2005；Wright，2000）。为了应对这些负面影响，中央政府出台了一系列严格的法律法规来规范矿业安全和环境保护。这些法律法规包括但不限于《乡镇煤矿管理条例》（国务院 1994 年）、《国务院办公厅关于进一步做好关闭整顿小煤矿和煤矿安全生产工作的通知》（2001）、《国务院办公厅转发国务院安全生产委员会办公室关于加强煤矿安全监督管理，进一步做好小煤矿关闭整顿工作意见的紧急通知》（2004）、《关于进一步加强煤矿安全生产工作的意见》（2013）、《国家安全监管总局、国家煤矿安监局、国家发展改革委等十二部门关于加快落后小煤矿关闭退出工作的通知》（2014），等等。国家反复强调，凡属"四个一律关闭"的小煤矿全部予以关闭，提高新建煤矿准入标准，停止审批 30 万吨/年以下新建煤矿等。然而，在地方层面存在着各种政策阻力，具体表现为煤矿管理混乱、政府管理部门自由裁量权扩大导致腐败滋生；煤炭企业因采矿权不稳定而削减安全方面的支出，导致即将被关停的煤矿事故多发，死亡率上升，以及由此带来的资源浪费、环境风险增加等一系列风险，进而使得大部分的小煤矿法律法规都被地方所忽视和违抗（Andrews-Speed et al.，2005；Shen & Andrews-Speed，2001；Song & Mu，2013）。由此可见，地方角色对制度执行的影响是不可忽视的因素之一。

五 研究问题

围绕着中国的采矿制度有一个悖论：尽管制度体系中存在诸多缺陷和不足之处，但中国的采矿业在过去的几十年却经历了空前的蓬勃发展。鉴于中国矿业产业的快速发展，以及矿业开采对自然环境和社会环境所带来的深远影响，构建一个运转良好且有功能的制度来降低潜在风险显得尤为关键。因此，本书的主要目标是深入剖析矿业制度的功能及其可信度，并探索这一制度与矿区民众之间的紧密联系。具体而言，本书将聚焦于以下几个制度：矿业土地取得、矿业环境管理、矿业移民安置制度以及矿业安全生产制度。为了实现这一目标，本书将从宏观的制度变迁和微观的制度可信度的操作化两个层面进行综合分析。本书将基于 Ho（2014）提出的制度功能和可信度理论框架，深入探寻采矿活动所带来的多重影响。核心研究问题为：中国的采矿制度是如何影响当地社区的，以及矿区居民在多大程度上认为这些制度是可信的？

为了全面解答这一核心问题，本书将其细化为五个子问题，每个子问题都聚焦于一个独立但相互关联的研究内容。鉴于采矿活动对当地社区的双重影响——既可能提供生计支持，又可能构成生计威胁，我们首先要解答的第一个子问题 SQ1：采矿活动如何影响当地社区的生计和居民对采矿的看法？采矿可能造成严重的环境污染，从而对人们的生活产生严重影响。这种影响可能导致人们对采矿的态度和行动发生变化，一方面在遵守和参与；另一方面则是积极抵制采矿活动。第二个子问题 SQ2：哪些因素影响当地社区对采矿的环境影响的态度和行为？尽管在学术界，采矿常常与冲突结合在一起，但大多数研究仅针对特定的冲突发展过程进行详细描述。然而，缺乏一种更系统的方法来评估中国背景下与采矿相关的冲突。因此，第三个子问题 SQ3：如何更好地定性、定量评估采矿冲突的程度和强度，以及如何判断矿业土地取得和矿业开采带来的土地塌陷、移民安置制度的可信度？为了了解立法在多大程度上以及如何影响当地社区，本书对采矿引起的流离失所和移民进行了单独的实证分析。为此提出了第四个子问题 SQ4：哪些制度因素会导致矿业土地塌陷和移民安置？对受其影响的农民会产生哪些经济和社会后果？

前述问题主要是针对矿业社区。矿业安全是矿产资源开发不可回避的问题。因此，针对矿工提出了第五个子问题 SQ5：矿业安全制度如何影响矿业安全生产和矿工的信仰？

第二节 理论分析框架

在皮特·何提出的制度功能和制度可信度理论指导下，本书采用的分析框架如图1-3所示。本小节将对关键概念进行简要说明。

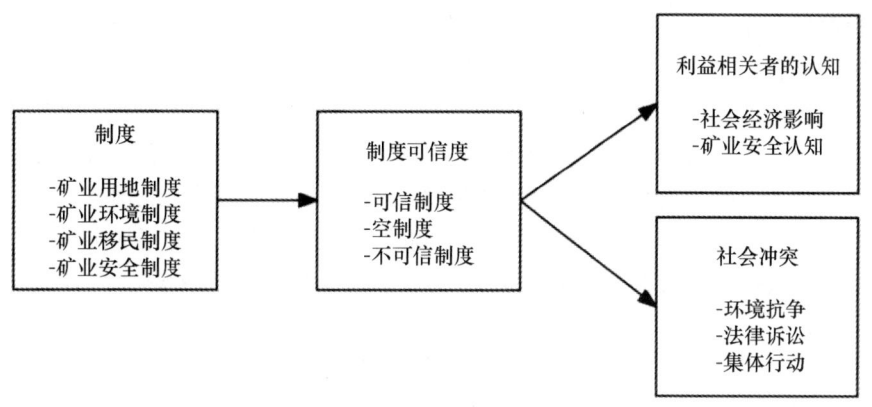

图1-3 本书的分析框架

数据来源：作者自制。

一 制度

本书涉及的第一个核心术语是"制度"。根据诺贝尔奖得主道格拉斯·诺斯的定义，"制度是一个社会的游戏规则，更规范地说，它们是决定人们的相互关系而人为设定的一些制约"。在诺斯看来，制度"构造出了人们在社会、政治或经济方面发生交易的激励结构，制度演化决定了社会演进的方式"（North，1990：3）。为了更好地分析制度演化问题，诺斯从三个重要维度对制度进行了区分：第一，从制度产生的方式来看，可以分为人造的制度和演进的制度。人造的制度是指人们有意识地设计并实施的制度，如政策、法规等。而演进的制度则是经过长期自然演化、自发形成的制度，如习俗、惯例等。第二，从制度存在的形式来看，可以分为正式制度和非正式制度。第三，从制度运行层面来看，可分为制度本身和组织。制度是游戏规则本身，而组织是在制度等约束下有目的创立的具体机构，如政府机构、企业组织等。

青木昌彦（Aoki，2007）将制度概括为"关于博弈重复进行的主要方式的共有信念（shared belief）的自我维系系统"。他用"共有信念"这个概念把诺斯关于正式制度（如法律、政治制度等）和非正式制度（如习俗、行为准则等）都包括了进来。制度是"共有信念"的定义清楚地表明，制度不仅是法律和条令，制度的含义比法律和条令要广，它既包括法律或条令一致时的情况，又包括法律、条令不一致时的情况。当

"共有信念"与法律或条令相冲突时,例如贿赂是任何一个国家和地区的法律和条令都加以禁止的,但在有些地方,人民与官员之间却有一种普遍的默契,要办什么事就要花多少钱去贿赂相关的官员,而受贿的官员收了钱后也会把事情办成。因此,贿赂成了博弈各方共有的理念,被法律与条令所禁止的贿赂成为"实际的制度"。当然,当"共有信念"与法律和条令相一致时,这种情况下的法律与条令就是我们所熟悉的制度。人们按照法律与条令的规定行事,就可以根据相同的法律和条令明确地预见其他各方的行为。另外,青木昌彦所着重强调的制度的可维系性也更加突出了制度的有效性和可实施性,这一点要比其他的制度概念更深刻(周冰、靳涛,2004)。

正如 Ho(2013,2016a)所指出的,制度的不同定义实际上反映了学者们对制度的三个基本假设:①制度与经济绩效的因果关系或者交互关系;②制度是外生的还是内生的;③制度形式或者制度功能。Ho 提出制度"可信度"理论(credibility thesis),从可信度的角度对制度效率进行度量。他定义了"制度可信度"这一概念,即"一项制度安排在特定的时空条件下感知到的社会支持",或者说,是衡量每个个体对一项制度安排的共同感知集合。根据这一理论,制度的功能可以通过可信度来衡量,而不是仅仅依赖于产权的明晰性或者制度形式的完整性。相比其他制度理论,可信度理论更加注重制度的功能,并通过量化指标将制度可信度划分为五个层次进行衡量。可信度理论成功地解释了为何一些看似不完善,甚至产权模糊不清的制度能够持续存在且得到支持,而一些看似非常完善的制度却表现不佳。这为打开制度黑箱提供了关键的钥匙(Ho,2016a)。

相对应的,制度被定义为"一组内生性的,由情境决定的社会规则"(Ho,2015:353)。当制度达到了预期的效果,即制度对某一特定群体发挥了功能时,该制度就被认为是可信的,得到了社会和政治支持,同时产生较低水平的社会冲突(Ho,2014)。可信度建立在对共同商定的规则的共同理解之上。换句话说,当社会行动者按照共同协议的规则去行动时,这种制度就是可信的。这种可信的制度能够确保其他行动者以某种方式行事。

采矿业是一种高回报但同时也是最危险的行业之一,它在当地社区之间引发了各种各样的矛盾态度和行为。本书对四类矿业制度进行了深入研究,包括矿业土地制度、环境制度、移民安置制度和矿业安全制度。为了解利益相关者对矿业利益的认知、环境抗争、法律诉讼、移民安置制度以及文化信仰,本书采用了问卷、访谈和法院判决文书等多种研究方法和数据。通过对制度文本、利益相关者的认知以及制度所引起的冲突的分析，本书得出这四类矿业制度的可信度各有不同。制度文本的分析体现在各实证章节。例如，第四章对矿业环境制度进行了概述；第五章对矿业土地制度进行了分析；第六章对矿业移民安置制度进行了分析；第七章讨论了矿业安全制度。

二 制度可信度简介

根据 Ho 的理论，制度可信度被定义为"一项制度安排在特定的时空条件下感知到的社会支持"（Ho，2014：15）。当制度达到预期效果时，即制度是可信的，它们能在取得社会和政治支持的同时，产生较低水平的社会冲突。基于此，制度按其是否达到功能和得到利益相关者的支持，被分为可信制度（credible institution）、空制度（empty institution）和不可信制度（non-credible institution）。Ho 强调，制度的功能可以通过可信度来衡量，而不是仅仅依赖于产权的明晰性或者制度形式的完整性。相较于其他制度理论，可信度理论更加强调制度的功能。正如 Ho（2013）解释的那样，此定义有三个重要的维度。

第一，制度可信度是一个"连续统"（continuum），从"完全可信"到"部分可信"，再到"空制度"或者"不可信制度"（Ho，2013）。"空制度"处在可信和不可信制度这个连续统的中间。第二，可信度理论还强调了制度的内生性和自主性。制度并非完全是政策制定者或者主管部门有意设计的结果，而是各种行为者之间相互作用、权力分歧和协商的自主性和内生性结果。国家在某些时间和空间内选择"放手不管"，而在其他时间和空间则积极调解冲突，或者通过政策、法律和法规引导已经在基层生成非正式制度并将其正式化。第三，可信度理论侧重于制度的功能，而不是理论、意识形态或政治信念所期望的形式。尽管制度的形式在一定程度上很重要，但更重要的是制度在实际社会经济环境中如何发挥作用，这也就意味着，不能仅以私有产权作为评价制度优劣与制度绩效的唯一永恒标准。

正如 Ho 所说，"最终决定制度绩效的不是形式，即制度是否正式化、私有化或稳定性，而是其在空间和时间上的功能。换句话说，制度功能主导形式；制度功能可以用它的可信度来表示，即在给定的时间和空间上所感知到的社会支持"（Ho，2014：13）。一个制度的形式可能会随着时间和空间的变化而改变，但只要其功能得到社会支持，它就可能保持其可信度。这一观点强调了制度的实际效果和功能的重要性，而不是只关注其形式或正式程度。这为我们理解和评估制度提供了更全面的视角。

三 制度可信度与社会冲突

在任何社会或制度中，源于资源稀缺或利益分歧和冲突的不相容问题（incompatibility）都是不可避免的。因此，社会冲突在任何制度中无处不在（Dahrendorf, 1958）。由于社会、政治、经济和资源特征的区域差异，不同社会对稀缺性采取了不同的行动，冲突的概念因而涵盖了广泛的经验现象。学者们至少提出了两个"连续体"来描述冲突的强度。Keltner（1987）将冲突图谱分为六个阶段：①轻微分歧；②分歧；③争端；④竞选；⑤诉讼；⑥战斗或战争。Moore（1986）提出的冲突范围从避免、谈判、调解、仲裁、裁决、非暴力行动到暴力。

在解释冲突对制度和制度变迁的作用时，学术讨论也有类似于"先有鸡还是先有蛋"的讨论，即冲突与制度之间的因果关系。

一方面，冲突被视为制度分配资源效率低下的结果。例如，在互动规则不确定或模棱两可的情况下，即制度效率低下，行动者必须根据自己的理解来解释规则，因此很可能会发生社会冲突（North, 1990）。在发展项目中，无论是经济利益还是环境影响，低效率的分配机制不符合人们的愿望，而这又可能导致更多的冲突（Baechler, 1998; Downing & Downing, 2006; Libiszewski, 1991）。

另一方面，其他学者则关注社会冲突在促进制度变革中的作用。各种问题的性质、参与者之间的关系以及解决冲突的手段各不相同，冲突对制度可能是建设性的或是破坏性的（Deutsch, 1969）。刘易斯·科塞（Coser, 1956, 1957）认为，冲突实际上可以对社会关系和社会结构产生积极影响。例如，他认为不同群体之间的冲突有助于群体内的凝聚与整合。当一个群体与外部的其他群体发生冲突时，因面临共同的外部压力和一致对外的需要，能促进群体成员之间的紧密结合，群体对内部的纠纷与分歧的容忍度可能会增加使原有的内部矛盾和纷争得以暂时缓和，反而促进了群体内部的团结。相反，当群体之间没有冲突威胁时，群体内的凝聚力和一致性可能会降低。同时，科塞指出，冲突具有"社会安全阀"（social safety valve）的功能。在任何一个社会的运行过程中，都会在社会主体之间产生不满情绪，形成有可能破坏整个社会系统的压力。当这种不满情绪超过社会系统的耐压能力时，就会导致社会系统的崩溃和瓦解。"社会安全阀"是通过一种合法的、社会认可和允许的社会冲突形式，为社会或群体的成员提供一些正常的宣泄和消除平时蓄积的敌意、不满情绪及个人间的怨恨的渠道，在一定程度上可以起到转移矛盾的焦点，避免矛盾的积累。冲突的"社会安全阀"功能就好比锅炉上的"安全阀"一样，通过它可以使猛烈的蒸汽不断排泄出去，从而维持社会和群体的生存、维护既定的社会关系，而不会破坏整个结构（Coser，1956；张卫，2007）。因而冲突对新规范和制度的建立具有激发功能。科塞认为，冲突可能导致法律的修改和新条款的制定，新规则的应用会导致围绕这种新规则和法的实施而产生新的制度结构。

将这两项看法结合起来，冲突既应被视为结果，也可以被视为制度变化的源头。制度与冲突之间的联系是冲突的程度，因此 Ho（2013，2016a）断言，行为者对冲突的看法可以用来衡量制度的可信度。可信度理论假设，在一定程度的冲突之后，旧的制度将不再能够吸收它，并且新的制度安排可能会出现。他认为，产生更多冲突的制度将因此变得不那么可信或成为"空制度"。

除了行为者的观念之外，制度可信度的第二个主要决定因素是冲突。Wallensteen（2007）认为，冲突由三个主要部分组成：①不兼容（incompatibility）；②行动（action）；③行为者（actors）。考虑到这三个因素，Wallensteen 对冲突的定义是"至少有两个或两个以上的参与者（当事方）在同一时间，相互竞争一组可用的稀缺资源的情形"（Wallensteen，2007：15）。

按照冲突的定义，本书关注的主要是人际间的冲突，而不是个人内心的冲突，即那些由于多种需求或者价值观矛盾而表现在个人层面的冲突（Mack & Snyder，1957）。同时，本书试图去测量显性冲突，而不是那些隐性冲突。所谓显性冲突，即已经凸显出来的冲突，是人可以观察到的。而隐形冲突，是指实际存在但不易为人发现或察觉到的隐藏的冲突。在本书中，冲突通过两个模型来操作化。第一个是通过测量矿区居民采取环境抗争行为的可能性，并基于计划行为理论（Theory of Planned Behaviour，TPB）（Ajzen，1991；Ajzen & Fishbein，1977）来讨论影响其行为的因素。第二个是基于冲突分析模型，来讨论矿业土地征用和矿业移民冲突。冲突分析模型（Ho，2014，2016a）通过7个指标来操作化冲突：①冲突来源（source）；②频率（frequency），即在给定期间内冲突发生的次数；③时机（timing），定义为历史时期或者项目阶段；④强度（intensity）；⑤持续时间（duration）；⑥性质，比如冲突是暴力的或者非暴力的；⑦结果。两个模型将会在第四章和第五章进行更多的讨论并应用。

第三节 研究思路和方法

一 研究方法

指导研究设计的决定性因素是方法论。正如 Ho（2013：1096）概述的那样，"要理解为什么制度作为内生的、自发性的'游戏规则'，受到其规训的社会行动者接受，人们必须了解其时空结构""我们需要详细记录在时间纵向上和空间地理上存在哪些规则"。了解制度的全部特征和可信度的运作需要探索性和解释性研究。本书采用了定性和定量相结合的方法来研究制度特征和可信度。在具体的研究方法上，本书采用了档案研究法、文献综述和实地调查相结合的方式。通过档案、文献、问卷和访谈等多种资料收集方法相互印证，坚持理论与实践结合、定量和定性结合、微观与宏观结合的技术路线，大大提高研究的有效性。

档案研究法（archival research）是一种通过分析非学术目的而得到的资料（比如新闻报道、政府政策文件等），提取信息并检验假设的研究方法。本书运用档案研究法对各种档案资料进行分析，以了解法律和政策的制定过程和内容。这些档案资料包括不同版本的中央和地方的相关法律法规，最高人民法院和各级部门的法律解释，以及法院判决文书网上关于矿业冲突的判决文书（主要体现在第五章的矿业土地取得、土地塌陷和移民安置的冲突分析中）。此外，地方政府的法规、媒体和网络报道中的矿业冲突，以及实地调研中收集到的上访信件也是我们的数据来源。

正如研究者所指出的，当研究主题涉及较大跨度时，档案研究法是一种合适的方法（Bernard，2011：449）。考虑到大规模的矿业移民安置和环境恶化问题涉及广泛的研究范围，本书采用档案研究法来开展研究。然而，需要注意的是，档案研究法也存在一定的局限性。由于档案资料的收集和整理过程中可能会出现错误或偏见（Bernard，2011：450），因此研究者在使用档案研究法时需要谨慎地筛选和分析资料，以确保研究结果的准确性和客观性。同时，本书还将档案研究法与文献综述和实地调研相结合，以更全面地了解研究主题。

为了将研究置于一个更宽泛的学术讨论环境，本书进行了详尽的文献回顾和综述。第二章将对制度可信度理论和社会冲突理论进行更广泛深入的讨论，并作为本书的理论基础。通过回顾可持续矿产资源管理的文献，第三章识别出矿业开采对矿区居民的主要影响。第四章则探讨了环境抗争和集体行动方面的文献，并借助计划行为理论来检验矿区居民参与环境抗争的影响因素。同样，第五章对现有的跨学科环境冲突进行了回顾，并强调了现有研究缺乏量化环境冲突的局限。为此，第五章借鉴可信度理论中的冲突分析模型，该模型关注社会行为者对冲突的总体理解。此外，第六章对与矿业移民相关的制度进行分类，作为后续制度分析和调查的基准。第七章则综述矿产资源开发与民俗信仰之间的关系。这些文献在主要章节中会进行更为详尽的阐述。

尽管依靠档案和文献能够让我们理解制度，但仍需辅以该领域的实证研究。因此，半结构化访谈以及大规模问卷调查成为本书中最基本的部分。半结构化访谈是一种非正式的访谈形式，介于非结构化和全结构化之间。这种访谈形式灵活性强，访谈者可以根据访谈的实际情况灵活地做出调整，甚至提问方式、顺序以及访谈对象回答的方式、访谈记录都没有严格的规定。半结构化访谈有助于与受访者建立初步的融洽关系，尤其在面对不愿进行正式访谈的信息提供者时，半结构化访谈显得非常实用（Bernard，2011：213）。在许多情况下，不同的参与者对同一事件有不同的看法，因此，需要对多个利益相关者进行无组织的、非正式采访，去了解真实情况。

通过向受访者提出一系列标准化的问题，问卷调查旨在厘清"是什么，有多少"问题，对趋势和态度进行定量描述，并对人群的性质进行统计归纳（Yin，2014）。本书的调查对象是居住在矿山附近的农民。本书采用了多种方法来收集数据，包括访谈、问卷、参与式观察和档案材料，以实现数据的三角验证。本书通过综合运用多种数据收集方法，旨在提供新的实证数据，深化和拓展我们对法律法规如何在地方层面实施以及政策实施过程中产生的冲突的理解。希望本书能够对制度可信度理论、可持续发展以及自然资源管理等领域有所贡献。同时，我也期望本书能够为矿区居民以及中国的矿业管理提供一定的启示和帮助。

二 实证数据的收集

实证调研的数据是通过三轮完成的：首先是试调研，其次是问卷准备，最后是问卷收集。

第一轮试调研于2013年12月至2014年1月进行。试调研的地点是重庆市秀山县。处于武陵山区的重庆市秀山县与邻省的贵州省松桃县和湖南省花垣县一并被称为我国的"锰三角"，占据全国锰矿储量的三分之一，是世界上最大的锰矿石和电解锰生产基地。

正如其他学者指出的那样，关系对于学者进入调研地点具有至关重要的作用。在当地熟人介绍下，我对县国土资源部门相关人士进行了访谈。此外，在县国土部门办公室内，我还有机会对矿业公司矿业权申请和延续的流程进行参与式观察，并对矿业公司的人员进行非正式的访谈。当地的熟人甚至安排了乡镇干部陪同到矿业公司和矿业开采点访谈。

依靠官方的关系和持有上一级部门的介绍信是国内做田野调查的常态。正如薛艺兵（2009）指出，中国的田野工作从古代的"采风"到现在的"实地考察"，一直贯穿着官方使命性这一特性。换句话说，田野工作通常被视作代表官方的一种公务行为，而不是一种个人行为。然而，如此慷慨的安排并不总是能在矿业点受到欢迎。相反，由于田野调查者扮演了或者是被视为代表官方的"公家人"，反而让田野调查者与受访者产生了政治地位上的反差和文化心理上的隔膜。这对于获取可靠的信息有很大的局限。矿业公司的经理仅仅出于责任和我谈话，担心我可能是被派来检查他们工作的。因此，我常常独自一个人到矿区周围的农村去和当地的农民聊天。这些信息让我对矿业开采的风险有了更深的了解，也为研究计划的写作奠定了基础。最终，研究计划在2015年2月被论文开题委员会批准。

第二轮调研于2015年4—5月完成。首先，我独自走访了选定的8个县市，与更多的农民进行了访谈以收集信息，同时为最终版的问卷做准备，并确定了适合进行正式调研的村庄。在此过程中，我还对重庆市、陕西省西安市、山西省太原市、江苏省南京市的一些有关学者做了访谈。经过这一轮调研后，我于2015年6月参加了国际政治学协会（International Political Science Association，IPSA）和新加坡国立大学合办的为期两周的社会科学研究方法的暑期课程。这次课程让我对问卷进行了调整，并最终完成了问卷设计。

第三轮即最后一轮调研在2015年6月底至9月进行，由一群受过特别训练的当地大学生完成。为避免受访者在回答问卷时受他人影响，本书采用了逐户非概率抽样，访调员逐户访问并采访个人（不一定是一家之主）。访调员的偏见可能会影响数据质量和可靠性，比如访调员的态度、行为和语言可能会影响受访者的回答（Bernard，2011：266）。为最大程度地减少访调员的偏见，我在调查过程中对学生访调员进行了随机抽查。尽管样本不具有代表性，但通过有针对性地选择研究地点可以达到更高的有效性和可靠性。此外，当数据中不再出现新的信息或新的主题时，则达到了理论饱和度，研究者则停止数据收集，以此来确定样本量（Morse，

2004；Small，2009）。该调查是在8个县的37个村进行的，收集了352份有效问卷（样本的描述性统计见第三章）。同时，调研的学生被要求如果在问卷访谈中发现重要信息提供者，立即联系我。我则对这些重要信息提供者进行深入的访谈，并收集一手资料。这些重要信息提供者主要是那些针对矿业公司的抗争中的积极分子。他们一般对村内村外的抗争过程十分了解，并经常能提供大量的一手资料。在整个调查中，本书对29位重要信息提供者进行了访谈，包括县国土部门相关负责同志、矿业公司人员、矿业协会的工作人员、乡镇干部以及当地抗争的农民。在进行第七章矿工的煤窑神研究时，我于2021年暑假走访了北京门头沟窑神庙公园和山东省枣庄市甘泉寺。

在选择调研地点（见表1-1）时，本书充分考虑了多方面的因素以确保研究样本具有典型性和代表性。

第一是矿种。本书关注煤炭和金属矿产。煤炭是一种重要的能源，占中国能源产量和消耗量的70%以上（调研时）。另外，本书选取了三种重要的金属矿产，即：锰、铅、锌。锰是一种在钢铁工业中发挥关键作用的金属元素，主要用于钢的脱硫和脱氧，同时也是一种有效的合金添加剂，可以提高钢的强度、硬度、耐磨性和耐腐蚀性。目前，锰在钢材生产过程中的作用尚无其他元素可以代替。此外，铅、锌也是常见的金属矿产。这两种金属在原生矿床中经常共生，并且在电气、机械、军工、冶金、化工和轻工业等领域都有广泛的应用。铅金属还被广泛应用于核工业、石油工业等领域。中国的铅锌矿储量居世界第二，但产能和消耗量居世界第一。因此，通过对煤炭、锰铅锌矿等常见的矿物的开采和处理进行深入研究，能够为中国的矿产资源开发提供一个具有代表性的样本。当然，不同矿物的开采和处理方式可能会存在差异，例如石油、天然气和稀有金属也是值得进一步研究的对象，在后续研究中可以将这些矿物纳入研究范围，以使研究更具全面性和代表性。本书选取了6个煤炭资源丰富的县，也选取了两个金属矿丰富的县（重庆市秀山县、湖南省花垣县，两者是中国最大的铅锌矿和锰矿生产基地）。由于中国的大部分煤矿是地下开采，地下开采比例高达85%，本书选取的也是地下开采煤矿，而没有选取露天开采的煤矿。因此，露天开采可能造成的影响没有得到有效的代表。

第二是样本县体现了不同地区之间的差异性和多样性。国务院2013年发布的《关于印发全国资源型城市可持续发展规划（2013—2020年）的通知》划定了262个资源型城市，但具体的划分标准并未提供。据国家计委宏观经济研究课题组于2002年发表的一篇文章，我国对资源型城市的界定主要采取以下四个指标：①采掘业产值占工业总产值的比重在10%以上；②采掘业产业规模县级市1亿元以上，地级市2亿元以上；③采掘业从业人数占全部从业人员的5%以上；④采掘业从业人员人数，县级市1万人以上，地级市2万人以上。资源型城市是以本地区矿产、森林等自然资源开采、加工为主导产业的城市（包括地级市、地区等地级行政区和县级市、县等县级行政区）。在规划中，咸阳市、渭南市、济宁市、枣庄市和徐州市等地级市被列入，但实际调研地点是在其下的县级市或县等县级行政区，因此需要特别说明的是，在后文涉及具体地点描述时，本书将详细到县级行政区。调研地点包括陕西省的咸阳市彬州市和渭南市韩城、山西省的朔州市、山东省的济宁市兖州区和枣庄市滕州、江苏省的徐州市沛县、重庆市的秀山县和湖南省的花垣县。这些地点在各自省份中被视为重要的资源型城市，在产业结构、经济发展水平、资源利用方式等方面存在一定的差异性和代表性，因此选择这些地点能够使得研究更具广泛性和深度。

不同的矿业发展阶段：上述发展规划根据资源保障能力和经济社会可持续发展能力，将资源型城市分为成长型、成熟型、衰退型和再生型四类。不同资源型城市，资源开发处于不同阶段，经济社会发展水平差异较大，面临的矛盾和问题不尽相同。本书的调研地点选择了8个县市区，各代表成长型（朔州、彬州市）、成熟型（韩城、兖州、秀山、花垣）、衰退型（滕州）、再生型（沛县）。

地理多样性：研究区域包括华东地区（江苏省和山东省）、华北地区（山西省）、西北地区（陕西省）、中南地区（湖南省）和西南地区（重庆市）。地形地貌不仅包括平原地区，也包括干旱高原和山区。特别值得指出的是，不同的地质环境可能带来不同的矿业影响。比如，在平原地区，矿业开采易产生地面裂缝、变形及地面塌陷等，而在高山地区则表现为滑坡、崩塌、泥石流等地质灾害。

经济多样性：东部地区省份相对来说更富有。比如，据国家统计局数据，江苏省和山东省2014年人均GDP分别为81874元和60879元。而中西部内陆地区则相对较为贫困。比如，山西、湖南、陕西和重庆的人均GDP分别为35064元、40287元、46928元和47859元。

不同大小的矿业公司：根据煤矿矿井生产能力的大小，我国把煤矿矿井划分为大、中、小型三类。年产120万吨以上的矿井为大型矿井，年产45万—90万吨的矿井为中型矿井，30万吨以下的为小型矿井。这一分类也基本适用于其他矿种矿井。本书所调研村庄所在的煤矿包含不同大小的矿业公司。

表1-1　　　　　　　　　研究地点

地区	省市	县/市	矿种	矿业发展阶段	矿业公司大小
西北地区	陕西	彬州市	煤炭	成长型	大型
		韩城	煤炭	成熟型	中型和小型
华北地区	山西	朔州	煤炭	成长型	中型和小型
华东地区	山东	兖州	煤炭	成熟型	大型
		滕州	煤炭	衰退型	大型
	江苏	沛县	煤炭	再生型	大型
西南地区	重庆	秀山	锰矿	成熟型	中型和小型
中南地区	湖南	花垣	铅锌矿	成熟型	小型

数据来源：作者自制。

三　章节安排

本书共分为八章。第一章绪论和第二章理论介绍了本书的主要概念、理论基础、研究问题和研究方法。五个实证章节旨在回答五个研究问题。第八章总结了研究结果、提供了讨论和政策建议。下面简要介绍五个实证章节的安排。

1. 当地社区经常受到采矿活动的影响。为了深入了解采矿活动的成本和收益，评估当地社区的看法至关重要。因此，第三章致力于回答第一个子问题：采矿活动如何影响当地社区的生计和居民对采矿的看法？该章详细考察了采矿给当地社区带来的四个变化：就业机会、环境污染、土地使用变化以及地面沉降和随之而来的移民；还探讨了这四个变化与认知净收益之间的关系。

2. 面对日益严重的环境恶化，环境抗争行为不断增加。因此，第四章旨在回答第二个子问题：哪些因素影响当地社区对采矿环境影响的态度和行为？这一章采用了计划行为理论（TPB）这一广泛认可的社会心理学模型来研究集体行动（或行动主义）的可能性。此外，它还验证了计划行为理论模型，以识别影响农村居民对污染性矿业公司的环境行动的因素。

3. 为了回答第三个子问题：如何更好地定性、定量评估采矿冲突的程度和强度，以及如何判断矿业土地取得和矿业开采带来的土地塌陷、移民安置制度的可信度？第五章构建了冲突分析模型，通过评估争端的来源、参与者、频率、性质、时机、持续时间、强度和结果来评估冲突的程度。该模型被应用到从各级人民法院收集的123项与采矿相关的详细冲突的数据集中。这些冲突分为两类：①采矿土地征用；②土地塌陷以及由此产生的移民安置。通过运用冲突分析模型，它指出了农村社区、企业和国家之间存在复杂的关系，同时也指出了冲突的根源。

4. 在中国，很多矿业移民安置发生在采矿引起的地面塌陷发生后。在此背景下，第六章重点研究以下问题：哪些制度因素会导致矿业土地塌陷和移民安置？对受其影响的农民会产生哪些经济和社会后果？这一章在宏观和微观两个层面对这个问题进行了深入研究。首先，对国家法律法规进行审查，以更清晰地了解影响矿业移民安置的法律漏洞和缺陷。其次，通过基于定量调查以及对搬迁和未搬迁农民的半结构化访谈来提供基层的详细信息。

5. 采煤是在地下作业，危险程度大。在科学技术落后、生产力水平低下的时期里，人们难以抵御各种灾难的发生而去求助于神灵，以求得一种心理上的安慰，所表现出来的是对安全生产和美好生活的祈盼。第七章试图将煤矿安全生产制度与矿工的煤窑神崇拜联系起来，指出煤窑神崇拜的产生、消失和矿业安全紧密相关。

第二章 制度可信度理论的研究进展

近年来，将经济学的现代产权理论应用于自然资源配置效率的研究已得到广泛认可。制度可信度理论（credibility thesis）作为现代产权理论中一个新兴且重要的理论（Ho，2013），与其他现代产权理论有所不同。可信度理论并不注重产权的形式，如产权是共有还是私有、正式还是非正式、稳定还是不稳定等，而是注重制度的实质功能性，即判断一个制度的实用性，并通过评估制度的可信度来衡量。制度可信度理论起源于对中国经济发展的研究，批判了主流西方经济学理论，为制度、土地政策和产权理论研究提供了新的方法，并推动了世界快速发展变化中的中国发展模式的理论探究。可信度理论具有创新性，能够有效解决产权和制度研究中面临的难题。例如，有些制度在形式上看起来很好，但在实际执行时由于无法实现其功能性，成为"空制度"（Ho，2005）；另一些制度，在形式上看似不够完整，甚至是模糊不清，但在实际应用中却实现了一定的功能，达到了"有意的制度模糊"的目的（Ho，2001b，2014）。

自1993年以来，皮特·何（Peter Ho）教授致力于中国土地制度的研究，经过多年的探索，于2013年提出制度可信度理论。经过多年的发展，制度可信度已经形成了一套相对完整的理论和方法体系。截至2022年12月，应用该理论的学术文献已达70篇，且相关论文大都发表在国际知名SSCI期刊。该理论的应用已拓展到以下领域：土地、水资源、森林、草地、矿产资源管理等自然资源产权问题，城市房地产、资本和劳动力问题，为理解和评估资源产权绩效提供了新的理论和范式。该理论不仅能较好地解释许多国家制度变迁和发展模式，特别是对中国等发展中国家内在规律和特殊路径有着较好的把握和阐释（谭荣，2020），而且对发达国家中存在的非正式产权也具有很好的适用性。

可信度理论在地域上得到广泛的应用，其应用领域不仅涵盖了亚洲的中国、印度、马来西亚、孟加拉国、以色列和土耳其等国家，还包括非洲的加纳、埃塞俄比亚和南非等国家，以及南美洲的智利，北美洲的墨西哥，欧洲的英国、希腊和塞尔维亚等国家。同时，可信度理论在国际学术界也得到广泛认可，理论创始人 Ho 教授曾多次受邀组织国际专题会议研讨制度可信度理论，如：2014 年 11 月在塞浦路斯首都尼科西亚举办的欧洲政治与演化经济学年会（EAEPE）、2016 年 2 月在荷兰代尔夫特理工大学举办的制度研讨会、2016 年 11 月在英国曼彻斯特大学举办的欧洲政治与演化经济学年会、2017 年 2 月在中国香港举办的规划、法律和产权年会（PLPR）、2019 年 11 月在浙江大学举办的第五届"社会—生态系统"制度分析国际研讨会和 2020 年 11 月与国际期刊 Land Use Policy（土地利用政策）合作举办制度可信度研讨会等。

当前学术界对于制度可信度理论开展了较为深入的研究，取得了丰硕成果，但大部分文献集中于国际学术刊物，而在中文期刊上关于该理论的应用研究较为有限（俞振宁等，2019；卢之遥、冯金朝，2015；李虹韦、钟涨宝，2020；樊胜岳等，2018），同时，对制度可信度理论进行系统梳理和总结研究的中文报道也较为匮乏。制度可信度理论发源于 Ho 对中国土地制度的观察，为建立引领国际学术发展的中国特色理论体系提供了机会、为讲好中国故事提供了理论基础。基于此，本章将系统梳理制度可信度理论的研究进展，展示该理论和方法的具体应用案例，以期为制度可信度理论在中国情境下的应用提供支撑。

第一节　制度可信度理论

一　制度可信度理论的演化

可信度的概念最早在 20 世纪 70 年代西方货币制度和反通货膨胀制度的研究中被提及和使用（Blinder，2000；Fellner，1979；Kydland & Prescott，1977）。在这些研究中，可信度被定义为中央银行货币政策能够被公众信任的程度。当政策可信度（policy credibility）越高时，它对公众预期和决策行为的引导作用越大，从而使得政策效果更为显著；反之，可信度越低，对公众预期和决策行为的引导作用越小，政策效果也就越不明显（Cukierman & Meltzer，1986）。

随着可信度逐渐成为经济学家用来描述政策成败的解释因素，尤其是在 20 世纪 70 年代的西方宏观经济政策研究中（Fellner，1979；Kydland & Prescott，1977），研究人员开始深入探讨什么是可信度以及哪些因素会影响可信度。政策可信度存在所谓的"时间非一致性"（Kydland & Prescott, 1977），这意味着在时间维度上解释了政策意图和结果之间的差异。具体而言，如果决策者根据 i 时刻的最优化原则制定一项将在时间 i+1 执行的政策，但到了时间 i+2 时，这项政策不再是最优反应，那么这种政策就具有"时间非一致性"。换句话说，时间非一致性导致初始的政策承诺是不可信的，从而使得人们总是可以在政策的初始设计、实施和实际效果之间看到时滞。在这些不同的阶段中，人们会随着时间的流逝确定政策是否会达到预期的效果。在这方面，Cukierman 和 Meltzer（1986）将可信度定义为"公众认识到决策者目标变化的速度"。还有一些人通过将可信度定义为"一项已宣布的政策将被执行的期望"来进一步建立这种认识（Drazen & Masson, 1994）。因此，可信的政策会达到其预期的效果，反之亦然。

可信度不应该被视为理所当然，Blackburn 和 Christensen（1989）列出了影响可信度的三个因素。首先是技术约束，即决策者基于其进行决策的数据的可靠性和准确性。其次，行政或政治方面的限制，涉及现任政府及时执行其政策并应对政治压力的能力。最后一个因素是战略考虑，归结为决策者和私人经济代理人之间的博弈，后者可能在政策变化之前就预先采取行动应对或阻挠。Sobel（1985）发现，政策制定者也通过采取可靠的行动并提供准确而有价值的信息而变得"可信"。当某些政策不一致或在政治上不可持续时，宣布的政策可能缺乏可信度（Schmiedling, 1991）。例如，如果某国政府今天决定立即停止所有外国投资矿山的运营（政治上不可持续），但明天撤回该声明（前后不一致），则可能会削弱其作为可靠参与者的可信度，这也可能会降低其未来采取政策措施的效果。因此，当前决策者的行为和即将出台的政策也可能影响未来决策者的可信度（Schmiedling, 1991）。

20 世纪 90 年代，可信度的概念逐渐被广泛应用于社会科学的其他领域，尤其是政治科学。每个领域对可信度都有不同的解释和定义（Blackburn & Christensen, 1989）。Keefer（2007）主张："获得政治公信力（political credibility）是使广泛的政治制度概念付诸实践的一种令人信服的方式。"政治学家提出了"可信度假说"（credibility hypothesis），以检查政治行为者是否将权力下放给独立专家，以提高他们的可信度（Gilardi, 2002; Majone, 1997）。正如 Majone（1997）所言，决策者需要可信度，即体制改革需要足够的社会和政治支持，而不仅仅是依靠胁迫或强制性来执行其政策。

观察家认为，经济增长和投资吸引力在很大程度上取决于决策者做出可信承诺的能力（North & Weingast，1989；Stasavage，2002）。当政策制定者缺乏可信度时，可能会导致更多的庇护主义、高寻租、高政治利益交换和腐败。最近，可信度概念已在新古典经济学家中流行起来以解释制度在经济发展中的作用。一个流行的观点是，经济政策的成功最终取决于（国家）对自由市场、贸易自由化、国有企业和资源的私有化以及财产权的法律安全的可信承诺。从这个意义上讲，对可信度概念的初步解读具有明显的新古典、新自由主义特征。但是正如 Grabel（2002）所指出的那样，新古典主义对"政策可信度"的解释，是为其推广经济结构调整需要沿着新自由主义路线提供理论基础。通过这种新古典的解释，发展中国家可以与国际货币基金组织和世界银行等国际组织紧密合作，并按照其预先制定的药方来进行结构调整（Cottarelli & Giannini，1997），从而"赢得"可信度。在这种观点下，可信度可以用来解释经济增长，而且是可以通过实施外部设计的贸易自由化、私有化和产权正规化来实现。

对于这一概念的新自由主义解释，即作为对新自由主义议程的承诺的可信度，受到了无数批评（Grabel，2000；Ho，2014）。Grabel（2000）指出了两个问题。首先，这种可信度概念是反民意或反民主的，因为它天然地会否定其他经济观点，并否认异议的价值。其次，对可信度的理解是基于"社会的天真愿景"（Grabel，2000：13），因为人们假定社会在很大程度上是同质的，并且有着相同的利益。但是，实际上，政策始终会为某些利益服务，而忽略其他利益，并且是通过内生的谈判形成的。诸如政治动荡之类的内生性事件远非外生性的，并且可能影响制度的绩效（Aron，2000）。虽然"内生性问题"经常发生，但在制度和经济发展的研究中却没有充分考虑到它们（Aron，2000）。新古典主义的经济模型只是将可信度视为引导少数人的利益进行政治决策的工具，而且很可能被标记为"可信"的政策没有达到其预期的目的，并且也没有满足广大公众的利益。

二　制度功能和可信度理论

以 De Soto 为代表的经济学家认为，政府主导的产权正规化（formalization）对制度变迁和经济绩效具有积极影响。通过向产权人发放有效证明其产权的正式文件，可以增强产权稳定性，进一步唤醒原本未被充分利用的沉睡资本，从而提高资源配置效率（de Soto，2000）。然而，20 世纪下半叶，发展中国家基于新自由主义"华盛顿共识"的经济改革多次失败，使得可信度理论开始受到关注。基于新自由主义的私有化改革并没有带来预期的经济增长，原因并非部分行为者缺乏可信的承诺，而是因为内生可信度的缺失。国际经验，特别是许多非洲国家的实践表明，发放正式的产权证明文件或单纯的产权正规化存在很多失败的案例（Sjaastad & Cousins，2009）。这主要是由于缺乏相应的配套制度，例如正式规则的条款界定模糊和中央政府主导实施的成本高。此外，成文法律、政府政策之类的正式规则无法与传统、惯例和习俗等非正式约束相互协调，甚至在某种程度上是对后者的破坏（Fold et al.，2018；Koroso et al.，2019；Oranje et al.，2020）。因此，Grabel（2000）提出"可信度总是内生的……而不是外生的"。

相比之下，尽管缺乏许多被新自由主义理论所认为的经济增长必不可少的制度形式，中国却依然保持着经济增长。这表明制度的形式并不一定能决定经济发展的趋势，同时经济发展也不会自动产生预定的制度形式。越来越多的研究表明，人们应该关注制度的功能而不是其形式。正如剑桥大学发展研究中心主任、经济学家张夏准教授（Ha-Joon Chang）所说："当前关于发展的主流学说面临着一个大问题，即其无法明确区分制度的形式和功能。"（Chang，2007：5）

为了解决新古典主义对可信度的错误解释，Ho（2013）提出了"可信度理论"。Ho（2005）在其著作（该书英文版由牛津大学出版社在2005年出版；中文版《谁是中国土地的拥有者：制度变迁，产权和社会冲突》第一版于2008年发行，第二版于2014年发行）中也介绍了为什么他用"可信度"（credibility）这个词，而不是"信用"（trust）。有关信用的学术讨论大多集中在社会行为者之间的信用关系问题，而可信度探讨的核心是制度自身的特性，以及制度和社会行为者之间的关系。换句话说，"信用"通常指向社会行动者，而"可信度"则更关注制度本身。

在Ho的理论框架中，制度可信度被定义为"一项制度安排在特定的时空条件下得到的社会支持"（Ho，2013）。当制度实现预期效果时，即制度是可信的，此时制度能够获得社会和政治支持，同时降低社会冲突的水平。基于此，制度按其是否达到其功能和得到利益相关者的支持，分为可信制度、空制度和不可信制度。他指出制度的功能可以通过可信度来衡量，而不是产权是否明晰或者形式是否完整。相较于其他制度理论，可信度理论更加强调制度的功能。正如Ho（2014，2016a）解释的那样，此定义有三个重要的关键维度。

(一) 制度可信度是一个连续统

制度可信度被视为一个"连续统"（continuum），从"完全可信"到"部分可信"，到"空制度"或者"不可信制度"（Ho，2013，2016a）。"空制度"位于可信和不可信制度这个连续统的中间。法律社会学关于法律条文和行为者日常实践之间的差异研究为理解象征性、"空制度"背后的机制提供了宝贵的见解。比如，Aubert 发现挪威的女佣法虽已实施，但对相关主体没有任何影响（Aubert，1966）。立法的直接目的仅是在需要妥协时，将立法作为一种解决或缓解群体冲突的手段，从而表面上达到妥协，而法律不会被执行。"空制度"这一概念最早是 Ho 在研究 1985 年全国人大通过的《草原法》时提出（Ho，2005）。"空制度"是不同利益集团面对难以解决的问题时相互妥协的产物。"空制度"实际上并没有任何效果，因而原本持反对态度的利益集团对此感到满意；另外，决策者的努力也得到了回报，因为他们倡导的规则得以顺利地和新制度融为一体。融合的产物可能是新颁布的法律、新成立的部门或土地所有权的某些特殊规定。《草原法》就是这样一场政治辩论后双方妥协的产物。这次争论的焦点是草原属于国家所有还是集体所有。和农地集体所有制不同，除非农村集体能够提供证据，草原、森林和荒地一般都属于国家所有。由于草原集体所有制缺乏法律保护，国家往往理所当然地将草原视为国有资产。这一现象在游牧民族聚居的广大草原上尤为常见，因为草原使用的灵活性和牧民随季节移动的需要，所以很难确定草原的集体所有权。但随着时间的推移，无论是传统游牧部落还是农村集体都开始意识到这个问题，他们认为自己使用的草原应该属于集体。草原所有制的结构模糊不清，公共产权的制度又未能得到澄清，这就是国家的草原政策和草原承包制失灵的主要原因之一。

"空制度"代表着不被普遍认可的规则，同时也没有得到执行的规则，最终沦为"纸上谈兵"。但是，当情况变得复杂，"空制度"可能会在政治和公众压力下被强制执行，这导致它在制度可信度连续统上转向并发展成为一个不可信的制度。当强势的社会行动者强制推行与内生功能相违背的制度时，该制度可能从"空制度"变为不可信制度。一个看上去形式完善的制度，有可能在执行过程中因为未实现其功能，从而不具有可信度。可信度理论假设，超过一定程度的冲突，如果旧制度不再能够吸收它，那么新制度安排可能会出现。因此，一个导致更多冲突的制度将变得不那么可信或成为"空制度"。从这个意义上说，可信度理论摒弃了均衡这一概念。与制度均衡论观点相反，行为者的互动被视为一个不断变化和冲突的过程，在这个过程中，均衡的状态是短暂而罕见的。可以把它看作是一种"动态非均衡"，或者说是一种永恒的变化，而变化的速度是不同的，有时缓慢得难以察觉，有时又伴随着剧烈的冲击。

（二）可信度是对内生的、自主形成的制度的感知

可信度是对内生的、自主形成的制度作为一种共同安排的感知。新自由主义理论家将制度视为"游戏规则"，并倾向于接受一种"有意设计"的观点，即制度"容易受到立法者、政治企业家或机制设计经济学家的有意识设计的影响"（Aoki，2001：9）。在新自由主义理论中，"可信承诺"（credible commitment）指的是国家在保障安全的、私有的产权方面的承诺，从而外生地建立了可信的制度。如果没有这种承诺，则制度将会效率低下，并阻碍现代化和发展。"可信承诺"被视为衡量国家设计和实施一些期望的制度的外部的、有意的承诺。外部参与者可以形塑制度的信念为国家干预提供了合法性，从而导致很多国家或国际组织从外部强制施加经济社会干预。许多制度形式上看似完善，却在执行过程中由于前后不一，或与社会行动者的期望相违背而无法发挥其功能，变成不可信的制度。这是制度建构逻辑所不能解释的。比如国家往往采取从上向下的制度设计，如禁止砍伐森林、退林为耕等，但实际中农民根本不理会，造成国家法律沦为"空制度"。强制性的制度设计因忽略了对地方利益和话语权的尊重，造成制度面临执行的困境。

因此，可信度理论是对制度可以由外部机构有意设计的反驳（Ho，2014）。制度不是有意设计的结果，所有参与者（包括政策制定者、主管部门、私人参与者和农民）都是"游戏"的一部分，制度是参与者之间互动的、自主的、无意的结果。对于财产权的保护，新自由主义强调国家与市场和社会之间的单线性关系，即国家是最重要的财产权的保护者。国家既要维护法律、法规和正式制度中的财产权，还要有效地执行这些规则。相反，可信度理论认为制度是各种行为者之间相互作用、权力分歧和协商的自主性和内生性结果。在某个时间和空间内，国家可能采取"放手不管"，但在另一时间和空间，国家则积极调解冲突，或者通过政策、法律和法规引导已经在基层生成的非正式制度并将其正式化。

(三) 制度的功能比形式更重要

可信度理论强调制度的功能，而不是理论、意识形态或政治信念所期望的形式。当某些制度或产权安排持续存在时，它们在社会中发挥了一定的功能，因而被社会行为者视为可信的。正式、安全和私有的制度形式与经济效率、稳定性和增长等制度绩效之间的关系在发展中国家显得尤为不明确。例如，非洲国家的研究显示正式产权登记对投资和农业收入的影响微乎其微，而其他地方的研究则证实了非正式的习俗安排可以比正式安排以更低的交易成本发挥作用。因此，Aron 认为："在分析制度与经济增长的关系时，应该使用那些能捕捉正式和非正式制度的绩效或质量的指标，而不仅仅是描述制度的特征或属性的变量。"（2000：128）同样，发达国家在 19 世纪和 20 世纪初期的制度变迁历史也显示，制度的功能与形式之间并没有独特的、明确的对应关系（Chang，2002）。可信度理论应避免对制度形式的规范性判断。没有任何制度形式是比其他制度形式优越的。虽然制度的形式具有一定的重要性，但更重要的是制度在现实社会经济环境中如何发挥作用，即制度的功能更加重要。因此，不能将私有产权作为评价制度优劣与制度绩效的唯一永恒标准。

比如，在农地产权领域，制度建构的基本逻辑是，只要农地产权清晰且形式完整，就能够持续有效地发挥作用。然而，实际生活中，一些形式上并不完整，甚至模糊不清的制度也能持续发挥作用，表现出较好的效率。中国农地产权"有意的制度模糊"是一个展示模糊制度也能发挥功能的案例。中国农地产权的模糊性表现在两个层次：第一个层次是农地承包经营权的模糊性，即虽然国家在法律与政策上明确强调稳定农户承包经营权，但是在实践中经常会出现承包权的小调整和小变动。Ho 认为农地承包经营权的不断调整，对于除了农业以外没有其他就业机会的农户来说，可信度高。当然，这并不是说土地重新分配总是可信的，但在农民依赖土地谋生的欠发达地区，这些分配具有社会（而不是经济）功能。对于多数农民而言，土地承载了就业、养老、家庭粮食安全等多重保障功能。在土地集体所有制下，土地不仅是生产资料，还承载着社会保障功能，成为农民的"共有财产"。为了确保每个农民都能获得这种基本的社会保障，根据人口变化经常性地调整土地就成为一种必然选择。这种模糊但可信度高的制度确保了农地社会保障功能的发挥，避免了大规模的社会冲突，维护了社会稳定。第二个层次是农村土地所有权层次的模糊。农地所有权制度的模糊性，保证了中国农地改革的成功，也为中国经济社会渐进式改革的成功提供了有利的条件。制度的不确定性是制度运行的润滑剂。农地产权的模糊为工业化和城镇化的规划建设提供了较大的自由空间，为低成本、高效率的规划和征用农村土地为工业用地与城镇建设用地提供了可能性，同样具有一定的制度可信度（Ho，2005）。但是，随着经济社会的深入发展，制度在多方利益主体间的可信度呈现下降趋势。"有意的制度模糊"日益成为社会冲突的导火索，农村土地问题引起的社会冲突逐渐增多（Ho，2014）。

正如 Ho 所说，"最终决定制度绩效的不是形式，即制度是否正式化、私有化或稳定性，而是其在空间和时间上的功能。换句话说，制度功能主导形式；制度功能可以用它的可信度来表示，即在给定的时间和空间上所感知到的社会支持"（Ho，2014：13）。

表 2-1   关键概念一览

概念	定义	案例
制度功能	特定的制度安排为行为者提供的用途	中国的土地家庭承包制为农村剩余劳动力提供了社会福利网的作用
制度形式	制度安排的分类描述	安全、私有、正式的产权 VS 模糊、公有产权和习俗权
可信制度	一项制度安排在特定的时空条件下起到功能并得到社会支持	印度的贫民窟（Zhang，2018）或者智利的非正式住房（Celhay & Gil，2020）为低收入居民提供了国家之外的社会福利
空制度	空制度是不同利益集团面对难以解决的问题时相互妥协的产物。空制度是无效的、被忽视的制度，然而同时又被社会接受的、引发较少的冲突的制度	1985 年《草原法》对草原国有还是集体所有的规定（Ho，2005）
不可信制度	一个不被其他行为者接受，却被强大的行为者强制执行的制度或引起极大冲突的制度	马来西亚修建水坝时，强行把土著人民的公共财产私有化和对习俗权的剥夺（Nor-Hisham & Ho，2016）

来源：作者自制。

在将可信度理论与经典制度经济学、新制度经济学、布卢明顿（Bloomington）奥斯特罗姆学派进行对比时，Groenewegen（2022）将"有意的、有目的设计"的"制度形式"比作蓝图（blueprints），"非意图性的、自发生成"的"制度功能"比作过程（process）；他认为新制度经济学是绘制蓝图，设计了一套理论上"正确"的制度，仍需要政府将其强加给社会，以达到"外部可信度"（external credibility）。经典制度经济学和布卢明顿学派则认为制度之所以可信，是因为社会行动者认为制度履行了其预期的功能，即达到了"内部可信度"（internal credibility）。因此，Groenewegen认为制度功能的理论和制度形式的理论是相互关联、相互补充的。

三 制度可信度的方法体系

在通过可信度来评价制度功能的时候，一个重要的评价指标就是该制度所产生的社会影响，如社会冲突和纠纷、民众对制度的看法和认可度等。考虑到所有利益相关者都与制度设计利益相关，不能通过直接询问受访者认为一项制度是否可信来衡量可信度，而需要通过相关指标来进行分析。可用于衡量可信度的指标包括：①行为者对制度的认知，根据FAT制度框架进行操作（对名义上的制度、实际的制度和期望的制度的认知差异）（Ho, 2016a; Sun & Ho, 2020）；②行为者对制度引起的冲突的总体认知，通过冲突分析模型衡量冲突的来源、频率、强度、发生时机、持续时间、性质和结果等（Ho, 2014）。③通过制度考古学（institutional archaeology）研究制度变迁的速度。通过评估制度变迁、制度可接受性以及冲突水平可以帮助我们系统地理解制度可信度。具体对方法的说明和实际案例如表2-2所示。

表2-2　　　　　　　　　制度可信度的测量方法

测量方法	方法的说明	实际案例
FAT制度分析框架	对名义上的制度、实际的制度和期望的制度的认知差异，三个层面的感知分歧越大，可信度就越低	秸秆焚烧政策（Fan et al., 2021）；希腊雅典的城市公共空间改造的产权认知（Arvanitidis & Papagiannitsis, 2020）；中国小产权房的认知（Sun & Ho, 2020）；九寨沟自然保护区治理结构的三个维度（Wang & Liu, 2022）

续表

测量方法	方法的说明	实际案例
CAM 冲突分析框架	行为者对制度引起的冲突的总体认知，通过冲突分析模型衡量冲突的来源、频率、强度、发生时机、持续时间、性质和结果等	中国农地产权冲突（Ho，2014）；马来西亚水库工程冲突（Nor-Hisham & Ho，2013）；中国集体林地确权登记冲突（Krul et al.，2021）
制度考古学	通过收集各种可能来源的数据详细记录、解释和研究制度变迁的方法	中国的土地确权和房屋所有权的历史变迁（Ho，2015，2017b）

来源：作者整理。

以下采用实际案例对 FAT 分析框架进行说明。制度可信度可以运用 FAT 制度分析框架（Formal，Actual and Targeted Institutional Framework），即从名义上的制度、实际的制度和期望的制度三个层面来分析。通过测量社会行动者这三个层面的感知及其差异水平，可以确定制度的可信度。一般而言，三个层面的感知分歧越大，可信度就越低。正如对秸秆焚烧政策的评估中，学者发现"基层政府和农民对秸秆焚烧政策的三个维度的认知分歧越大（……）政策越难以实施，导致政策效果不确定。"（Fan et al.，2021）反之，如果三个层面的感知越趋同，可信度就越高。比如，学者对希腊雅典的一个城市公共空间改造的产权认知（Arvanitidis & Papagiannitsis，2020）和中国的小产权房的认知（Sun & Ho，2020）验证了这一论断。以中国的小产权房为例，FAT 三个层面的感知趋同，因而具有很高的可信度（Sun & Ho，2020）。名义上的产权维度，小产权房是"法外的"，没有开发商销售商品房的重要凭证，即"五证两书一表"。实际产权维度，几乎没有人会担心被政府驱逐；所有受访者都愿意在所居住的小产权房内进行改善性投资，平均占房价的 1/3。期望产权维度，大多数的受访者认为他们是房屋的所有者（93%），并且享有其他权利，比如居住权（98%）、出租权（87%）、继承权（71%）和买卖权（58%）。

王炜晔和刘金龙（Wang & Liu，2022）利用 FAT 框架对九寨沟自然保护区 1982—2018 年的治理结构的三个维度（名义上、实际和期望）进行了分析，他们指出，与制定和实施明确的政策、增加地方参与以及透明地分配管理责任和权力相比，制度的形式（集权式或分权式管理）是次要的。Krul 和 Ho（2020）利用 FAT 框架对中国集体林地确权登记改革过程进行了分析，指出在中央政府要求五年内完成确权登记的压力下，地方在实施过程中忽视了时间和空间复杂性，导致林地产权登记中出现没有现场勘测、边界登记不清晰等现象，然而农民却认为边界和地块面积是明确的，支持确权登记。其他使用 FAT 框架进行分析的文章还有马来西亚水库移民对土地产权和移民安置的认知（Nor-Hisham & Ho, 2016）；也有学者将 FAT 框架应用到土地产权安全的研究，从法律产权安全、事实产权安全和感知产权安全三个维度理解和分析产权安全（Qian et al., 2022; Van Gelder, 2010）。

用冲突的程度作为制度可信度的指标，要求对冲突进行操作化。Keltner（1987）和 Moore（1986）提出的两个冲突连续体主要集中在冲突的类型上，而不是冲突的强度上。冲突分析模型通过七个指标来操作化冲突：①冲突来源（source）；②频率（frequency），即在给定期间内冲突发生的次数；③时机（timing），定义为历史时期或者项目阶段；④强度（intensity）；⑤持续时间（duration）；⑥性质（nature），比如冲突是暴力的或者非暴力的；⑦结果（outcome）。这一冲突分析模型已被成功地应用于度量中国土地产权冲突和马来西亚水库工程冲突（Ho, 2014; Nor-Hisham & Ho, 2013）。比如，西方学术界一般认为中国农村土地冲突频繁发生，然而，Ho（2014）通过测量农民对冲突发生的来源、频率和时机，发现整体冲突水平很低，偶发的土地冲突主要和征地有关。从这个意义上说，这个模型反击了关于土地冲突的传统认知。温铁军等人（2011）指出，关于中国农村稳定性的研究，在各个层面均存在一种误区。学术研究层面，农村冲突的研究更多关注已经发生的、激烈的、组织化程度较高和对抗性较强的冲突；政府层面，习惯等到潜在的矛盾爆发，事情闹大后才会处理，往往也仅针对那些积极分子；舆论层面，涉及农村群体性事件或者恶性事件的新闻报道越来越多，呈现出的事件激烈程度、引发的社会关注都有上升，仿佛我国农村地区的社会稳定状况已经十分令人担忧，社会矛盾一触即发。但温铁军等人基于 100 个村 1765 户的调查分析指出，从总体上看，我国农村社会还处在一种稳定状态，发生冲突的比重较低，且大多数规模较小、激烈程度不高，与 Ho（2014）的研究结论相同。当然，学者们也提出担忧，现有的冲突解决机制和社会管理方法需要改进以应对可能的矛盾激化。通过冲突分析模型，我们可以很清楚地识别纠纷的来源和强度等，指明引起冲突的制度漏洞，并提出针对性的建议。

制度考古学（archaeology of institutions）可理解为"一种通过收集各

种可能来源的数据（包括但不限于：社会经济、历史、民族人类学、地理学、心理学、法律政治学等），从而详细记录、解释和研究制度变迁的方法"。通过这种方式，研究者可以打开制度的黑匣子，并采用混合的方法在时间和空间上详细地描述制度，中国的土地确权和房屋所有权的历史就是一个典型的例子（Ho，2015，2017b）。

第二节 制度可信度理论的应用与评价

理论创始人皮特·何（Peter Ho）自1993年起开始进行中国土地研究，经过多年的探索，于2013年提出可信度理论。经过多年的发展，制度可信度已经形成了一套相对完整的理论和方法体系。截至2022年12月，应用该理论的学术文献已达70篇，且相关论文大都发表在国际知名SSCI期刊。通过对应用制度可信度理论的学术文献的特征和内容进行分析，可以展示制度可信度理论在引领国际学术前沿、讲好中国故事方面所作出的贡献。

一 制度可信度理论的国际影响力

截至2022年12月，应用该理论的学术文献已达70篇，且相关论文大都发表在国际知名SSCI期刊。以发文期刊来看，《土地利用政策》期刊发表19篇相关研究（Ho，2014，2018；Pils，2016；Davy，2018；Mengistu and van Dijk，2018；Sun and Ho，2018；Zeuthen，2018；Zhang，2018；Fold et al.，2018；Gomes and Hermans，2018；Koroso et al.，2019；Krul et al.，2021；Ghorbani et al.，2021；Chen，2022；Qian et al.，2022；Wang and Liu，2022；You et al.，2022；Fan et al.，2022；Goyal et al.，2022；Groenewegen，2022）；人类学和发展研究领域排名第一的《农民研究杂志》发表9篇相关研究（Ho，2016a，2016b；Levy，2016；Marois & Güngen，2016；Miyamura，2016；Mollinga，2016；Monkkonen，2016；Nor-Hisham & Ho，2016；H. Zhao & Rokpelnis，2016）；城市研究领域权威期刊《城市》发表12篇相关研究（Ho，2017b；Arvanitidis and Papagiannitsis，2020；Celhay and Gil，2020；Zeković et al.，2020；Zheng and Ho，2020；Chen，2020；Easthope et al.，2020；Liu and Zhang，2020；McClymont and Sheppard，2020；Oranje et al.，2020；Sun and Ho，2020；Tzfadia et al.，2020）；《中国治理期刊》发表6篇相关研究（Yeung，

2020；Dai and Taube，2021；Fan et al.，2021；Ho，2021；Shi，2021；Yueh，2021）。《采掘业和社会》（Ho & Zhao，2022；Yang & Ho，2020）、《生态经济》（Fan et al.，2019）、《林业政策和经济》（Krul et al.，2020）以及其他环境研究 SSCI 期刊（Lin & Lin，2023；Lo，2020；Marois，2022；Wu et al.，2018；Zhou & Yau，2021）也发表过相关研究。应用该理论的研究也开始出现在中文期刊上，比如《中国农村经济》（俞振宁等，2019）、《电子科技大学学报》（樊胜岳等，2018）和《资源科学》（李虹韦、钟涨宝，2020）。

  以作者单位来看，作者大都来自国内外著名高校，如中国人民大学（Liu & Zhang，2020；Wang & Liu，2022），上海交通大学（Chen，2020，2022），浙江大学（Wu et al.，2018；俞振宁等，2019），中央民族大学（卢之遥、冯金朝，2015；Zhao and Rokpelnis，2016；樊胜岳等，2018；Fan et al.，2019，2022；Fan et al.，2021），华中农业大学（李虹韦、钟涨宝，2020），南京农业大学（Qian et al.，2022），浙江财经大学（You et al.，2022），香港大学（Lin & Lin，2023），香港城市大学（Zhou & Yau，2021），台湾大学（Shi，2021）。国外高校的学者来自于英国牛津大学（Yueh，2021），伦敦国王学院（Pils，2016），伦敦大学亚非学院（Marois，2022；Marois & Güngen，2016；Miyamura，2016；Mollinga，2016）；美国加州大学（Levy，2016；Monkkonen，2016），伊利诺伊大学芝加哥分校（Liu & Zhang，2020；Zhang，2018）；荷兰代尔夫特理工大学（Ghorbani et al.，2021；Groenewegen，2022），特文特大学（Koroso et al.，2019）；德国（Davy，2018）、丹麦（Fold et al.，2018；Zeuthen，2018）、希腊（Arvanitidis & Papagiannitsis，2020）、澳大利亚（Easthope et al.，2020）、印度（Goyal et al.，2022）、南非（Oranje et al.，2020）、以色列（Tzfadia et al.，2020）、新加坡（Yeung，2020）、塞尔维亚（Zeković et al.，2020）、智利（Celhay & Gil，2020）的高校。

  在对制度可信度理论的应用上，Ho 及其团队在理论和方法体系进行了拓展（Ho，2013，2014，2016a，2016b，2017a，2017b，2018，2021；Ho & Zhao，2022），并应用到中国的自然资源管理领域，比如草地（Zhao & Rokpelnis，2016）、小产权房（Sun & Ho，2018，2020）、矿产资源（Yang，2018；Yang & Ho，2020）、集体林地（Krul and Ho，2020；Krul et al.，2020，2021；Krul，2021）、城市房地产（Zheng & Ho，2020）和水坝建设（Nor-Hisham & Ho，2013，2016）。目前，其他学者的研究主题涉及农地，如确权对农地转出意愿的研究（李虹韦、钟涨宝，2020），重

金属污染地休耕制度（俞振宁等，2019），农地承包权的可信度和纠纷（You et al.，2022），印度的非正式土地租赁制度（Goyal et al.，2022）、城市土地（Liu & Zhang，2020；Pils，2016）、草地［如草原生态治理、禁牧令的可信度（Ho，2016b；Zhao and Rokpelnis，2016；樊胜岳等，2018；Fan et al.，2019）］、水资源［如饮用水（Gomes & Hermans，2018）、灌溉用水（Mollinga，2016）］，非洲的手工采石业（Fold et al.，2018）等产权问题；也涉及印度和智利的贫民窟（Celhay & Gil，2020；Zhang，2018）、埃塞俄比亚的城市房地产（Mengistu & van Dijk，2018）；制度可信度理论还拓展到印度的劳动力市场制度（Miyamura，2016）、土耳其公有银行（Marois，2022；Marois & Güngen，2016）、墨西哥的公证制度（Levy，2016；Monkkonen，2016）以及中国的国有商业银行（Yeung，2020）和户口制度（Shi，2021）等。

研究涉及的国家涵盖亚洲、非洲、南美洲、北美洲和欧洲。其中研究中国的文献最多（Ho，2014，2016a，2016b，2017a，2017b，2018，2021；Sun and Ho，2018，2020；Yang，2018；Krul and Ho，2020；Krul，Ho and Yang，2020，2021；Liu and Zhang，2020；Yang and Ho，2020；Zheng and Ho，2020；Fan et al.，2021；Krul，2021；Fan et al.，2022；Ho and Zhao，2022）。其他则包括亚洲的印度（Goyal et al.，2022；Miyamura，2016；Mollinga，2016；Zhang，2018）、马来西亚（Nor-Hisham & Ho，2013，2016）、孟加拉国（Gomes & Hermans，2018）、以色列（Tzfadia et al.，2020）和土耳其（Marois & Güngen，2016）等，非洲的加纳（Fold et al.，2018）、埃塞俄比亚（Mengistu & van Dijk，2018）和南非（Oranje et al.，2020）等，南美洲的智利（Celhay & Gil，2020），北美洲的墨西哥（Levy，2016；Monkkonen，2016），欧洲的英国（McClymont & Sheppard，2020）、希腊（Arvanitidis & Papagiannitsis，2020）和塞尔维亚（Zeković et al.，2020）。

二 制度可信度理论有助于讲好中国故事

成文的制度和预期的绩效往往无法画等号。无论是私有产权还是共有产权，都存在失败、成功或者不确定的绩效，此问题的核心在于制度的形式与实际功能并不总是统一的。制度可信度理论在某种程度上是"不管白猫黑猫，能抓老鼠就是好猫"的学理化阐释和学术化表达。如前所述，制度可信度对于理解中国农地制度安排具有重要的解释力；此外，学者们也采用这一理论来揭示中国经济发展的内在规律和特殊路径，以此向世界讲述中国的发展故事。

制度可信度最初是用来解释中国农地领域的悖论，即尽管中国农地产权存在不稳定性，却得到了大多数农民的支持（Ho，2014）。土地调整是中国农地制度的重要特征之一，但传统制度经济学的观点认为，农地调整所带来的地权不稳定会对经济绩效产生负面影响，例如降低农户中长期土地投资的激励、阻碍土地流转和农地市场的发育、加剧农地细碎化程度以及阻碍农村人口向城市的迁移或从事非农产业。基于对上述问题的担忧，中央政府在1984年提出农村的"土地承包经营权15年不变"，1993年进一步提出土地承包经营权"30年不变"，并在2002年的《农村土地承包法》中明确规定"承包期内，发包方不得调整土地"。自改革开放以来，中国农地制度一直沿着稳定地权和市场化的改革路径前进。然而，现实中，尽管国家政策明确规定承包期内不得调整土地，但大多数地方在实际操作中实行了"大稳定、小调整"，并根据人口变化经常性地调整土地，以解决人地矛盾并实现土地分配的再均等化。同时，多份大规模调查的文献也显示，农民在默认土地承包经营权"30年不变"政策的同时，大多反对"不得调地"政策长久化（丰雷等，2013）。丰雷等（2013）的附录1总结了近20篇关于中国农民对"不得调地"政策态度的文献，发现研究结论存在很大差异。有学者认为支持"不得调地"政策、反对土地调整的农户比例更高，也有学者认为支持土地调整的农户比例更高。1999—2010年丰雷等通过5次检验17个省份的调查数据，表明农民对"不得调地"政策的态度是复杂且充满矛盾的。但研究验证了农地的土地社保功能让农民更加支持土地调整。实际上，土地的调整是内生的，即村庄的调地决策会受到农户投资以及农户态度的影响。

在农村土地调整中，一边是社会行为者眼中的制度可信度，另一边是在特定的时间和地点，这些制度发挥的社会经济功能。从某种意义上说，耕地的再分配工作将两方面的内容直接联系在了一起，从而具有了可信度（Ho，2014）。从而可以得出结论，在社会经济条件尚未成熟的情况下，改变产权往往是徒劳无功的；如果中国农村土地制度改革想要取得成功，政府必须解决农村隐形失业的问题。

刘守英和张玥（Liu & Zhang，2020）采用制度可信度理论解答了"为什么尽管有大量的农民工涌入城市，但是中国的城市化避免了贫民窟"这一问题。他们指出，中国的城市化进程呈现出鲜明的双轨特征。第一轨由政府主导，地方政府通过强制性低价征收权和土地一级市场独家垄断权，利用土地招拍挂出让和土地抵押融资，为城市建设提供了资金及公共服务。第二轨则是农民自动自发在"城乡接合部"或"城中村"的城市化。农民集体组织通过非正式的土地市场建设了城中村，为进城农民工提供了可负担的住房和服务。中国的城市化印证了可信度理论。该理论认为，制度形式是从功能上产生的，因为作为非正规居住场所的城中村为流动人口提供了可信的功能。然而，中国的城市化也面临着可持续性和包容性的挑战，当前的可信度可能不会持久。因此，按照制度可信度等级和介入检查表，政府应该采取吸纳（co-opting）政策将"现状正式化"，实行土地制度改革，即允许城镇农民存量集体建设用地盖集体租赁房出租。这种改革能带来多赢的效果。首先，"城乡接合部"的农民可以通过房租分享土地增值的好处。其次，城市新移民可以以较为便宜的价格获得相对体面的居住环境。最后，城市政府也可以减轻为这些新移民人口提供住房保障的财政负担。

三 制度可信度理论的研究述评与展望

Ho 因制度可信度理论于 2013 年获得了欧洲演化政治经济学"卡普奖"（Kapp Prize），这一理论在学术界产生了深远影响。《耶鲁环境评论》杂志曾评价："可信度是理解和评估产权制度的一个强有力的评价标准。"（Griswold，2015）可信度理论的集大成者是 2017 年由剑桥大学出版社出版的著作（Ho，2017a），该书得到了多位国际知名学者的高度评价。哈佛大学肯尼迪政府学院托尼·赛奇（Tony Saich）教授认为："真实情景中的成功案例往往与书本中的发展理论相悖。这种背离现象在新自由主义对产权的讨论中展现得淋漓尽致，因为他们认为稳定的产权是成功的保障，但现实却并非如此。Ho 基于对中国，特别是土地的各种形式、用途和弊端的重点研究，对这一观点提出了挑战……他建议我们关注制度的功能及其可信度，而不是制度的形式，这挑战了许多关于经济增长的普遍假设。"威斯康星大学麦迪逊分校丹尼尔·布洛姆利（Daniel Bromley）教授评价："主流经济学对于理解中国自 20 世纪 80 年代末以来的经济转型几乎毫无用处。中国经济并非如西方经济学家那般想象或者希望的，而 Ho 是极少数能够解释中国经济现状、严谨治学的教授之一。"德国多特蒙德工业大学本杰明·戴维（Benjamin Davy）教授将制度可信度理论描述为"功能主导形式，为制度可信度、土地政策和产权理论的研究带来了新的方法。可信度理论最初是在中国大陆发展起来的，从西方产权理论的角度来看，产权的可信度也是一个值得关注的问题"。香港大学林初升（George Lin）教授认为该理论"具有启发性，富有创新精神，对推进中国发展模式在快速变化的世界中的理论探究具有很大的潜力"。

在不断推进社会主义伟大实践中,中国取得了历史性成就,发生历史性变革,为实现中华民族伟大复兴提供了更为完善的制度保证、更为坚实的物质基础、更为主动的精神力量。因此,学者们应结合中国情境,回应时代呼唤,进行理论创新,向国际国内学术界展示中国的道路自信、理论自信、制度自信和文化自信。

第三节　制度可信度在中国矿业领域的适用性

Ho 对制度可信度的诠释对本书有重要的指导意义。首先,可信度理论强调了时间和空间因素的重要性,这使得我们需要更深入地了解中国矿业制度的演变历程和背后的历史原因。其次,该理论提倡对矿业制度在不同参与者之间的互动进行细致入微的审视。传统观念认为,只要在政府决策者和矿业经营者之间建立了可信度,有了一套"正确"且可靠的制度,采矿业将能带来经济增长并吸引投资。然而,这种观点忽略了采矿社区如何体验和理解采矿制度的重要性。最后,通过将可信度视为一个连续的光谱,并理解任何制度中都存在冲突,该理论提供了一种通过测量冲突程度的方法,从而实现对制度可信度的有效评估。

在中国的矿区,由采矿引发的冲突是导致农民不满的主要原因。对于矿业企业来说,冲突也意味着成本的增加。国际上的研究,如 Franks 等(2014)发表在《美国科学院院报》的文章,基于对矿业领域的财务、法律、可持续研究专业人士的访谈和世界 50 个矿业项目的分析,指出矿业公司并未充分考虑到冲突成本的规模。最常被提及的成本是由于冲突导致项目延期而造成的产能损失。一个 30 亿—50 亿美元的重大世界级采矿项目,由于延期,每周的损失高达 2000 万美金。同时,项目延期还造成机会成本和额外的人力成本,特别是高级管理人才的成本。因此,在影响制度绩效和制度可信度的因素中,我们选取了以下四点进行说明:①经济利益分配对冲突的影响;②采矿对环境的影响;③社会中的群体异质性;④中国案例所独有的冲突和冲突解决特征。

第一,资源利益分配一直是矿区最突出的社会矛盾之一,也是学术界、政界和相关利益攸关方共同关注的焦点。由于采矿税费制度的漏洞,以及农民缺乏捍卫产权的方式,理论和实证研究都表明,尽管存在一定的利益分享机制，但这种利益分享具有选择性和局限性。地方官员和采矿公司更倾向于"合谋"来获得矿产资源的利益。有关煤老板一夜暴富、一掷千金、豪赌的报道经常占据媒体的头条。矿区居民作为一个明显的弱势群体，在矿业开发过程中所得到的利益补偿与其所受到的损失是不对等的，这极易产生相对剥夺感（李香菊、祝玉坤，2011；邢新田，2013；文正益，2012）。在自然资源丰裕地区，由于资源利用过程中产生的负外部性，这些地区更容易因为资源禀赋而发生社会冲突，区域维稳形势更加严峻（尹鸿伟，2008；曾明、廖瑾莹，2015）。

第二，大规模的资源开发利用给生态环境带来了巨大压力，导致地表植被被破坏、地面塌陷和沉降，以及运输和加工过程中的粉尘污染与道路损坏。此外，采矿还会破坏土地和水资源的质量，降低其他依赖这些水土资源的行业的活力，比如农业、旅游业和渔业。环境恶化也带来了许多公共健康问题，有研究认为癌症村作为一种社会事实存在（陈阿江、程鹏立，2011），并与某些矿业开采区与矿山开采排放的尾矿水中含有的重金属有毒物质有关（龚胜生、张涛，2013；石方军，2020）。采矿业还造成大量生计剥夺和移民安置问题。例如，据新华网报道，山西省有上千个因地下被采空造成的"悬空村"需要被移民安置，受影响人数超过230万。自然环境的破坏极易引发社会不稳定（曾明、廖瑾莹，2015）。矿区居民对采矿造成的环境污染有所不满，也往往上告无门或是久拖不决。当这些居民的正当诉求一再得不到解决时，不满情绪就会逐渐积累，当积累到一定程度时，可能会爆发群体性事件，严重影响社会稳定。

第三，采矿活动涉及不同的利益团体。在许多地方，采矿业是支柱产业，政府的大部分收入、经济增长和就业都来自采矿业。因此，地方政府对支持采矿业有着浓厚的兴趣。此外，采矿业的存在为地方官员提供了权力寻租机会，贿赂和腐败遍布采矿业（Zhan，2017；董江爱、徐朝卫，2015）。为了增加煤矿使用权收益，地方政府在行使煤矿监督权时，采取政府入股或降低申办条件等形式，为小煤矿经营者办理采矿许可证，或默许无证经营，这样地方官员与小煤矿经营者结成利益共同体（董江爱、霍小霞，2012）。正如陈阿江（2008）指出的那样，甚至环保部门与污染企业之间也可能存在直接的利益关系。法律赋予环保部门合法收入：环保部门可以对其境内的排污企业进行罚款，罚款所得归其所有，以至于有的地方，环境容量可能成为职能部门致富的重要资源。一些村干部在处理与村民利益密切相关的地质灾害补偿、征地补偿、合同签订、福利分配等经济事务中，以权谋私，把公共资源据为己有，私下低价出售村内公共资源,严重损害了村集体和村民的个人利益。这引发了村民对村干部的极大不满,导致抗议村干部贪污腐败和独断专行的集体上访和群体性事件经常发生(董江爱、霍小霞,2012)。

需要指出的是,即使是矿区居民的利益和看法也很少是一致的和同质的。采矿活动为数百万农村工人提供了比他们从农业中获得的收入高得多的机会,有力支持了贫困地区经济社会发展(Rui,2005)。另外,采矿社区正在遭受累积式生计剥夺(dispossession by accumulation)(Perreault, 2013),比如,农地中有害沉淀物的累积、矿业公司的水权剥夺和矿业开采对活动区域的剥夺,并产生严重的环境恶化、公共卫生问题、流离失所和移民安置。在经济依赖和生计剥夺同时存在的情况下,更值得研究受影响的人对采矿的反应。

第四,在中国,冲突往往在当地发生并在当地解决,而且冲突的解决方式也与国际上存在差异。在国际矿业领域,出现了许多新的冲突解决模式,包括项目全民公投、上诉至国际性的法庭以及抗争"全球在地化"。自21世纪以来,拉丁美洲逐渐开始使用全民公决(referendum,或者称为"项目全民公决")来决定是否进行新矿山建设(Conde,2017;Urkidi, 2011;Walter & Martinez-Alier,2010)。这种项目全民公决制度已成为土著人和环保组织反对矿业开发的有力武器。截至2012年,已在5个国家举行了至少68次全民公决(Conde,2017)。例如,在危地马拉东南部的阿松西翁米塔(Asuncion Mita),近88%的居民在公投中反对金属开采(Muradian et al.,2003;Walter & Martinez-Alier,2010)。这些公投结果对矿业项目的命运产生了重大影响,有些矿业项目因公投结果而被暂停。

当跨国公司对环境产生影响时,环境正义组织可以采取各种法律策略来追究跨国公司的责任。例如,法律诉讼可以在矿业开采所在国的法院提起,也可以在矿业开采企业的母国的法院、国际法庭(如位于荷兰海牙的国际审判法庭)或区域性法院(比如美洲人权法院)提起(Pigrau et al.,2012)。环境损害的受害者们可以结合政治和法律手段来让污染者承担责任,但影响其成功的因素很多,包括开采所在国或企业的母国是哪里、环境问题的性质、矿业活动特征以及企业进入开采国的路径,等等。

此外,受影响的居民可以尝试与国际非政府组织建立联系,以实现将抗争"全球在地化(glocalization)"。"全球在地化"是全球化(globalization)与在地化(localization)两个词的结合。全球在地化指个人、团体、公司、组织、单位同时拥有"思考全球化,行动在地化"的意愿和能力。

国际非政府组织常常将国际化知识连接到地方，动员超越地方的资源来服务地方行动，将地方冲突转变为超越地方的行动。矿业冲突的"全球在地化"主要发生在拉丁美洲（Haarstad & Fløysand, 2007; Paredes, 2016; Urkidi, 2010）。例如，在智利 Pascua-Lama 金矿项目冲突中，当地居民采用了"跳跃式"策略（jumping-scale strategy），将他们保护当地生存农业和环境的目标扩大化，并与全球性的气候变迁议题相挂钩，从而使得他们的诉求更具有全球性的意义（Urkidi, 2010）。

在中国，很多在其他国家采用的抗争行动形式库（repertoire of contention，又译为抗争剧目）极少被采用，比如全民公投、上诉至国际性的法庭，或者抗争"全球在地化"。相反，中国具有独特的抗争行动形式库。为了维护自身合法权益，群众经常采用信访、上访等制度向上级或越级到有关部门提出申诉、控告和求助，以期取得高一级政府和官员的注意力，要求政府出面维护农民利益，治理地质灾害，提供合理补偿。然而，由于地方政府在煤矿利益分配上与煤矿企业形成了利益共同体，他们在处理群众上访时往往偏袒企业，导致矿区农民的损失长期得不到补偿，导致群众上访事件演变为恶性群体事件。

为了更详细地研究这些因素如何影响矿业制度的制度绩效，本书采用制度功能和制度可信度理论和概念框架。作为"一组由内生性环境决定的社会规则的制度"，本书不仅评估中央和地方各级政府立法和政策的安排，还要评估在不同地理纬度和官僚机构维度上的实施情况。更具体地说，本书调查的制度包括矿业土地取得、矿业环境管理、矿业土地塌陷、移民安置制度和矿业安全制度。由于本书不仅关注多个制度，如制度可信度的分析框架指出，将用不同的数据来源对其进行宏观的制度分析和微观的冲突分析。各个制度的可信度是如何评估的，将在表 2-3 中进行说明。

表 2-3　　各类矿业制度的可信度测量方法和章节安排

矿业制度	可信度的测量方法	章节安排	研究数据
矿业土地制度	土地征用/租用对矿业利益的认知的影响	第三章	问卷
	矿业用地的制度和矿业法律冲突的多维度分析	第五章	制度分析、法院判决文书

续表

矿业制度	可信度的测量方法	章节安排	研究数据
矿业环境制度	矿业环境对矿业利益的认知的影响	第三章	问卷
	矿业环境制度和环境抗争行为及其影响因素	第四章	问卷
矿业移民制度	矿业移民对矿业利益的认知的影响	第三章	问卷
	矿业移民的法律冲突的多维度分析	第五章	问卷
	矿业移民的制度和实践中的冲突和认知	第六章	制度分析、问卷
矿业安全制度	矿业安全制度的变迁和矿业安全数据	第七章	制度分析和矿业安全数据
	煤窑神的产生与消逝		田野调查

数据来源：作者自制。

第三章 矿区居民对矿业利益的认知

"矿业是否对发展有利"这一问题，引发了矿产资源开采的支持者与反对者之间的广泛关注与热烈讨论。一方面，有学者主张矿业开采能够推动经济发展和减贫脱贫。比如，学者（Aroca，2001；Hajkowicz et al.，2011；Lagos & Blanco，2010；Rolfe et al.，2011）通过大量实证研究，证明矿业开采对地方经济增长和收入增加具有积极作用。另一方面，也有学者（Auty，1993，2007；Sachs & Warner，1995）提出"资源诅咒"（resource curse）假说，也称为"富足的矛盾"（paradox of plenty）。在自然资源禀赋丰裕的国家，他们并没有太多受益于丰富的自然资源，反而产生了很多的问题，例如大概率发生矛盾冲突、经济极度不稳定、贫富差距巨大等，反而比那些资源稀缺的国家经济增长得更慢。此外，许多学者指出矿业开采对环境、资源利用和公众健康的影响。矿业开采活动可能严重降低生态系统质量（Vatalis & Kaliampakos，2006；Zhang et al.，2011），破坏土地和水资源（Hilson，2002a；Sonter et al.，2014），并导致癌症、重金属相关疾病的发病率上升（陈阿江、程鹏立，2011；龚胜生、张涛，2013；石方军，2020）。然而，也有观点指出，矿业公司也帮助社区建立医疗健康设施和服务，这在一定程度上改善了部分偏远地区的婴儿死亡率和预期寿命（Kuir-Ayius，2016；Thomason & Hancock，2011）。

在研究矿业的影响时，至关重要的一步是纳入那些直接受到采矿影响的人们，即矿区农民的观点。对采矿活动的可持续性应全面评估，不仅应考虑经济影响，还应考虑环境和社会影响（Azapagic，2004）。中国作为世界上多种矿产资源产量最大的国家，针对采矿活动在社会、经济和环境方面对中国农村社区的实际影响的研究却相对较少。本书旨在填补这一空白，为研究采矿活动在中国农村背景下的影响提供重要的学术贡献。

本章旨在回答以下问题：采矿活动如何影响当地社区的生计和居民对采矿的看法？为了解答这个问题，本章将评估以下几个方面的影响：就业机会、环境污染、征地问题、采煤导致的土地塌陷以及移民安置问题，并探讨这四点如何影响农户对采矿活动净收益的看法。

本章的结构如下：首先进行文献综述，整理和归纳现有的关于采矿活动影响的相关研究。其次将详细介绍分析框架和核心概念，同时对数据进行详细说明。再次展示实证研究的结果，具体阐述上述四种影响如何作用于当地社区并如何影响采矿活动净收益的认知。最后对这些发现进行深入讨论，并得出最终结论。

第一节　采矿的利与弊的文献回顾

采矿活动对经济、环境和社会带来的各种影响一直是近几十年来公众和科学讨论的焦点。通过使用不同的指标、方法和数据，学者们对矿业开采的总净效益得出了不同的结论。

首先，采矿活动为经济增长、减贫和增强全球经济的融合提供了机会。例如，在智利和澳大利亚，采矿投资的增加据称与国内经济增长的上升同时发生（Hajkowicz et al.，2011；Lagos & Blanco，2010）。历史研究也指出煤炭在长期经济增长中的作用。为了解释为什么在世界文明大国中，欧洲，而不是中国，在19世纪取得了革命意义的转变，肯尼斯·彭慕兰（Kenneth Pomeranz）在其著作《大分流：欧洲、中国及现代世界经济的发展》中给出了答案。他认为，直到1800年，中国的生活水平和生产水平与欧洲大致相当。英国之所以首先工业化是因为充足的煤炭和新大陆大量土地集约型资源的供应（Pomeranz，2000）。在地方层面，采矿业对经济也有积极影响。例如，Rolfe等（2011）认为，采矿业可以在地方就业方面做出重要贡献，并为加强本地矿业相关联的业务提供机会。特别是人们发现手工小规模采矿（artisanal and small-scale mining，ASM）为资源贫乏的群体提供了新的就业机会，产生了更高的收入和更大的经济自主权（Hilson，2002b；Labonne，1996；Shen & Gunson，2006）。"小矿"（small-scale mines）和"手工小矿"（artisanal mines）现在仍是国外矿业研究，特别是非洲矿业的一个重点话题。从20世纪90年代到21世纪的头十年，我国的小煤矿因其开采技术落后、资源浪费、环境污染严重、安全条件差、事故频发等问题引起学界政界的高度关注。世界范围内根据小矿的开采技术水平、采矿规模、资金投入、地理位置等，对小矿进行了界定，但意见各异，难以形成一个统一和公认的概念（Hilson，2002b；曹霞，2010）。但总体而言，手工小矿和小型矿山具备以下特点：机械化程度低，劳动密集型特征明显；恶劣的职业安全健康条件；生产率低下；工资收入水平低；根据市场价格走势进行的季节性开采活动；缺乏社会保障；不重视环境问题；长期缺乏生产资金与投入资本；常常在没有合法采矿权的情况下作业（曹霞，2010）。虽然手工小矿和小矿存在诸多问题，但 Hilson（2002b）认为其在降低贫困，提供工作机会，给妇女提供就业和经济独立性方面仍存在重要意义。

自 20 世纪 90 年代以来，Auty（1993）提出了"资源诅咒"这一概念，该学说逐渐发展成为发展经济学、能源经济学等领域的热点研究方向。许多国家的发展进程印证了这一现象的存在。自然资源的发现或开发对政府行为产生了显著的影响，尤其是当自然资源产生的收益在国民经济中占据较大比重时。此时，政府的预算往往更加依赖出售自然资源的收益，而相对轻视来自民众的税收。许多富油国家依靠大量的"石油租金"来发展经济和供给社会，这种发展模式被称为"食利国家"（rentier state）模式（Beblawi，1987；Schwarz，2008）。这些国家往往依赖于单一生产部门的收入，并由政府统一整合后，通过社会再分配体系输送给民众，以保持政治和社会稳定。然而，"食利国家"也存在诸多弊端。首先，这种模式导致经济结构过于单一，国民经济容易受到自然资源价格波动的影响。

其次，资源对人力资本、科技创新等的挤出效应。一方面，资源国政府过度依赖资源出口带来的收益，将大部分财政预算拨给自然资源相关产业，而忽视了在教育进步、科技创新等方面的投入；另一方面，由于国民多从事劳动密集型的资源行业工作，且往往习惯了高福利、高补贴的安逸生活，对知识和技术的追求动力不足，本国劳动力整体素质较差。此外，"食利国家"模式还会滋生寻租和腐败行为，从而导致政治制度弱化。资源所有者利用其对资源的垄断而攫取经济租金，寻求非生产性获利，从而滋生腐败。由于寻租获利的成本更低，收受贿赂、以权谋私、官商勾结等腐败行为随之出现。由于丰沛的石油收入，政府无须依赖纳税便可维持政府运作。因此，这些国家不向公民征税，甚至不设税务部门，形成了"不纳税，无代表"（no taxation, no representation）的现象（Beblawi，1987；Schwarz，2008）。

当然，也有学者强调，由于变量选取的差异，关于资源诅咒的结论可能存在某种程度的不一致性。例如，在研究资源型经济体的经济增长时，有些学者可能只考虑了资源丰裕程度、资源型产业比重等变量，而忽略了其他可能影响经济增长的因素。其他学者则以具体案例对资源诅咒的观点提出疑问。例如，挪威、澳大利亚和博兹瓦纳等国家都拥有丰裕的自然资源，但它们的经济增长并未受到资源诅咒的负面影响。相反，这些国家在有效开发利用资源的基础上，实现了经济的长期稳定增长（Iimi, 2006; Larsen, 2005）。这些成功案例为我们提供了另一个视角，即资源丰富并不必然导致经济的停滞或衰退，而可以通过合理的政策引导和资源管理实现可持续发展。

在地方层面，采矿活动对社会弱势群体，例如妇女、老年人、少数民族和土著少数群体以及残疾人产生了不利影响。这些群体更容易受到社会边缘化的影响，这通常是由于他们缺乏生产资源的所有权和较低的社会经济地位（Lahiri-Dutt 2008; Ahmad & Lahiri-dutt 2006）。传统上采矿业是男性为主导地位的行业，但是女性在非正式矿业中占据一席之地（Hilson, 2002b; Lahiri-Dutt, 2008），在发展中国家，矿业中的女性工作者可能占到1/3。在几内亚，女性矿工占到小矿行业就业人员的75%，在马达加斯加、马里和津巴布韦占50%（Hilson, 2002b）。然而，在中国，矿业中的女性仍是被遗忘的群体之一。1988年，我国法规明确不允许女性从事矿山井下劳动。实际上，煤矿存在各种特殊工种，比如主提升司机、安全检查工、机车、机电工等特殊工种，仍有女性参与其中。在2006年的一次矿难后，媒体曝光很多煤矿存在违法使用女工下矿井现象。这种"一刀切"的限制让女工们失去了工作机会。

然而，采矿业的就业效应并不局限于当地居民，还可能吸引来自其他地区的专业技术人员和劳动力（Aroca, 2001; Carrington & Pereira, 2011; Rolfe et al., 2011）。在资源型地区采矿业发展期间，这些外来移民大量涌入，不仅增加了当地人口数量，还增加了对商品和服务的需求。这种需求的增加推动了生产和消费的扩大，为当地经济带来了积极的影响。然而，随着商品和服务的增加，其价格也相应上涨。相较于采矿业，从事农业和服务业工作的人通常工资较低，可能无法承受生活费用的上涨，从而面临生计困难。

最后，采矿项目对生态系统和土地使用产生深远影响，直接关系到当地社区的生活质量。采矿和矿物加工过程中产生的排放物（例如灰尘、噪音、废水和重金属）大大降低了生态系统的质量（Dogaru et al., 2009; Vatalis & Kaliampakos, 2006; Zhang et al., 2011）。环境退化也导致了公共卫生问题，例如癌症、汞相关疾病的发病率增加以及血液中铅含量升高（Fernández-Navarro et al., 2012; Tschakert & Singha, 2007; 苏玮玮、何作顺，2009）。采矿还破坏了土地和水资源，进而影响其他行业的生存能力,如农业、水产养殖和旅游业(Hilson, 2002a; Sonter et al., 2014)。更为严重的是,采矿引起的流离失所是危害当地社区生计的另一种方式。流离失所往往伴随着移民安置执行不力和补偿不均(Ahmad & Lahiri-Dutt, 2006; Downing, 2002)。这种状况导致采矿区的社区承受着生计的累积剥夺(Perreault, 2013)。然而,值得注意的是,采矿业在某些情况下也可以为当地社区带来积极影响。在巴布亚新几内亚(Papua New Guinea),采矿公司在偏远地区建立了卫生基础设施和服务,大大降低了婴儿死亡率,提高了预期寿命(Banks et al., 2013; Kuir-Ayius, 2016; Thomason & Hancock, 2011)。

上述关于采矿影响的国际讨论在中国采矿文献中也得到了回应。中国的采矿业,特别是煤炭开采,扮演着国家经济发展的驱动力的重要角色,提供了就业机会并减轻了农村贫困(Ge & Lei, 2013; Lei et al., 2013; Rui, 2005; Shen & Gunson, 2006)。然而,有人也指出了矿业开采所带来的环境问题,比如水和空气的污染、土地塌陷、重金属污染等(Bian et al., 2010; 曹霞, 2010)。采矿业造成的土地塌陷已导致数百万人的土地和房屋受损(VanderKlippe, 2015; 张玉林, 2013),由此引发的采矿业与农民之间的紧张关系和冲突比比皆是。在其他国家,大规模的土地征用被认为是导致矿业移民的最重要的原因(Abuya, 2013; Ahmad & Lahiri-Dutt, 2006; Madebwe et al., 2013)。然而,在中国,许多与矿业相关的流离失所和移民安置都是在土地塌陷之后发生的,而不是在矿业开采之前。因此,地下开采引发的土地塌陷成为矿业移民的主要诱因。学者们普遍认为,就矿业所引发的污染、健康和移民安置而言,中国的采矿成本已经超过了短期经济利益。清华大学、环境保护部环境规划院等多家单位共同完成的《2012煤炭真实成本》,采用全生命周期评估法对煤炭的开采、运输和使用对水、生态、大气环境、人体健康和气候变化的影响进行了量化分析,并使用机会成本法、恢复费用法、支付意愿法等将这些影响货币化,计算了煤炭使用所产生的环境和健康外部成本。结果显示,中国煤炭的环境和健康影响为260元/吨煤,其中煤炭生产的外部损害成本为66.3元/吨煤,煤炭运输的外部损害成本为27.8元/吨煤,煤炭消费的外部损害成本为166元/吨煤。但当前的环境税费仅为30—50元/吨,且主要集中在生产端,煤炭消费端的排污费仅为5元/吨煤左右,因而现有的环境税费远不足以将上述外部成本内部化。

鉴于采矿活动直接影响当地居民的日常生活和生计,因此,深入了解当地社区对这些影响的看法是一项核心任务。多年来,关于社区对采矿影响的认识研究一直在稳定发展（Badera & Kocoń，2014；Garvin et al.，2009；Kitula，2006；Petkova-Timmer et al.，2009）。相比之下，关于采矿业在中国的综合影响的社区级研究相对较少。以往的研究主要关注经济方面（Rui，2005；Wright，2004）或对环境的影响（Li et al.，2014；崔龙鹏等，2004；史兴民、刘戎，2012）。为了填补这一研究空白，本章专注于中国农村社区对矿业的实际净收益的认知，该认知将通过4个指标来衡量。

第二节 研究设计和数据

一 分析框架

根据本章的文献综述，本书确定了可能影响当地社区看法的4个关键影响因素（见图3-1）。在对采矿影响的看法进行分类之前，首先询问受访者在何种程度上认可"矿业开采对我家的好处多于坏处"，认可程度使用5级Likert量表。

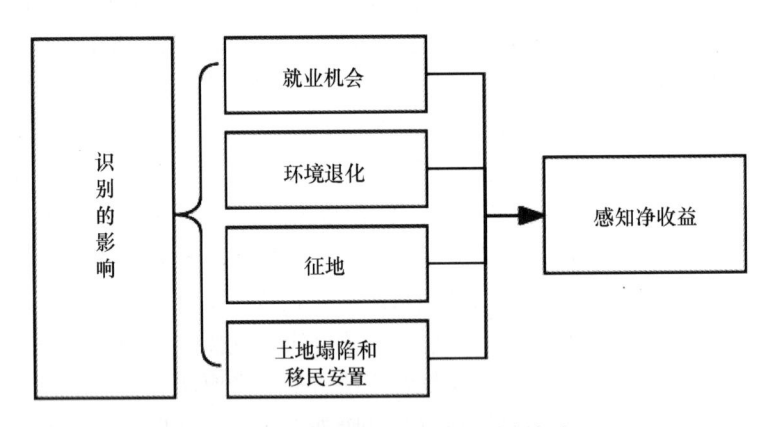

图3-1 采矿感知净收益的分析框架

在图3-1中，我们可以看到这4个关键影响因素分别是：

就业机会：主要考察受访者是否从采矿活动中受益。受访者被问及他们是否从采矿活动、采矿相关的运输和服务中受益。

环境退化：受访者根据从1（无）到5（非常严重）的等级，评估采矿导致的环境退化的主要形式，即空气、噪声和水污染的严重性。

征地：该指标旨在评估土地流失对采矿净收益认知的影响。受访者被问及他们的土地是否被征用,如果是,则进一步询问有关征地和补偿程序的问题。

土地塌陷和移民安置:受访者被问及土地塌陷的情况,以及如果受访者被安置,有关安置的各种问题也被涵盖。

二 数据收集和处理

本书的问卷调查在 6 个省级行政单位内的 8 个县进行(见第一章),具体包括陕西省的彬州市和韩城、山西省的朔州、山东省的兖州和滕州、江苏省的沛县、重庆市秀山县和湖南省花垣县。这些调研地点在一定程度上代表中国矿业的多样性,包括地理多样性、经济多样性、不同的矿业发展阶段、不同的矿产资源种类以及不同规模的矿业公司。

本书采用定性和定量研究方法,包括半结构式访谈、参与式观察和问卷调查。首先,2015 年 4—5 月,在重庆市秀山县、湖南省花垣县和贵州省松桃县进行了试调研,对县国土资源局工作人员、矿业企业管理者、矿业协会、乡镇干部,以及农民等 29 名重要信息人进行了半结构式访谈。其次,2015 年 5—9 月,由一队经过特别培训的本地大学生进行面对面的问卷访谈,总共收集了 352 份有效问卷。在上述选定的县,先根据情况选取矿业公司,最后再在矿业公司周围选定 3—5 个村庄。在每个村庄,随机对调查期内当日在家的农户进行问卷调查。为了避免受其他人的影响,本书没有采用小组会议或小组讨论,而是采用了逐户非概率抽样方式进行调查,由访谈者挨家挨户地接近受访者。这种抽样方法,可以避免自选择偏差(self-selection bias),即那些有特别反对意见的人往往更愿意参与调查以表达其意见。虽然访谈者不是随机的,样本也不具代表性,但前述的有目的的调研点的选择有助于提高数据的有效性和可靠性。同时,当额外的数据没有提供新的视点时,采样即结束,理论饱和度被用来决定样本大小。为了保护受访者的隐私,问卷和访谈均提前得到许可并进行了匿名处理。样本的描述性统计详见表 3-1。

表 3-1　　　　　　　　样本描述性统计

性别	数量	百分比(%)
男	239	67.9
女	113	32.1

续表

年龄	数量	百分比（%）
18—30	38	10.8
31—40	36	10.2
41—50	74	21.0
51—60	84	23.9
>60	120	34.1
受教育程度	数量	百分比（%）
文盲	69	19.6
小学	99	28.1
初中	125	35.6
高中	42	11.9
大学及以上	17	4.8
≤3	104	29.5
4—5	123	34.9
≥6	125	35.6

数据来源：问卷调查。

第三节 实证分析：利益相关者的认知净收益

按照分析框架，本节分别讨论了矿业就业机会、环境退化、土地征用和土地塌陷及引起的移民安置问题，最后一小节讨论对净利益的认知。

一 矿业就业机会

矿业开采作为农村脱贫的一种途径，显著促进了工作机会的增加和收入水平的提升，这一观点得到了现有文献的支持（Rui, 2005; Wright, 2004）。在本书中，受访者普遍认同矿业开采所带来的就业机会是其最大的益处。具体数据显示，有121名受访者（占总样本的34.4%）表示，其家庭成员中至少有1人曾在矿业公司工作。此外，矿业开采也间接带动了矿业运输（8.2%）、杂货店（2.6%）、房屋租赁（2.3%）和饭店餐饮（1.1%）等相关经济活动。

从薪酬角度来看，矿业就业提供的工资水平相对较高。根据国家统计局的数据，2015年采掘业的年平均工资为59404元，这一数字高于雇佣农民工数量较多的建筑行业（48886元）和制造业（55324元），显示了矿业在工资方面的吸引力。与外出务工相比，76%的被访者更倾向于让家人在当地矿业公司工作。然而，当被问及为何没有在矿业公司工作时，71.5%的受访者表示矿业公司越来越倾向于不招聘当地人。其他未能在矿山企业工作的原因还包括没有主动到矿山去找工作（12.9%）、年龄限制（10.2%）、身体健康原因（4.3%）以及工资水平不吸引人（1.2%）。国际上及国内其他区域的类似研究（Carrington & Pereira，2011；Downing，2002；Horsley et al.，2015）也揭示了类似的现象，即当地居民往往被排除在矿业开采所带来的经济社会利益之外。例如，张绪情（2014）在乌蒙山矿区H村E组的调查发现，尽管该组有20名符合用人标准的青壮年劳动力（其中不乏大中专毕业生），且在当地有强烈的就业意愿，但无一人进入企业工作。在印度尼西亚格拉斯贝格矿，17300名工人中仅有约100人是当地矿区居民（Downing，2002：10）。此外，由于采掘业的高资本密集性，尽管产生的收入巨大，但实际产生的工作机会却相对较少。例如，在加纳的一个矿区，尽管矿业产出占该地区GDP的60%，但雇佣的本地劳动力仅占当地居民的8%。同时，矿业开采也可能对当地就业结构产生负面影响。由于土地占用和破坏，农业人口下降，从而导致总就业人口下降（Horsley et al.，2015）。在澳大利亚，尽管拥有丰富的矿产资源，但大多数地方地形荒蛮，从事矿业工作的人员通常暂时居住在工作村或露营地，采取FIFO（fly-in，fly-out）工作制，人员轮流倒班，确保矿区生产不间断。FIFO，顾名思义，就是坐飞机进矿区工作一段时间，再飞出来休息一段时间。然而，这种模式导致对非常驻劳动力（non-resident workforce）的依赖，进一步减少了对常住居民劳动力的需求。而且非常驻劳动力所获得的工资收入大部分汇回其原籍地消费，而非留在矿区，从而引发非常住居民和常住居民之间的矛盾和冲突，对当地社区的可持续发展构成挑战（Carrington & Pereira，2011）。

在中国，矿业企业不愿雇佣当地居民作为矿工主要存在三个方面的原因。

首先，从矿业公司的管理角度出发，雇佣当地矿工存在显著的困难。这些当地矿工往往同时扮演"半农民，半工人"的角色，他们在农忙时节需要回家务农，因此可能无法持续在矿井内工作。相比之下，来自其他地方的农民工则通常住在矿区，能够全年在矿井内工作，无须分心于农活。这种稳定性和连续性是矿业公司所看重的。

其次，当地矿工的双重身份（员工和农民）往往对矿企—社区关系产生不利影响。尽管矿业为当地居民提供了一份补充生计（complementary livelihood），但矿业活动同时也对当地环境造成了不利影响，使得耕作更为艰难。实际上，矿业开采还间接地对粮食安全带来潜在影响（刘爱琳等，2017）。此外，工矿用地本身存在的污染对耕地产粮造成了不可逆的污染，严重威胁到人类的健康（罗春霞、方菁，2013；张绪清，2016）。这些问题导致了空气污染、水污染、土地生产力的降低以及土地塌陷等一系列问题，使得矿业公司和当地民众之间的关系变得紧张。企业担心一旦雇佣当地居民进入工厂，他们可能会基于自身的利益诉求，联合其他村民要求赔偿或进行破坏活动，从而影响矿业企业的正常生产秩序。例如，在一个样本村中，由于矿企和民众未能就土地损失赔偿达成一致，村民采取了激烈的行动，堵住了矿企向外运送矿产品的公路，长达数天。这次事件不仅给矿企带来了巨大的经济损失，也进一步加剧了企业和当地居民之间的矛盾。事件发生后，所有的本地矿工都被公司开除了，这成为企业避免雇用当地居民的一个典型案例。

最后，也是最重要的一点，当矿业事故发生时，如果受害者主要为非本地员工，事故往往更容易被掩盖。长期以来，中国的矿业安全生产记录饱受诟病（Chan & Gao, 2012; Feng & Chen, 2013; Tu, 2007; Wright, 2004）。尽管中央政府已采取严格措施来提升矿业安全，如自 2004 年起，国家安监局设定了年度死亡指标，但这一政策的实施也促使地方政府在上报安全事故数据时采取瞒报或低报的做法（Fisman & Wang, 2017）。这种做法甚至在一定程度上助长了类似刘庆邦小说《神木》及据此改编的电影《盲井》所描绘的通过制造事故骗取抚恤金的盲井式谋杀事件。当煤矿事故导致的伤亡超过既定指标时，矿业开采活动必须暂停，并进行必要的安全整改。然而，若整改不及时或不彻底，矿业公司的运营执照将面临吊销的风险。为了规避这一严厉处罚，矿主和地方政府官员往往选择瞒报或者不报。比如，据新华社报道，2008 年 7 月 14 日，河北省张家口市蔚县李家洼煤矿发生的特别重大炸药燃烧事故造成 34 名矿工和 1 名抢救人员死亡。事故发生后，矿主隐瞒不报，转移尸体，销毁证据，并付给记者 260 万元，让该事故成功瞒报 85 天。2009 年 11 月，10 名记者以及包括时任县委书记、县长在内的 48 名事故责任人被移送司法机关依法追究刑事责任。为迅速解决事故引发的纠纷，矿企通常迅速与受害者家属达成赔偿协议，提供高于标准的赔偿金，并要求家属不要对外人说起此次事故（*China Labour Bulletin*, 2008）。值得特别指出的是，表面上看，"高"的赔偿不足以补偿矿难对事故受害者家属所造成的创伤性后果。保守估计，2008年矿山工人"统计"的生命价值约为200万元，是国家赔偿金额标准的10倍（钱永坤，2011）。矿难事故的受害者通常是家庭的经济支柱，身后有年迈的父母、嗷嗷待哺的幼儿、需要缴纳学费生活费的学龄儿童以及无固定工作的配偶等。一旦失去主要收入来源，受害者的家庭成员可能会在未来数年甚至数十年陷入贫困的境地。对于非本地矿工来说，随着受害者家属的离开，一次性赔偿就意味着矿难的终结。然而，对于本地矿工来说，每当家属在以后遇到生活困难时，都有可能返回来继续和矿业公司纠缠。

总体来看，矿业的发展确实为当地提供了一定的工作机会，然而，矿业公司不愿意雇佣本地居民的现象也对当地就业造成一定的障碍。此外，由于矿业工作具有一定的危险性以及可能与矿业公司发生冲突，本地居民对于在矿企工作的意愿也可能降低。因此，矿业的就业机会及其他经济利益可能会逐渐减少。当然，这种现象并不局限在采矿业。在制造业中也有类似情况，雇主更倾向于雇佣临时劳动力移民，而不是拥有合法城市身份的工人，因为这些移民没有资格享受福利。

二 环境退化

第二个需要考虑的因素与环境退化有关。采矿被视为最危险的工业职业之一，它不仅争夺土地和水资源，而且还产生了有害健康的废物和污染物。大多数受访者坚信，无论空气、水和噪声污染，污染程度都是严重的（见表3-2）。空气污染（平均值=3.820，SD=1.377），水污染（平均值=3.707，SD=1.95）和噪声污染（平均值=3.298，SD=1.517）的认知平均值较高。

表3-2　　　　　　　　　　　环境退化程度的认知

	您对居住点环境问题的评价为：				
	1=没有	2=比较轻	3=一般	4=比较严重	5=很严重
空气污染程度	10.5%	10.8%	9.7%	24.1%	44.9%
水污染程度	12.4%	9.9%	12.5%	25.4%	39.8%
噪声污染程度	19.9%	5.4%	8.5%	27.3%	38.9%

数据来源：问卷调查。

罗春霞和方菁（2013）在湖南湘西凤凰铅锌矿区的调查发现，65.3%的受访者认为采矿对当地的环境污染产生了较大的影响。然而，受访者对于矿业开采引起的不同环境污染问题的影响程度却知之甚少。受访者对于水质、噪声、土地塌陷等直观感性的问题有明显的认识，但是对土壤污染、粮食产量、农作物质量、空气质量等感官无法感知的问题缺乏理解。本书在水污染和噪声污染方面的结论与他们的研究相同，但在空气污染方面的认知则存在差异，这种差异可能与研究的不同矿种有关，因为在煤矿开采区，人们对空气污染的认知可能更为明显。这一研究结果与史兴民和刘戎（2012）在陕西省韩城矿区的研究结论相同。

三　土地征用

采矿需要大面积的土地，因此与现有的农业等土地使用方式产生了竞争。矿业用地的取得主要有两种方式：第一种是地方政府征用土地后将其转移给矿业公司；第二种则是采矿公司直接从农民手中租赁土地。当农民的土地被征用时，他们将根据国家规定或协商的价格得到相应的补偿。在接下来的讨论中，我们将不再区分这两种不同的土地征收方式，而是对矿业用地的一般认识进行评估。

在我们的研究中，有20.4%的受访者声称他们的部分土地被征用或租用为矿业用地。然而，研究区域的土地转化为矿业用地的规模相对较小。韩淑娟和颛慧玲（2017）在山西省采煤沉陷区基于550份样本数据也发现，有31.1%的人表示在原来的村落已经没有土地了，即约70%的人账面上仍有土地。值得注意的是，研究区域主要是地下采煤，而露天采煤地区的情况则有所不同，例如在山西省朔州，平朔露天煤矿导致数个村的农民失去了原有的全部土地（李茜、毕如田，2009）。这主要有两个原因。首先，农村土地承包制度为农村广大剩余劳动力提供了社会福利保障。为了实现公平分配，集体在重新分配土地时通常会把土地分块处理，这导致了土地使用权的高度分散。例如，一项全国性的调查发现，每个中国农村家庭平均在村庄周围拥有约六块土地。从事中国农业发展研究的学者指出，当保险、储蓄和农村信用制度等风险分担机制不具备可行性或成本过高时，土地使用权的高度分散不失为回避风险的较好策略。通过调整土地的分配，不但做到了耕者有其田，而且还确保农民能够获得最基本的生活保障。其次，在研究区域大部分是地下采矿，矿业用地集中在矿山的作业地点附近，地下开采的土地通常事先没有被征用。因此，大多数家庭仅有部分土地被转为采矿用地。

对于那些曾经经历过和从未经历过土地转化为矿业用地的人们，都普遍存在着对土地征用的矛盾态度。对于那些被征用土地的人，超过80%的受访者不满意赔偿。对于未占用的土地，采矿活动和塌陷引起的水土流失、植被破坏、土壤肥力下降，影响农民的耕种，降低了土地生产率。绝大多数受访者（93.9%）声称，土地产量受到采矿活动的负面影响，涉及产量减少或投入增加（例如所需的肥料数量）。而且通常很难要求对生产率损失进行赔偿。在田野调查中，被调查者经常说，宁愿他们的土地被征用以获得一些补偿，而不是继续在受污染的土地上工作。被征地的农民不满意征地补偿，而未被征地的农民则希望被征地，这不仅在矿区存在，也普遍存在于城市化征地过程中。另一份在矿区的研究（殷海善、白中科，2015：46）这样描述："村民真心期盼平朔矿来征地，以摆脱贫穷家境……未征地村民羡慕征地安置村民的幸福生活。可以说，平朔矿征地的优越补偿政策对久居深山沟的农民来说是求之不得的。"这份研究和本书中农民希望被征地的原因不同。

四 土地塌陷和移民安置

最后一个因素涉及采矿活动引起的土地塌陷和移民安置。在讨论该议题时，本书将受访者分为三类：一是已接受搬迁安置的居民（$N=120$）；二是受采矿引起的土地塌陷影响但尚未获得安置的居民（$N=110$）；三是未受到土地塌陷直接影响的居民（$N=122$）。鉴于第三组受访者未经历地面塌陷现象，因而移民安置暂时不适用，故本分析暂不纳入此组数据。

第一组受访者在明显的地面塌陷发生后接受了移民安置。土地塌陷后的移民安置过程对农民的净收益认知产生了双重影响。正面效应体现在移民安置降低了土地塌陷的风险，并提供了更为优越的生活环境。多数受访者反映，新居的基础设施和公用服务更为完善，如交通便捷性（满意率87.6%）、电力供应（满意率90.1%）和自来水供应（满意率72.7%）。然而，负面效应亦不容忽视，超过半数的受访者（56.2%）对搬迁村的新房屋的建筑质量表示不满。农民们抱怨称，拆迁后的房屋建造和维护状况不佳，搬入时已经出现漏水、墙体剥落和裂缝等问题。

此外，这些被安置的农民并未获得新的土地，仍需依赖原村庄的农业用地。由于搬迁村与原村距离较远，农民需步行数小时才能到达耕种的土地，因此，部分农民被迫放弃了原来的土地，转而在搬迁村附近租种农田。中国自古以来都是小农经济，农民扎根于耕地，祖祖辈辈生活在土地上，依靠土地过活，失去土地既意味着失去了最基本的生活来源，同时也意味着失去土地所衍生出来的诸如安全、养老、就业等各方面的权益。

另一个值得关注的问题是生活成本的增加。搬迁村的水费和煤气费普遍高于原村庄，导致36.7%的受访者反映每月生活费大幅上升，而几乎没有受访者表示生活费用减少。由于补偿金主要用于购买新房，农业生产力受到不利影响，而非农就业机会有限，因此大多数农民对未来的生计感到担忧。

至于尚未被移民安置的第二批人，他们面临采矿引起的土地塌陷和房屋损坏等严重问题，这个群体对未来可能受到的影响感到难以预测。只有在土地和房屋遭到破坏之后，他们才会意识到并关注采矿活动。大部分受访者（68.7%）希望搬迁。不愿搬家的农民则表达了对补偿不足的担忧，并担忧未来的生活成本会增加。然而，受影响的农民甚至不知道何时会搬迁或搬到哪里。在等待搬迁的过程中，大多数村民不得不寻找临时住所或与亲戚同住。

五 认知净收益

在探讨了采矿所带来的四种影响之后，本节将进一步研究当地社区对净收益的看法，以及这四种因素如何影响他们对净收益的感知。应用不同的统计技术分析，例如独立样本t检验或方差分析（ANOVA），以从统计学角度检验子样本的均值是否存在显著不同（$p<0.05$）。在本次研究中，我们主要关注采矿活动所带来的四种影响，因此并未过多考虑个体特征的影响。然而，样本t检验的结果显示，性别和受教育程度对净收益的认知并没有产生显著影响。相较于年长者，年轻一代对采矿活动的态度倾向中立，即较少持有消极态度，这大概是由于他们获得了直接就业机会的缘故。

当被问及"矿业开采对我家的好处多于坏处"时，总共有61.3%的人对此表示不同意，其中33.9%的人更是强烈不同意，这表明大多数受访者认为采矿活动并未带来净收益。而表示赞成的受访者占17.4%，非常赞成的占3.7%。接下来，我们将进行定量分析以更深入地谈及这四个因素的影响。

第一，关于就业机会，对于曾经在矿业公司工作的人来说，约有三分之一的人认为采矿带来的好处超过了成本，因此他们认识到的净收益平均值为2.661（方差=1.330）。相反，大多数未曾在矿业公司工作的人（69.5%）认为采矿并未带来净收益，其中37.8%的人对此表示强烈反对（见表3-3）。后一组的认知净收益的平均值为2.012（SD=1.119）。独立样本 t 检验的结果显示，两组的均值存在显著差异（$T = 4.488$，$p = 0.000$）。换句话说，有在采矿公司工作经历的人相较于从未在采矿公司工作过的人，更有可能报告说获得了净收益。

表3-3　　　　　　　　　不同群体对采矿收益的认知情况

不同群体	对于"矿业开采对我家的好处多于坏处"这一说法，您何种程度上赞同与不赞同？					
	1=非常不赞成	2=不赞成	3=一般	4=赞成	5=非常赞成	6=不清楚
没有在矿企工作过	37.8%	31.7%	10.0%	12.6%	2.2%	5.7%
在矿企工作过或正在工作	26.5%	19.0%	16.5%	26.4%	6.6%	5.0%
土地被征用	41.7%	23.6%	8.3%	20.8%	2.8%	2.8%
土地没有被征用	31.9%	28.3%	13.3%	16.5%	3.9%	6.1%
没有受到塌陷影响	28.9%	28.9%	15.7%	15.7%	3.4%	7.4%
受到塌陷影响但没有搬迁	49.2%	26.7%	5.0%	12.5%	3.3%	3.3%

数据来源：问卷调查。

第二，我们针对环境退化对认知净收益的影响进行了评估。通过线性回归模型，我们测试了空气、水和噪声污染对认知净收益的影响（见表3-4）。回归分析结果表明，水污染对认知净收益的影响具有显著性，而空气和噪声的污染则不显著。虽然回归模型的总体结果是显著的，但调整后的 R^2 值仅为 0.025，这表明环境污染的认知仅能解释认知净收益的 2.5%。这暗示着，对环境污染的认识可能不会转化为对经济损失的认识。

表3-4　　　　　　　　　环境污染对认知净收益的影响

	标准化系数（beta）	t 值	显著性水平
Constant	4.189	26.208	.000
空气污染认知程度	-0.012	-0.179	.858
水污染认知程度	-0.138	-2.296	.022
噪声污染认知程度	-0.038	-0.725	.469
$R^2 = 0.034$ Adjusted $R^2 = 0.025$；		$F = 3.804$；Significance = 0.011	

数据来源：问卷调查。

第三，我们考察了征地的影响。如表3-3所示，被征地和未被征地的两组中，分别有65.3%和60.2%的人不同意采矿带来净收益。相关平均值分别为2.171（SD=1.274）和2.279（SD=1.220）。如前所述，这两个群体对土地征用持有矛盾态度。绝大多数被征地的人对赔偿不满意。然而，与此同时，由于土地的污染和生产率的下降，其他人更倾向于他们的土地被征用并得到一定的补偿。t检验的结果（$T=0.631$，$p=0.529$）显示，两组之间的认知净收益没有显著差异。这意味着征地没带来积极影响，也没有带来消极影响。

第四，我们考虑了地面塌陷和移民安置的影响。在这三类农民中，很明显，第二类农民受到土地塌陷的严重影响但尚未搬迁，他们对任何可认知净收益的反对意见最为强烈（75.9%）如表3-3所示。因此，他们认知到的净收益的平均值也是最低的（平均值=1.905，SD=1.179）。相比之下，已经重新安置的群体中有57.8%和未受影响的群体中有49.1%的人不同意采矿带来的收益超过了其家庭的花费，平均值分别为2.304（SD=1.184）和2.596（SD=1.243）。

方差分析测试的结果（$F=9.206$，$p=0.000$）表明三组之间存在显著差异。因此，我们在两组之间进行了进一步的t检验。第二组的受访者与第三组相比，观察到的净收益的平均值明显较低（$T=4.230$，$p=0.000$），这意味着土地塌陷对净收益的认知产生了显著的负面影响。当比较第一组和第二组时，第一组的认知净收益平均值明显高于第二组（$T=2.545$，$p=0.012$）。这表明，作为一种补救措施，搬迁确实有助于受影响的农民将风险降至最低，并增加了对净收益的认识。但是，与未受影响（因此没有搬迁）的农民相比，搬迁的农民对净收益的认识没有明显的降低或提高，这表明搬迁过程带来的额外收益微乎其微。

第四节　小结与讨论

根据本书中全国6省8县的矿区居民对采矿活动影响的看法的研究，仅有约20.0%的矿区居民认为采矿活动是有益的。换言之，人们普遍认为采矿活动并没有带来净收益。通过详细分析各类影响，采矿活动确实为当地社区带来了就业机会，满足了矿区群众就业需求，这对人们所认知的净收益产生了积极影响。然而，开矿活动所导致的生态环境破坏，特别是采矿引起的土地塌陷等负面影响，将就业带来的收益完全抵消了。作为补救措施，搬迁确实帮助受影响的农民降低了风险。然而，移民安置过程旷日持久，补偿不足和长期生计问题使得与未受影响的农民相比，搬迁农民对认知收益并未显著提高。

通过分解采矿带来的各种影响及其对社区认知的净收益的影响，本书得出了重要见解。首先，研究指出，采矿引起的土地塌陷对当地社区产生显著的负面影响。但关于采矿沉陷区的移民安置问题尚未得到足够的重视。值得注意的是，各地方政府搬迁和补偿政策上存在差异。举例来说，内蒙古的一项研究表明，整个村庄在土地塌陷造成财产损失之前就已搬迁（Zeng & Zhan，2015）。在研究区域，受影响的农民通常只能在发生明显的地面塌陷后才能被安置，并且通常先是国有矿山附近的居民率先获得安置资金。山西省政府最早出台的采煤沉陷区治理方案是针对国有煤矿矿区的，并不包括国有非重点煤矿和大量的地方煤矿沉陷区，因而存在着明显的所有制差别（张玉林，2013）。尽管地理区域、矿山规模和企业所有权有所不同，但仍可以观察到一般普遍模式。最值得注意的是，采矿活动通常伴随着较低的补偿金额和较大的冲突可能性。此外，与未受影响的农民相比，重新安置并未显著改善被搬迁农民的认知收益。其次，尽管人们意识到环境污染的问题，但这一认识可能不会转化为对经济损失的认识。然而，采矿活动的累积影响将不可避免地继续导致对民生的剥夺。同时，由于矿山企业不愿雇用当地居民，当地参与采矿工作的人数可能会减少。当失去利用采矿的经济利益的途径时，当地社区可能更倾向于抵制采矿。如果中国不制定可持续的框架，完善资源利益的分配机制体制，实现资源利益分配向矿区农民倾斜，可能会引发更多的地方冲突。这不仅对当地社区不利，也与维护中国农村和谐的国家目标背道而驰。

第四章 矿区居民的环境抗争行为

环境污染，作为一项全球性的严峻挑战，已受到各国政府及社会各界的深切关注。环境污染不仅给社会带来了巨大的经济成本（He et al., 2012；World Bank, 2007），还影响了公众的健康和生活质量。为提升环境质量、捍卫公众健康，政府层面已采取了一系列积极的应对措施。然而，随着生态退化问题的日益严重，环境抗争（Environmental Activism, EA）亦呈增长态势，其表现形式多样，既有环境非政府组织（Environmental Non-governmental Organizations, ENGOs）的积极推动，也有由环境冤屈而引发的地方性社会动员。从20世纪90年代起，中国环境非政府组织的数量显著增长（Ho, 2001；Saich, 2000；郇庆治, 2008），同时，由污染受害者发起的环境冤屈驱动型抗争也呈迅猛增长态势。例如，和环境相关的信访数量从1995年的58678份增长到2010年的701073份（Huang, 2015：2）。中国的城市与农村也见证了多次针对垃圾焚烧厂和二甲苯（PX）项目等污染源的抗议活动（Rooij, 2010；景军, 2009）。

当前，学术界对于中国环境抗争行动的研究主要聚焦于环境非政府组织（Ho, 2001；Mol & Carter, 2006；Saich, 2000；刘潇阳, 2018），深入探讨其兴起背景、组织架构及行动能力等方面。同时，由受害者发起的、针对污染企业的环境抗争也得到了学者们的广泛关注，研究重点集中于对企业的经济依赖如何使污染和抗争之间的关系变得错综复杂（Lora-Wainwright, 2010；Rooij, 2010）。此外，学者们亦探讨了通过信访（张金俊, 2014）、法律途径（Moser & Yang, 2011；Stern, 2011；Rooij, 2010）和集体示威类群体性事件（胡美灵、肖建华, 2008；童星、张海波, 2008）解决环境冤屈的种种挑战。

尽管关于中国环境抗争的文献丰富，但系统性探讨个人行动者对环境问题的态度、暴露程度、行动可能性以及行动的方式的研究尚显不足。本书运用广泛认可的社会心理学模型——计划行为理论（Theory of Planned Behaviour, TPB）（Ajzen & Fishbein, 1977）来试图回答这些问题。本书基于一份全国范围内的调查，涵盖了 8 个县、37 个矿业邻近村的 352 名农民。研究结果显示，矿区居民对污染问题的严重性及其对环境和健康的潜在风险有着高度的认知。同时，他们参与环境抗争的水平也很高，有 55.7% 的受访者表示他们曾参与过一项或多项不同的针对矿业企业的环境行动。在采取行动时，集体抗议、到当地政府去上访和寻求村委会解决成为主要的方式。此外，邻居的参与起着重要作用，参与环境行动的意愿和环境污染严重度的认知也能很好地解释个人是否参与环境抗争行动。

以中国农村矿业发展及环境抗争为研究背景，本书的探讨不仅可以为一般的环境抗争研究作出一定贡献，也深化了对中国特定情景下矿业发展及其多维影响的理解。一方面，矿业作为农村经济的替代生计方式被大力推广（Ge & Lei, 2013; Lei et al., 2013; Rui, 2005; Shen & Gunson, 2006; 朱清、王联军, 2016），为农民提供了就业机会，带动了基础设施建设和相关产业的发展，促进了农村经济的整体增长；另一方面，矿业的快速发展也对土地农用形成了竞争，破坏了生态环境，对农民的生计造成了潜在威胁（Perreault, 2013; 陆继霞、Lora-Wainwright, 2014）。矿山开采过程中的废弃物排放、水资源污染和土壤质量下降等问题，不仅影响了农民的农业生产活动，而且对他们的健康和生活质量造成了负面影响。面对矿业带来的经济和环境影响的双重挑战，本书的研究结果可以为那些同样依靠矿业发展的发达国家和发展中国家提供重要的经验教训。

本章的结构如下：首先，我们对环境抗争的现有文献进行了回顾，为本章的研究提供理论支撑。其次，我们将详细解释本书的研究设计，包括所采用的分析框架、调研地点的选择、数据收集的方法和过程，以确保研究的科学性和严谨性。再次，我们将基于实证数据，呈现研究结果，并对其进行深入分析和讨论，以揭示矿业发展与环境抗争之间的内在联系。最后是结论。

第一节 环境抗争文献回顾

中国已建立起一套相对健全的环境保护法规体系，然而，正如宋文飞等（2012）所指出的，矿产资源开发中的环境产权界定仍不明确。尽管《矿产资源法》和《环境保护法》等法规规定了矿业权主体在矿产资源开发中的责任和义务，包括环境保护的义务，但法律和法规的条款往往过于笼统和形式化，缺乏对矿产资源开发中的环境权的具体、详细的界定。这种法律和法规的缺陷导致矿产资源开发过程中生态问题严重，且缺乏有效的约束和治理机制。此外，中央和地方政府在环保问题上存在的利益冲突（Rooij，2006）、地方政府对污染企业的经济依赖（He et al.，2014）以及中央和地方之间的责任推诿（冉冉，2019）等问题，进一步加剧了环保法律执行难、执行偏差、运动式治理和选择性执行等环境治理困境。在中国，中央与地方的行政分权和地方政府对经济效益的过度追求，为地方发展带来了创新的解决方案，但也导致了采矿环境法律法规的执行不力和环境的空前恶化。普遍存在的委托—代理问题和信息不对称使中央政府（包括国务院及其下属的与资源和环境治理有关的部门，例如自然资源部和生态环境部）难以检查地方政府的表现。由于未能有效执行中央政府的政策意图而产生的各种风险，很容易从地方政府转移到中央政府，甚至演变成合法性风险。为了解决这些问题，中央政府采用了多种政策工具，包括自上而下的命令和控制措施、市场机制以及公众参与等以遏制地方政府行为。然而，每一种工具都会受到地方政府的抵制。

在资源和环境治理体系中，中国主要依赖自上而下的命令和控制手段。其中，约束性指标是政府的关键工具。例如，为了改善煤矿行业和工人的安全，中国实施了一个全国性的"死亡指标"制度。在这个制度中，中央政府设定了减少采矿相关死亡人数的国家目标，地方官员对其管理中的指标业绩负责（Chan & Gao，2012）。然而，由于制定目标的中央政府并未对实施和监督过程进行高强度控制，这种"无控制的命令"（Kostka，2016）容易受到地方层面参与者的蓄意操纵和结构性解构，导致许多不良后果，如事故漏报和瞒报，甚至出现所谓的"盲井式谋杀"等极端事件。

为了解决环境问题，中国已经尝试引入了一些基于市场的工具，如生态补偿和碳排放交易，希望通过经济利益激励来实现政策目标。然而，这些工具在实践中并未能达到预期的效果，因为市场运行的情况与理想状态相差甚远。例如，生态补偿资金主要是矿山企业为治理矿山环境缴纳的矿山生态恢复保证金，其中包括水土流失补偿费、污染排放费、土地复垦费等相关费用。这些费用的收费标准并非根据环境破坏的实际严重程度来确定，而是根据矿山规模、开采时间、开采方式等因素预先设定的。这导致矿山企业缴纳的生态补偿费用往往不能足额收取，且远远低于其实际造成的环境损害。这种机制未能有效地将环境外部成本内部化，使得企业缺乏足够的动力去改善环境状况。最终，真正承担这些成本的是受影响的社区和中央政府。采矿引起的流离失所和重新安置现象便是这一点的生动体现。在社会主义市场经济条件下，供应和价格受到政治控制的影响，其他基于市场的工具，如碳排放交易，仍处于起步阶段（Lo，2013），而且交易量非常有限（Zhao et al.，2017）。

在公众参与方面，政府对这一问题的态度因具体问题的不同而有所差异（Xie，2016）。制度性的公众参与在范围和效果上都存在局限性（Li et al.，2012；Xie，2016）。举例来说，公众向环保局投诉往往没有效果，因为地方政府通常只是被动地回应公众的诉求（Li et al.，2012），只关注那些影响最明显、最直接的扰民投诉，而忽略了那些恶劣的违法行为（Warwick & Ortolano，2007）。

当前，中国面临的环境问题已经到了亟待解决的转折点。采矿活动已经对当地社区造成了严重的环境破坏，包括生态系统受损、癌症和汞相关疾病发病率上升、流离失所和重新安置等问题（Li et al.，2014；Yang et al.，2017），以及工人的安全和健康问题（Kerswell & Deng，2020；Yang，2022；Yang et al.，2024）。这些负面影响不仅威胁人们的生计和日常生活，还与人民对美好生活日益增长的需求背道而驰。而现有的制度安排没有提供足够的保护，人们对采矿业的抵触情绪不断增加，对环境保护的呼声也日益高涨。

近年来，中国受环境影响的社区中，环境抗争活动呈现显著增长趋势。这些环境抗争活动主要分为两大类：一类是由环境非政府组织（ENGOs）推动的，另一类则是由环境冤屈驱动的社会动员（Johnson，2013；Wu，2013）。这两者的区别在于，前者多受国家和国际普遍关注的环境问题激发，而后者主要是由"个人抱怨"所驱动（Hofrichter & Karlheinz，1990）。两者的目标也经常有差异，大多数环境非政府组织倾向于按照长期目标来组织他们的行动，以实现更广泛的公共环境利益。他们倾向于通过专业的分析报告和宣传广告来影响环保系统和社会舆论，争取公众支持，并平衡其他政府部门和地方政府的影响。然而，由于能力和资源的限制，他们在中国不得不采取一种"嵌入式"的抗争策略，更多地关注政治上较为不敏感的问题，并与具有同情心的政府官员建立良好关系。这种策略使他们更为谨慎克制，避免公开批评或质疑政府政策，以免被视为政治性组织而受到限制。

相对应的，"个人抱怨"式的环境抗争更多关注的是个人利益，特别是受到环境威胁影响的个人利益。这些抗争者力求通过赔偿以保障其公平公正（陈涛、谢家彪，2016；曾明等，2014）。他们的抗争行为反映了社会抗议的深层次原因，即怨愤的存在。怨愤来源于剥夺感，这种剥夺感可以是绝对剥夺（absolute deprivation），也可能是相对剥夺（relative deprivation）。前者主要是外在力量的索取超越了公民的容忍限度，危及基本生存和健康，违背了生存道义；后者则是指公权力的索取超越了公民的心理容忍限度，该限度源于与同类或近似群体对比之后产生了受损以及不公平感，即使这种不公平未必会危及生存（王军洋、王慧玲，2019）。饶静等（2011）通过对农民上访和信访的研究，提出了"要挟型上访"的概念，指出农民可能会利用基层政府的信访压力来谋求不合理利益。

20世纪90年代以来，中国环境非政府组织的数量快速增长（Ho，2001；Saich，2000）。这一趋势归因于宏观层面的生态现代化和"国家的绿色化"（greening of the state）（Mol & Carter，2006），以及微观层面的社会关系的拓展（Xie，2009）。国际环境非政府组织提供的财政和智力支持对某些地区的绿色行动主义的兴起起到了重要作用（Chen，2010；Morton，2005）。与环保相关的国际非政府组织（INGO）在北京、云南和四川等地分布最多（Chen，2010）。境外非政府组织在国内开展了形式多样的公益和慈善活动，比如艾滋病合作项目（戴光全、陈欣，2009）和扶贫项目（卢琴，2008），客观上帮助解决了一些突出的社会问题。然而，有些境外非政府组织假借公益和慈善之名，从事危害社会的活动，对政治、经济、文化、意识形态、网络等非传统安全造成了严峻的威胁和挑战（陈旭清、高满良，2020）。

虽然环境非政府组织的数量有所增加，但是，他们的能力和资源有限（Ho，2001；皮特·何、瑞志·安德蒙，2012）。在中国，环境非政府组织不得不采取一种"嵌入式"的抗争，即更多关注政治上较少敏感性的问题，同时和具有同情心的政府官员搞好关系（Ho，2001；皮特·何、瑞志·安德蒙，2012）。因此，环境非政府组织通常采取与政府非对抗性的策略，较为谨慎克制，避免公开讨论、批评或者质疑政府的政策，以免被贴上政治性组织的标签而被中止活动。其中一个典型案例是对怒江大坝的抗议。环境非政府组织将关注点放在了政府内部部门间的差异上，环保总局是环境非政府组织的重点争取对象。他们通过撰写并提供专业的分析报告以及宣传广告来影响环保系统和社会舆论，从而吸引更多的关注和支持，以平衡发改委和地方政府建坝的影响力。

近年来，受影响的居民所采取的环境行动也多起来了，这表现在对垃圾焚烧厂和二甲苯（PX）项目的抗议（Johnson，2010；陈晓运，

2012；郭魏青、陈晓运，2011）以及农村对工业污染的抗争上（Rooij，2010；景军，2009）。当地的经济、社会和政治环境极大地影响了居民对环境的应对，特别是体现在城镇和农村居民所采取的不同的应对策略上。首先，在矿业和其他工业产业带来污染的同时，也给当地居民带来了就业机会。有研究（Deng & Yang, 2013；Lora-Wainwright, 2013；Rooij et al., 2012）指出，农村居民非常清楚污染对他们的健康产生的负面影响，但当没有可行的替代选择或者当他们获得足够的经济补偿时，他们可能会有意选择接受这种风险，降低他们参与抗争环境损害的意愿。邓燕华和杨国斌（Deng & Yang, 2013）的研究揭示了中国农村污染和抗争的复杂局面，村民在决定是否抗议污染性工业时，除了经济考虑外，还考虑到当地社区关系。浙江省花溪镇村民采取了多次抗争，以侵占土地的名义赶走了化工园里的污染企业。然而几年后，很多家庭却从事着家庭作坊式的垃圾处理业务，这些污染早已经超过了当年化工园的污染。但与当年的工业园不同，当地并没有出现针对这些作坊的抗争。究其原因，是当年的抗争不影响村民收入，化工园给村民带来的收益不大，1000多名工人中只有20名是从当地招的。而经营家庭作坊的则是他们自己人。为了保护环境，当地人赶跑了外来污染者；为了收入，他们又变成了更大的污染者。因此，中国农村的环境抗争植根于政治、经济和社会背景。不了解抗争村民的真实诉求，无论是环境问题还是社会问题，都难以真正解决。同时，垃圾焚烧项目可能给城市居民带来很多好处，比如，垃圾焚烧处理后可减容，大大节省最终处置用地，消灭各种病原体，焚烧垃圾还可以回收热能。正如在国家发展改革委、建设部和环保总局共同编制的《全国城市生活垃圾处理无害化设施建设"十一五"规划》中，垃圾焚烧被认为是"最有效实现减容、减量、资源化"的方式。然而，这些好处可认知度低，因此较少能影响城市居民采取环境行动（Johnson, 2013）。

其次，城镇居民和农村居民在对污染企业的依赖程度上存在显著差异，这一差异进而影响了他们各自采取的抗争行动。有文献指出，农村居民往往倾向于被动地应对那些明显影响人类认知器官的有形的（tangible）污染，典型的如村民针对附近化工厂发起的抗议，这些行动往往带有强烈的生存道义色彩（Rooij, 2010；景军，2009）。相较之下，城镇居民在面对垃圾焚烧和PX项目等潜在污染源时，更常表现出预防性的邻避（Not in my backyard, NIMBY）冲突，他们基于对尚未出现污染的恐惧而采取行动，在项目的规划阶段就开始采取行动，展现出强烈的前瞻性（proactive）特征（Johnson，2013；陈晓运，2012）。

再次，城乡居民在资源拥有上也存在明显差异。在信息化时代，由于"数字鸿沟"的存在，城镇居民更可能利用网络平台进行动员，通信工具的便捷性为抗议信息的迅速传递和即时动员提供了便利，而其隐蔽性则有助于参与者规避潜在的政治风险。此外，城镇居民还倾向于通过社会关系网络主动联系学者、记者和媒体，甚至寻求地方政府机构的支持（Johnson，2013）。然而，农村环境受害者则相对孤立，较少获得第三方的支持（Rooij，2010）。这种社会位置的差异，以及随之而来的媒体资源和媒体素养的不均，也在很大程度上影响了媒体对环境抗争的报道（曾繁旭等，2012）。

最后，对污染企业的依赖程度也深刻影响着受害者如何构建其环境冤屈和补偿诉求。例如，景军（2009）指出，农村居民在发起抗议时，往往将其行动建构为保护人类生存的生态基础，而非单纯的环境和健康问题。这一点在环境受害者积极寻求金钱赔偿的案例中得到了体现（Deng & Yang，2013；Lora-Wainwright，2013；Tilt，2013），在某些情况下，他们甚至通过组织抗议以确保从污染者和地方官员那里获得物质赔偿，而非要求环境改善或者工厂关闭（景军，2009；陈涛、谢家彪，2016）。然而，也有农民在经济上对污染企业过度依赖，即便面临癌症和呼吸道疾病等明显的健康风险，也选择与之共生共存，未采取任何行动（Lora-Wainwright，2009）。

在探讨居民为何不愿采取针对污染企业的抗争行动时，必须考虑他们可能面临的困难、恐惧以及先前的经历。首先，对污染者提起法律诉讼在诉讼前和过程中都面临着重重阻碍（Moser & Yang，2011；Stern，2011；Rooij，2010）。这些阻碍不仅源自诉讼程序的复杂性，如需要提交足够的证据来充分证明矿业开采和环境影响之间的因果关系，还包括高昂的诉讼费用，这些均可能使部分居民望而却步（Stern，2011；Rooij，2010）。其次，对成功的认知概率也可能会影响居民参与环境抗争行动。研究表明，向环保部门投诉往往难以获得积极回应，因为环保部门更倾向于关注那些具有立竿见影效果的无足轻重的小投诉，而对深层次、复杂的违法行为则采取忽视态度（Dasgupta & Wheeler，1997；Warwick & Ortolano，2007）。此外，在地方保护主义盛行的地区，通过法院诉讼解决问题同样面临巨大挑战（He，2009；Stern，2010）。最后，示威游行等直接抗争行为可能引发地方政府采取严厉应对措施。环境抗争活动者往往在将自身行为合法化方面面临困难，这为地方政府可能的监管措施和法律制裁提供了依据。在此情境下，核心组织者更可能因此会被以敲诈勒索和煽动群众等罪名起诉（Cai，2008a）。

尽管面对这些困难和障碍，政府仍然是农民最常寻求帮助的对象。研究（Zeng & Zhan，2015）显示，农民更倾向于直接向政府求助，而非直接向矿业公司投诉或者协商。此外，除了常见的管制和对污染者的默许外，地方政府也采取了一些创新性的财富分配策略，如为矿区居民提供就业机会或者社会福利等，以缓解资源冲突（Zeng & Zhan，2015）。因此，政府对待环境行动的态度也对居民是否参与环境抗争行动具有重要影响。

从全球视角来看，近年来矿业领域出现了新的抗争形式。例如，自21世纪以来，拉丁美洲的一些国家规定社区居民有权通过公决（referendums）来决定是否允许开矿（Conde，2017；Walter & Martinez-Alier，2010）。其他方式还包括在矿业开采地的法院或者国际性法院起诉跨国矿业公司（Pigrau et al.，2012），或者通过"全球在地化"（glocalization）的策略将地方矿业冲突与全球性问题（比如气候变迁）相联系，从而引入国际非政府组织的参与。中国的环境抗争更多地呈现出碎片化、去政治化、极其地方化等特点（Ho，2007）。正因为如此，我们借鉴了"嵌入式行动主义"（embedded activism）概念以及在中国情景下常见的抗争形式（Liu, et al.，2010；Munro，2014；冯仕政，2007）作为测量环境抗争的程度的依据，这将在后续部分进行更详细的阐述。

现有文献已经对环境损害（Munro，2014；冯仕政，2007）和社会冤屈（Cai，2008b；Michelson，2007）下的抗争行动进行了详细探讨。这些研究为我们提供了一系列重要且普遍的结论。首先，在面对环境损害时，大多数人选择保持沉默，形成了所谓的"沉默的大多数"。例如，在2003年全国综合社会调查受访的5067位城镇居民中，虽然3878位居民（占受访者的76.5%）明确表示曾遭受过环境危害，但仅有38.29%的受害者采取了抗争行动，而剩余的61.71%则选择了沉默（冯仕政，2007）。其次，在抗争方式的选择上，寻求熟人调解、向村委会反映和向地方政府投诉是最经常使用的方式。相比之下，选择向法院起诉和游行示威的受害者则显著较少。在上述2003年调查中，只有16人次（占0.65%）的城镇居民参与过游行示威（冯仕政，2007）。在其他的研究中（Cai，2008b；Michelson，2007），游行示威甚至未被列为单独选项出现在问卷中。最后，学者还研究了人口学特征、社会经济地位对受害者身份的自我认定和抗争行为可能性的影响（Munro，2014；冯仕政，2007）。研究的主要发现是受过良好教育、有相对较高的收入和社会资本的人更可能参与到环境保护和抗争行动中来。

尽管这些文献为我们了解社会冲突的模式和抗争行为提供了宝贵的见解，但关于个人参与抗争行为的动机，特别是对于农村居民而言，系统的研究仍显不足。矿业开采不仅是对环境资源和生态系统造成破坏，更是对人类社会系统，特别是矿区的弱势群体造成深刻伤害。近年来，因环境问题引发的矿区冲突不断升级，成为公众关注的焦点（尹鸿伟，2008）。因此，本书旨在基于改编版的计划行为理论模型，深入研究矿区居民针对污染的矿业企业所采取的策略和行动，以弥补这一研究差距。接下来的章节将详细讨论相关理论、研究方法和研究数据。

第二节 基于计划行为理论的分析框架

为了深入解析环境行为背后的动机和影响因素，学者们提出了多种分析模型（Ajzen，1991；Fishbein & Ajzen，1975；Lubell，2002；Seguin et al.，1998），其中 Ajzen 提出的计划行为理论（Theory of Planned Behavior，TPB）尤为突出。该理论认为，人的行为模式主要受三种核心变量决定：行为态度（attitude）、主观规范（subjective norm）和知觉行为控制（perceived behavioral control）。具体而言，当个体对某项行为持有积极态度，感受到社会支持，并认为执行该行为相对容易时，他们更有可能形成强烈的意愿，并最终将意愿转化为实际行动。

在环境抗争领域，计划行为理论具有重要的理论价值和实践意义。通过对某些环境行为的影响因素的理论假设进行验证，有助于我们更好地理解环境保护主义。计划行为理论已经被广泛应用到各类环境行动的研究中，如绿色消费行为或者安全食品支付意愿（劳可夫、吴佳，2013；罗丞，2010）。然而，考虑到环境抗争行为的复杂性和多样性，增加其他变量可以增加模型的解释力。例如，自我身份认定、对健康威胁的认知和信息等变量已被加入研究，并增强了模型的解释力（Fielding et al.，2008；Liu et al.，2010）。根据现有文献和本书的需求，我们对计划行为理论的原始模型做了一些调整。本书所用的分析框架如图 4-1 所示。

环境抗争行为（Environmental Activisms，EAs）：如前文所述，环境抗争行为一般分为环境非政府组织推动的和环境冤屈驱动的。在西方的研究中，环境抗争行为通常被定义为与环境组织有关的行为和互动的函数（Tindall et al., 2003）。比如，Tindall 等（2003：910）就明确将环境抗争行为定义为"由环境组织推动的、支持环境保护运动的行为"，比如参加非政府组织的活动、向环境组织捐款、参加抗议示威或者为环境组织投票等。然而，我们关注的是中国情景下的个体环境抗争行为。参考在中国情景下的类似研究（Liu et al., 2010；Munro, 2014；冯仕政, 2007），我们将环境抗争行为操作化为 9 项具体活动。这 9 项具体活动包括：向村委会反映情况（EA1）；向当地政府部门反映情况（EA2）；写信或打电话向环保部门投诉（EA3）；亲自到环保等部门上访投诉、请求处理（EA4）；直接和污染企业交涉，寻求补偿（EA5）；向媒体曝光（EA6）；对污染企业提出法律诉讼，请求损害赔偿（EA7）；参与针对污染企业的抗议活动（EA8）；不去污染企业应聘和工作（EA9）。这些活动涵盖了从非正式的沟通到正式的法律诉讼等多个层次。受访者被依次询问他们是否参加过这九项活动，如果参与则赋值为 1，没有则为 0。这 9 项的总和则作为环境抗争行为的参与度，其赋值范围为 0 到 9。

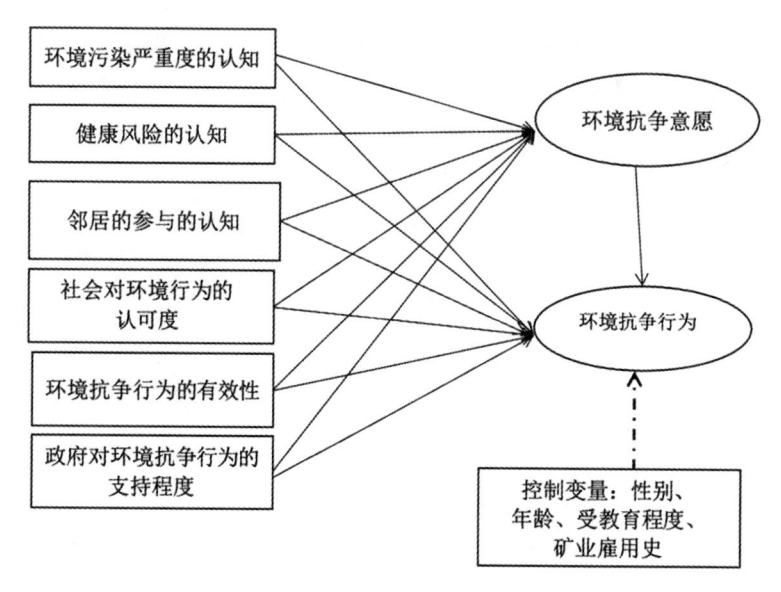

图 4-1　基于计划行为理论的分析框架

来源：笔者自制。

环境抗争的意愿（intention）：根据计划行为理论，个人的行为是由其意愿所驱动的，即行为和意愿之间存在一定的关联性（Ajzen & Fishbein，1977）。在研究过程中，当实际行为无法直接测量时，研究者通常会将受访者的意愿作为其参与该行为的替代指标（Fielding et al.，2008；Tindall et al.，2003）。例如，在市场营销领域，当消费者尚未采取某些措施并因此无法测量实际行为时，研究通常会评估消费者的支付意愿（Willingness to Pay）以了解其对产品的接受程度。但是，研究也发现了存在所谓的"倾向性节制者"（inclined abstainers）的问题（Orbell & Sheeran，1998），即那些倾向于执行某种行为但并未付诸行动的人。这种"意向—行为"之间的差距现象存在于多个领域，比如消费者购买绿色消费产品，戒毒者或戒烟者在戒毒或戒烟以及体育锻炼者在锻炼的过程中都存在"说一套，做一套"的现象。为了解决行为和意愿之间的背离问题，本书考察了参与环境抗争行为的意图以及自我报告的实际参与行为（通过上述9种EA策略进行操作）。

环境行为的态度由两个变量测量：个体对环境污染严重度的认知（seriousness）和对健康风险的认知（health）。邻居参与的认知（neighbor）和社会对环境行为的认可度（appreciation）作为变量来反映主观规范。知觉行为控制是指行动者对行为的难易程度的认知及内外效力（internal and external efficacies）。内部效力是指个人参与可以帮助预防环境问题的信念，而外部效力是指外部参与者对居民的环境行动主义的支持的信念（Finkel et al.，1989；Mohai，1985）。因此，模型中构建了两个变量：自我报告的环境抗争行为的有效性（effectiveness），以及以环保部门为代表的政府对环境抗争行为的支持程度（support）。问卷设计采用了5级Likert量表，其中1表示最低程度，5表示最高程度，以量化测量每个因素的程度（见表4-1）。此外，我们还纳入了一系列控制变量，包括性别、受教育程度、年龄，以及对采矿业的经济依赖性（由是否在采矿企业就业来测量）。这些控制变量有助于我们更全面地了解不同社会背景对个体环境行为的影响。

表4-1　　　　　　　　　环境抗争行为变量定义及赋值

变量	问卷问题	选项
EA	你是否采取过以下针对附近污染企业的环保行动	

续表

变量	问卷问题	选项
EA1	向村委会反映情况	是：1；否：0
EA2	向当地政府部门反映情况	是：1；否：0
EA3	写信或打电话向环保部门投诉	是：1；否：0
EA4	亲自到环保等部门上访投诉，请求处理	是：1；否：0
EA5	直接和污染企业交涉，寻求补偿	是：1；否：0
EA6	向媒体曝光	是：1；否：0
EA7	对污染企业提出法律诉讼，请求损害赔偿	是：1；否：0
EA8	参与针对污染企业的抗议活动	是：1；否：0
EA9	不去污染企业应聘和工作	是：1；否：0
Seriousness 环境污染程度的认知	在您的居住区，环境污染总体上是	1：没有；2：比较轻；3：一般；4：比较严重；5：很严重
Health 污染的健康风险的认知	你是否担心环境污染给你的生活和健康带来影响	1：不担心；2：不太担心；3：一般；4：比较担心；5：非常担心
Neighbor 邻居参与的认知	你认为周围的邻居在何种程度上参与了针对污染企业的行动	1 = 最低；5 = 最高
Appreciation 环境抗争行为的社会认可	你认为你的环保行动在何种程度上能够得到社会上的认可和赞赏	
Effectiveness 环境抗争行为的有效性	你认为环保行动在何种程度上能改善环境的质量	
Support 对环境抗争行为的支持	你认为环保部门在何种程度上能积极和有效地处理环保投诉	
Intention 环境抗争意愿	你是否愿意为了改善环境而对附近的污染企业采取相应的行动	

数据收集过程见第一章，样本人口统计学描述见第三章。

第三节 实证分析：环境抗争行为及影响因素

一 变量的统计性描述

表4-2展示了分析框架中定义的关键变量的调查结果。结果显示，大多数受访者（75.3%）认为环境污染是严重的（平均值=4.03），超过85.4%的受访者担忧污染对其健康的风险（平均值=4.17）。调研中，当地居民认为矿区的污染非常严重，怨声载道。

表4-2 环境抗争行为相关变量的问卷结果

变量	1=最低/没有/不担心	2=低/比较轻/不太担心	3=中性	4=高/严重/担心	5=最高/很严重/非常担心	平均值
环境污染严重度的认知 Seriousness	3.4%	8.2%	13.1%	33.0%	42.3%	4.03
健康风险的认知 Health	3.2%	6.9%	4.6%	41.0%	44.4%	4.17
邻居的参与的认知 Neighbour	9.1%	28.7%	12.0%	45.2%	5.0%	3.08
社会对环境行为的认可度 Appreciation	6.9%	20.3%	30.8%	31.9%	10.1%	3.18
环境抗争行为的有效性 Effectiveness	12.5%	28.9%	16.4%	34.3%	7.9%	2.96
政府对环境抗争行为的支持程度 Support	28.1%	37.0%	15.4%	17.3%	2.2%	2.28
抗争意愿 Intention	7.2%	8.9%	25.9%	47.4%	10.6%	3.45

数据来源：问卷调查。

面对环境污染，受访者显示出较高的参与环境抗争行为的意愿，平均得分为3.45。同样，平均值3.08表示邻居参与程度适中，大约一半的受访者认为他们的邻居参与了环境抗争行为。农民认为自己的努力会得到其他人的适当赞赏，平均得分为3.18。但是，受访者对环境抗争行为的结果并不乐观，41.4%的人认为环境抗争行为无法帮助改善环境。此外，只有19.5%的人认为政府和环保机构支持居民的环境抗争行为，其得分仅为2.28。这些调查结果揭示了环境抗争行为的复杂性和挑战性。尽管个体普遍认识到环境污染的严重性和健康风险，并表现出较高的参与意愿，但对环境抗争行为的有效性和外部支持的感知却相对较低。

二 居民的环境抗争行为

图4-2是受访者参与9种环境抗争行为的发生频率。在这些行为中，向当地政府部门反映情况和向村委会反映情况是两种最常采用的方式，有42.0%和41.2%的受访者曾采取过这些行为。这表明在面对环境污染和破坏时，大多数居民首先选择通过官方渠道来表达他们的诉求和不满。紧随其后的是直接和污染企业交涉（21.4%）以及写信或打电话向环保部门投诉（20.6%）。17.3%的受访者曾参与针对污染企业的抗议活动。比较少采用的方式包括：12.8%的受访者曾亲自到环保等部门上访投诉、请求处理；7.1%的受访者曾向媒体曝光；2.6%的受访者曾试图通过法院，对污染企业提出法律诉讼，请求损害赔偿。而"不去污染企业应聘和工作"这一方式仅被极少数受访者（1.4%）采用。

抗争行为	比例
不去污染企业应聘和工作	1.4%
对污染企业提起法律诉讼，请求损害赔偿	2.6%
向媒体曝光	7.1%
亲自到环保等部门上访投诉、请求处理	12.8%
参与针对污染企业的抗议活动	17.3%
写信或打电话向环保部门投诉	20.6%
直接和污染企业交涉，寻求补偿	21.4%
向村委会反映情况	41.2%
向当地政府部门反映情况	42.0%

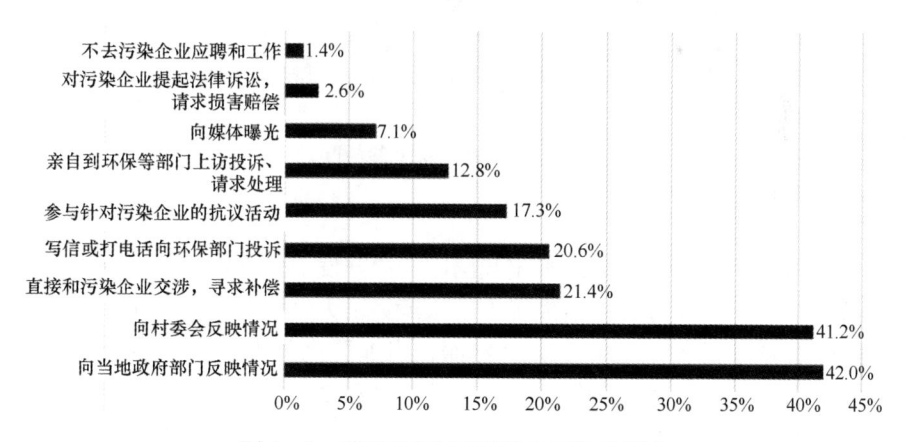

图4-2 受访者参与环境抗争行为的频率

数据来源：问卷调查。

我们将每一个受访者参与过9种抗争行为中的种数作为衡量其环境抗争参与度。如图4-3所示，44.3%的受访者没有参与过任何一种抗争，而55.7%的受访者参与过一种或多种环境抗争行为。平均值为1.64，表明受访者平均参加过至少一种抗争。其中，约有 1/10（9.4%）的受访者表现为"经验丰富的积极分子"，他们曾参与过 5 项及以上的抗争行动。总体而言，环境抗争参与度比较高。

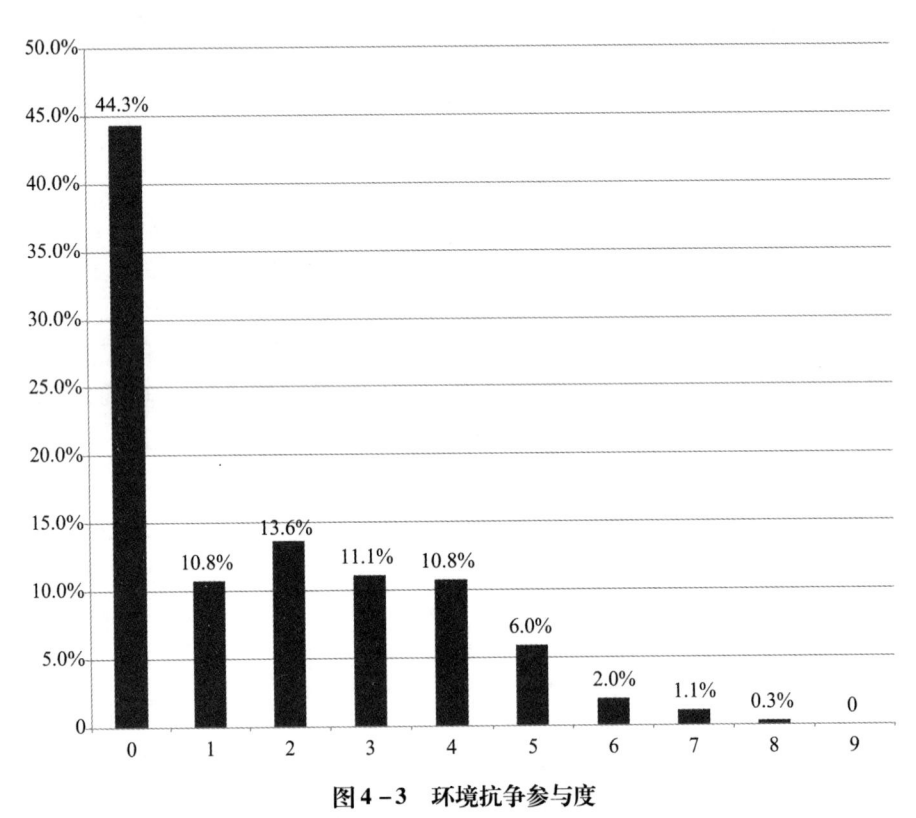

参与抗争次数	比例
0	44.3%
1	10.8%
2	13.6%
3	11.1%
4	10.8%
5	6.0%
6	2.0%
7	1.1%
8	0.3%
9	0

图 4-3　环境抗争参与度

数据来源：问卷调查。

实地调研和问卷结果反映出我国因资源开发引发环境矛盾的过程：矿山企业在开采资源过程中造成了地下水流失、大气污染和土地塌陷等环境问题，影响居民的生活和健康；然而，当地居民并没有从资源开发中获益，也没有获得满意的赔偿，由此导致村民和企业之间的矛盾。如果矛盾长期难以化解，最终会演变成暴力冲突。资源开发冲突中的主体是当地居民和矿山企业，然而，在政经一体化发展中，地方政府与企业结成联盟，居民与地方政府之间也容易形成矛盾。当前，类似的环境矛盾不仅在资源开采重镇山西、陕西和内蒙古等地不断爆发，在山东、安徽、重庆、贵州、湖南、云南等资源型区域，也不断爆发类似的环境矛盾。资源开发引发的矛盾已成为我国当前面临的主要环境矛盾之一（朱力、李德营，

2014）。

至此，有两点值得指出：第一，现有文献（Cai，2008b；Michelson，2007；Munro，2014；冯仕政，2007）常常指出，中国的环境抗争中存在"沉默的大多数"，而本书对此提出反驳，至少矿区居民对污染的抗争中并不存在"沉默的大多数"。这一明显差异可以解释为矿业开采造成的负面影响，特别是土地塌陷，已经极大地影响大部分的矿区居民。正如第二章和第五章关于矿区土地塌陷及移民安置的文章指出，土地塌陷常常影响到整个村。当较大规模的农民面对同样的问题时，更容易同仇敌忾，更容易被组织起来参与集体行动。第二，最常用的解决冤屈的方式是找政府或者村委会，这一点也与现有文献相同。鉴于以上两点，我们相信当矿区居民拒绝继续忍受矿业开采的负面影响时，抗争的临界点将会到来。

三 控制变量对环境抗争行为的影响

为了了解环境抗争的水平和人口学特征之间的关系，我们进行了 t-Test 或者 ANOVA 检验，并将结果汇总在表 4-3。t-Test 的结果显示，性别对环境抗争的水平有显著影响。具体而言，男性受访者参与环境抗争行为的平均种数为 1.88 项，这明显高于女性受访者的 1.12 项。统计分析也显示，是否曾受雇于或者正在受雇于矿业公司的受访者之间的环境抗争行为存在显著差异。换句话说，有矿业公司受雇经历的受访者更不可能采取针对矿业公司的抗争行为。这与其他在中国农村进行的研究结论一致，即经济依赖性降低了农民抗争污染企业的意愿（Lora-Wainwright，2010；Rooij，2010；陆继霞等，2011）。这是因为从采矿中获得经济利益的人往往更关注矿业开发带来的经济利益，而忽视了矿业开发带来的环境污染。对他们而言，经济发展的重要性超过了环境污染问题，因此对污染的回应更弱。

表 4-3　　　　　控制变量对环境抗争行为的影响

控制变量		平均 EA	显著性水平 （t-Test/ANOVA）	结论
性别	男性	1.88	$t=3.613$；$p=0.000$	显著
	女性	1.12		

续表

控制变量		平均 EA	显著性水平 (t-Test/ANOVA)	结论
年龄	<30	1.63	$F=0.180$;$p=0.835$	不显著
	30—60	1.59		
	>60	1.72		
受教育程度	文盲	1.67	$F=0.093$;$p=0.964$	不显著
	小学	1.66		
	中学	1.57		
	高中及以上	1.71		
矿业雇用史	矿业公司工作	1.36	$F=2.101$;$p=0.037$	显著
	没有在矿业公司工作	1.78		

数据来源：问卷调查。

从年龄分层来看，中年受访者参与环境抗争的平均种数为1.59次，这一数字稍微低于30岁以下年轻人的1.63次和60岁以上老年人的1.72次。这可能是因为中年受访者作为家庭的主要劳动力，更可能在矿业公司工作，从而减少了他们参与环境抗争的机会。然而，这一差异在统计学意义上并不显著，表明年龄并不是影响环境抗争行为的主要因素。就受教育程度来看，受过高中教育以上的受访者参与环境抗争的平均种数为1.71次，而那些最高学历为初中的受访者的环境抗争水平最低。然而，这一差异在统计学意义上也并不显著。

四 路径分析结果

首先，多重共线性检查的结果表明，所有自变量的方差膨胀因子（VIF）在1.26—2.07，这一范围远小于通常认为存在严重的多重共线性的阈值（即VIF大于10）。因此，我们可以确信，解释变量之间不存在严重的多重共线性。

其次，我们利用最小二乘回归分析（OLS）来探究预测变量对环境抗争行为的影响。在第一次多元回归分析中，我们纳入了所有预测变量（不包括控制变量），并根据系数显著性（在0.05水平）来决定是否将某条路径排除在最终模型之外。如表4-4和图4-4所示，环境抗争行为主要由三个预测因素来解释：对邻居参与程度的认知，对参与环境抗争行为的意图以及对污染严重性的认知。

表4-4　　　　　环境抗争行为的影响因素模型回归结果

因变量	变量	非标准化系数 B	标准差	标准化系数 Beta	t	显著性水平
INTENTION ($n=352$; $R^2=0.196$, $F=20.764$, $p<0.01$)	Constant	1.722	0.286		6.026	0.000
	Appreciation	0.270	0.067	0.294	4.053	0.000
	Health	0.147	0.058	0.145	2.553	0.011
EA Level ($n=352$; $R^2=0.102$, $F=8.504$, $p<0.01$)	Constant	-1.338	0.688		-1.944	0.053
	Neighbor	0.367	0.105	0.219	3.484	0.001
	Intention	0.276	0.120	0.142	2.299	0.022
	Seriousness	0.241	0.113	0.130	2.1132	0.034

数据来源：问卷调查。

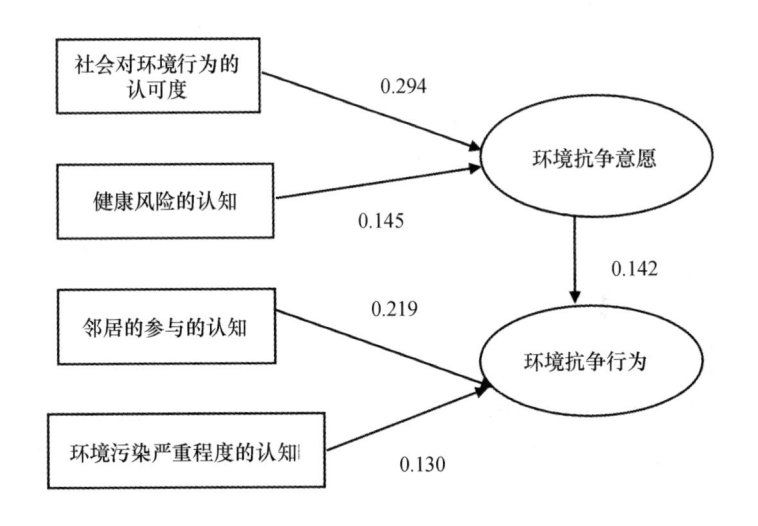

图4-4　环境抗争行为的路径分析结果

其中，对邻居参与程度的认知在解释环境抗争行为中起着最为重要的作用，其直接路径系数为0.219。这意味着农村居民在环境抗争中有强烈的集体行动倾向。具体来说，农村居民会观察邻居的参与情况来决定自己的行动，这反映了主观规范在集体主义社会中的重要作用。此外，参与环境抗争行为的意愿也是重要的影响因素，但其系数相对较小，这表明社会压力相比个人认知在推动环境抗争行为中扮演了更为关键的角色。最后，对环境污染严重性的认识也能激发农民的行动意愿。

然而，原始模型中的其他三个变量，即对健康风险的担忧、对环境抗争行为的社会认可以及政府对环境抗争行为的支持，并没有对环境抗争行为的水平产生直接影响。其中，对健康风险的担忧和对环境抗争行为的社会认可与环境抗争行为的意愿有着显著的联系。这意味着，对健康的关注和对环境抗争行为的社会认可将增加个体采取对抗污染性企业的行为的意愿，但并没有直接转化成环境抗争行为。

综合以上分析，我们可以得出结论，计划行为理论在一定程度上可以作为解释农民环境抗争行为的重要框架，但在实际应用中还需考虑当地的具体情境。首先，研究结果证实了主观规范在解释农民的意图和实际行为方面的重要作用，也就是农民会根据邻居的参与情况来决定自己的行动。这种现象在集体主义社会尤其明显。当矿业开发带来环境污染问题，农民往往会团结起来，采取集体行动来保护他们的社区。其次，回归分析也显示，对于环境抗争行为的有效性的看法或政府支持程度与环境行动主义的意图或实际行为之间没有显著相关性。这一结果具有深远的影响。一方面，这表明农村居民对自己的能力缺乏信心，他们可能认为自己的行为无法对环境产生实质性的改变。由于矿业工业是推动当地经济发展的主要动力，因此地方当局、当地干部甚至整个社区可能会形成一个联盟，支持那些造成污染的工厂。这解释了为什么在存在严重的环境风险的情况下，这些工厂仍然被允许继续运营（He et al., 2014）。另一方面，尽管一些农村居民知道他们的环境行动可能无法带来预期的结果，他们仍然会选择采取行动。例如，受访者可能会通过信访和上访以寻求上级官员的支持，尽管他们通常无法从信访和上访中获得具体的结果（Minzner, 2006）。此外，在某些情况下，抗议活动可能是作为一种确保从污染者和地方官员那里获得物质利益的战略而发起的（陈涛、谢家彪，2016；景军，2009）。

第四节　小结与讨论

在当前阶段，我国面临的环境矛盾日益加剧，频繁的环境问题不仅造成了巨大的经济损失，还引发了局部性的社会动荡和不稳定。本书旨在通过识别和量化矿区农村居民的策略选择和意愿，来评估他们参与环境抗争的情况。研究结果发现，农村居民参与环境抗争的水平较高，大部分受访者表示他们曾参与过一项或者多项不同的针对矿业企业的环境行动，且集体抗议的频率也相对较高。然而，对矿业的经济依赖使得环境污染和环境抗争之间的关系变得复杂。研究发现，曾被或正被矿业公司雇用的农村居民更不太可能参与环境行动，这表明经济依赖可能会削弱他们参与抗争的意愿。同时，性别也是影响环境抗争参与度的因素之一，男性受访者比女性更可能参加环境行动。

通过回归分析，我们发现，环境抗争的水平主要由三个因素解释：邻居的参与度、参与环境抗争的意愿和对污染严重度的认知。其中，邻居的参与在解释环境抗争的水平中起着最重要的作用。在中国乡村生活的熟人关系中，村民倾向于"抱团取暖"，一旦对矿区污染的不满情绪积累到一定程度，村落单位就会发挥组织动员载体的作用，推动村民集体抗议污染（Lora-Wainwright et al., 2012）。但是，矿区农民的弱组织性也给政府和企业瓦解村民的集体行动带来了机会，他们会采取措施，给予额外好处诱导某些村民签字，从而瓦解村民组织的内部团结。

虽然本书收集到了较大量的问卷，但仍然存在一定的局限。首先，尽管我们建立了一个环境抗争的模型，将其操作化并进行实证验证，但该模型并不全面，其解释力也有局限。未来的研究应考虑将社会和物理背景因素纳入模型，以提高其解释力。其次，本书为每一类环境抗争行为赋予了相同的权重，但某些环境抗争行为更难以实施，从而发生的频率也不同。

尽管存在一些局限，本书的研究发现对政策制定仍具有重要的参考价值。首先，研究表明当地居民对矿区的环境污染问题感到极度忧虑，呼吁政府部门尽快采取行动保护环境。尽管一些研究指出存在着"沉默的大多数"，但本书并不支持这一说法。实际上，当农村居民之间达成了一种共识时，集体示威抗议或者其他形式的环境行动就会变成现实。这种情况在矿业开采引发的土地塌陷影响整村的地区尤为明显。其次，回归模型验证了环境抗争很大程度上依赖于集体行动的认知水平，即邻居的参与。较高的环境抗争参与表明对环境保护的意识和环境正义的要求已经到达一定的临界点。

在这种情况下，政策制定者需要立即采取具体的措施来应对矿业环境抗争的问题。首先，政策制定者应该鼓励当地居民参与到矿业开发的决策过程中，给他们知情权和参与权。这可以通过建立公开透明的决策机制，提供渠道让村民表达意见和关注，以及加强社区关系建设等方式来实现。让当地居民参与到决策中，不仅可以增加他们的满意度和信任，还可以帮助政策制定者更好地了解当地环境和社区的需求，从而做出更科学、更合理的决策。其次，政策制定者应该为受到矿业开发影响的村民提供长期的经济补偿，这可以通过提供养老金、失业金和医疗保险等福利来实现，以减轻他们因环境破坏而带来的经济压力。同时，还应建立矿业损害和污染赔偿基金。最后，还应该为从事矿业开发的村民提供职业培训机会，帮助他们转行或提升技能以适应新的工作环境。如果矿业开采带来的负外部性没有得到妥善处理，导致矿业环境抗争频繁发生，公众可能会开始质疑政府的监管能力和公正性，他们可能会对环境法规的执行有效性产生怀疑，并对政府未能保护公众利益感到失望。这些因素将共同削弱矿业环境制度的可信度，使其难以赢得公众的认可和接受。因此，政策制定者必须重视这些问题，并采取切实有效的措施来应对矿业环境抗争的挑战。

第五章 矿区居民的法律行动研究

自改革开放以来，中国逐步完善了矿产资源管理的法律法规和政策。主要的矿业法律法规包括1986年颁布实施的《矿产资源法》（1996年修订）和1996年颁布的《煤炭法》。《土地复垦法》（1998年颁布，2011年修订）和《环境保护法》（1989年颁布，2015年修订）等法规对矿业开采的土地和环境的影响作出了相应的规定。除此之外，中国还颁布了一系列专门法规，包括《大气污染防治法》《水污染防治法》《固体废物污染环境防治法》《土壤污染防治法》等，其中涵盖了矿业有关的环境保护措施。

尽管有这一系列的法规来防治矿业开采的各类风险，学者们还是指出了中国矿业法规存在的一些问题。第一，矿产资源立法的滞后性。比如，矿产资源管理体制的核心法律《矿产资源法》，自1986年由全国人大常委会颁布实施后，只在1996年经过一次修正。如今，立法环境和经济社会发展状况与当时大相径庭，难以满足国家、管理部门、矿业权人的法律需求（李德进，2013；蒋莉、罗胜利，2013；谢青霞、戴茂华，2011；虞磊珉，2003）。第二，现行法律法规的模糊性（孙英辉、肖攀，2011）。例如，我国现行的法律法规并没有对矿业用地的含义或范围进行明确界定。因此，在实践中，对哪些地该采用哪一种用地取得方式没有统一的标准。因采矿占地和损害引起的矛盾和纠纷日益增多。第三，矿产资源管理机构的配置缺乏明确性、职能机构重复交叉（Cao，2007；蒋莉、罗胜利，2013）。

中国的矿业高速发展，已成为世界上最大的矿产资源生产国。在当代中国，矿业为国家经济建设和社会发展提供了95%的能源资源和80%的原材料。中国经济的大发展，成就了中国矿业的繁荣；中国矿业的繁荣，助推了中国经济的大发展。然而，矿业开采也造成了巨大的负效应，比如采矿活动破坏耕地、引发地质灾害、破坏地下水资源、重金属污染与酸雨等（Bian et al.，2010）。矿业开采影响土地和水资源的质量，从而间接影响农业、渔业、旅游业等其他产业的活力。矿区水体和土壤受重金属污染，对生活在周边的矿区居民的食品安全和人体健康带来了严重的问题。比如，矿区周边村民被检测出极高的癌症发病率和血铅超标。同时，矿业开采造成大面积的土地塌陷及受灾群众异地搬迁。据《山西省深化采煤沉陷区治理规划（2014—2017 年）》指出，山西省因采煤造成的采空区面积近 5000 平方千米（约占全省面积的 3%），其中沉陷区面积约 3000 平方千米，受灾人口约 230 万。

即使有这么多的负外部性，各利益相关者仍将矿业视为经济发展与解决贫困的重要手段（Ge & Lei，2013；Lei et al.，2013；Rui，2005；Shen & Gunson，2006；朱清、王联军，2016）。作为地方支柱性产业和财政收入来源，地方政府往往大力支持矿业发展。矿业也为地方政府工作人员、村级干部带来寻租机会。即使是当地居民，因矿业带来的工作机会和受影响程度不一，对矿业的看法也不统一。

鉴于中国矿业的高速增长，矿业对矿区居民带来的双重影响，以及矿业对自然环境和社会环境的重大影响，建立一个运作良好的制度来避免和减少矿业的风险和危害显得至关重要。本章旨在探讨矿业制度的可信度，特别关注矿业土地取得、租用和矿业开采带来的土地塌陷方面的制度。衡量制度可信度的一个关键因素是冲突。然而，从现有的文献综述中可以看出，关于一般资源冲突的性质、量化和评估的文献相对较少，特别是针对矿业冲突的文献更为稀少。因此，本章试图解答以下问题：①我们如何更好地定性、定量评估采矿冲突的程度和强度；②如何判断矿业土地取得和矿业开采带来的土地塌陷、移民安置制度的可信度？

实际上，上述问题引向一个悖论：为何一方面中国矿业制度存在诸多问题，另一方面中国矿业却取得飞速的发展？本章试图通过研究制度的功能和其与地方角色的关系来解答这一问题。为了实现这一目的，我们采用了 Ho（2014，2016）提出的冲突分析模型（conflict analysis model），该模型涉及社会行动者对冲突的认知，具体包括冲突的来源、频率、结果、时间、强度、性质、时机 7 个指标。本书主要讨论矿业冲突的 5 个指标：来源、参与人、时机、强度和结果（source，actor，timing，intensity，outcome）。中国矿业的矛盾主要集中在矿业征地、矿业开采引起的土地塌陷和移民安置问题上。

通过对 123 个法院案例进行冲突分析模型的应用，我们对矿业冲突的现状有了更为质性、更为定量的了解。研究发现，矿业土地取得的纠纷主要是发生在农民和矿业企业之间，并且主要是关于土地租用租金的低强度冲突。而土地塌陷以及随之而来的移民安置的冲突则表现出很高的政府介入度。更重要的是，通过研究冲突的多维度指标，我们更清楚地了解冲突的制度来源和强度。在很多情况下，国家法规被当作"空制度"：一种功能上的妥协以表示政府已经设立了程序，然而，该程序被弃之一旁以便地方层面更快地进行无限制的矿业开采。换句话说，制度的期望功能被地方角色的意图所削弱。

本章对资源冲突的研究有两方面的贡献。首先，本章通过将冲突分析模型应用到矿业有关的法院案例中，表明该模型可以很好地对资源冲突进行定性和定量的了解。这些洞见可以帮助我们理解冲突的来源和强度，同时该模型也可以应用到其他形式的冲突研究中。其次，本章不仅提供了宏观层面的制度分析，也提供了一个因矿业开采直接受损的农户的微观视角。值得指出的是，从中国农村社区层面进行矿业的经济、环境和社会影响的研究相对来说还尚少。

本章的结构如下：首先对资源冲突的文献进行综述并提出冲突分析模型的背景和基本原理。其次将冲突分析模型在中国法律冲突的情景下进行操作化，并对数据进行描述。再次则是应用该模型来分析中国的矿业冲突。最后一节是结论和讨论。

第一节　资源冲突文献回顾

鉴于冲突的多样性和复杂性，冲突研究跨越了多个学科领域，比如和平与冲突研究、抗争政治和法律诉讼研究。正如 Le Billon（2010）在评论资源战争（resource war）时所指出的那样，由于不同学者对资源战争的定义和数据使用存在分歧，评估资源战争的趋势和影响因素是一项巨大的挑战。一方面，信息丰富的案例分析通常使用较为宽泛的定义，试图将各种物理的、环境的、文化方面的暴力冲突都纳入考量；另一方面，大部分的定量文献则采取了较窄的定义，主要关注武装冲突。

同样地，大部分关于资源抗争的研究都采用了过程追踪方法的案例研究。这些研究通常选取成功的或有代表性的冲突激烈案例（Zhan，2013；应星，2007；曾明、夏毓璘，2013）。这类研究着重探讨损害冤情是如何浮现并转化为行动的过程，以及社会、政治和财政资源是如何被调动的。此外，研究者还关注行动者如何面对限制和机会（Felstiner et al.，1980）。基于对中国一系列劳工组织的深入观察和调研，Fu（2017）提出了"伪装的集体行动"（disguised collective action）的观点，揭示了劳工组织在受限制、难以组织大规模公开行动的情况下，如何有组织地开展社会抗争运动。具体而言，社会组织会在背后指导、协助个体公民，帮助他们通过特定渠道以个体的名义表达不满和诉求，进而影响决策并推动社会和政策变革。这类特定渠道包括一系列不同的口头或行动威胁。这些行动的本质都是通过威胁来影响"社会稳定"，进而对有关部门施加压力。在维稳越发成为各级地方官员重点考核标准的情况下，这种将集体维权行为伪装成个体抗争的方法往往能产生一定的效果，不仅保障了社会组织自身的生存和安全，也在公民中普及了相关的权利理念。但是，这类行为有可能变成普通的"维稳交易"，即个体示威者表达怨愤，当地官员则通过提供金钱补偿来平息事件，这种情况下，类似的抗争可能很难起到推动社会变革的作用。

这种学科化的研究路径可以帮助我们更好地理解冲突，因为它对选定的研究对象进行了深入的研究。然而，很多时候这些研究本质上是描述性的，不能提供一个全面的冲突分析方法，也很难产生一个可以比较的、可一般化的模式。一部分原因是相应的研究较少，更重要的是缺乏一个定性、定量分析冲突的理论框架。

基于此，我们借用了制度可信度理论中的冲突分析模型（conflict analysis model）。制度可信度被概念化为一个"连续统"，包含"完全可信"到"部分可信"，"空制度"或者"不可信制度"（Ho，2013，2016a）。"空制度"处在可信和不可信制度这个连续统的中间。"空制度"是这样一套制度：

> ……无效的、被忽视的制度，然而同时又被社会接受的、较少争论的制度，因而某种程度上是可信的。（Ho，2016b：1147）

值得指出的是，"空制度"不等于不可信制度。"空制度"是为避免引发社会冲突，不同利益集团之间就敏感问题达成一种象征性的妥协，并且由于"空制度"没有被强制实施，因而引发较少的冲突。如果"空制度"被强制实施的话，"空制度"可能会变成不可信制度，导致更多的冲突和社会鸿沟。制度可信度理论已经被应用到一系列实证研究中，比如中国的草原退化（Fan et al.，2019；Zhao and Rokpelnis，2016）、重金属污染耕地治理式休耕制度可信度研究（俞振宁等，2019）、孟加拉国、印度的水资源分配（Gomes & Hermans，2018；Mollinga，2016）和加纳的小矿业（Fold et al., 2018）。

冲突分析模型通过 7 个指标来操作化冲突：①冲突来源（source）；②频率（frequency），即在给定期间内冲突发生的次数；③时机（timing），定义为历史时期或者项目阶段；④强度（intensity）；⑤持续时间（duration）；⑥性质，比如冲突是暴力的或者非暴力的；⑦结果。这一冲突分析模型已被成功地应用于度量中国土地产权冲突和马来西亚水库工程冲突（Ho, 2014; Nor-Hisham & Ho, 2013）。比如，西方学术界一般认为中国农村土地冲突频繁发生，然而，Ho（2014）通过测量农民对冲突发生的来源、频率和时机的认知，实际上发现整体冲突水平很低，偶发的土地冲突主要和征地有关。从这个意义上说，这个模型反击了关于土地冲突的传统认知。通过冲突分析模型，我们可以很清楚地识别纠纷的来源和强度等，指明引起冲突的制度漏洞，并提出针对性的建议。

本章采用冲突分析模型来分析矿业法律案件，主要有以下两个原因。首先，矿业开采活动往往伴随着严重的环境破坏和社区影响，给生活在周边的矿区居民带来严重的食品安全和健康问题，引发了众多的冲突和抗议（汪兴国、袁文瀚，2013；Zhan 2013；张玉林，2013）。其次，矿业冲突表现为一个连续的谱系，一端是暴力的、政治性的冲突，而另一端则是和平的、民事性质的纠纷（Davis & Franks, 2014）。

第二节 冲突分析模型和数据

一 冲突的指标

本节中我们从上述 7 个冲突指标中选取 4 个核心指标，包括冲突来源（source）、时机（timing）、强度（intensity）和结果（outcome）。尽管冲突的频率、持续时间和冲突性质三个指标与冲突的严重程度紧密相关，但受限于数据的可得性，本次研究中我们未能将这些指标纳入考量。尽管如此，我们仍能通过深入剖析冲突强度（intensity）（诉讼的法院层级和上诉率）来洞察冲突的严重性。此外，为了增强冲突分析模型的全面性和实用性，我们建议在现有模型的基础上增加一个关键指标：冲突参与者。对冲突参与者的考察有助于我们更好地理解冲突中各行动者之间的互动关系，以及他们在推动或阻碍冲突解决过程中所扮演的角色。表 5-1 呈现了冲突分析模型的原版和经过改编后的版本。

在探讨冲突来源（source）时，本书主要聚焦于两个方面：①矿业土地取得问题；②因矿业开采引发的土地塌陷和移民安置问题。我们通过深入分析诉讼的起因来表征这些冲突的来源。至于冲突的参与人（actor），我们主要关注诉讼中的原告和被告。此外，为了揭示矿业开采过程中哪个阶段更容易引发冲突，我们用矿业开采的周期（勘探、基建、开采、闭矿和复垦）来表征冲突发生的时机（timing）。

我们用诉讼的层级和案件的上诉率来表征冲突的强度（intensity）。在我国法院体系中，审判制度实行四级两审制。四级是指我国人民法院从低到高分为四级：基层人民法院、中级人民法院、高级人民法院和最高人民法院。两审制是指案件经过两级人民法院审理即告终结的法律制度。如果当事人对地方各级人民法院的第一审所作出的判决和裁定不服，可以依法向上一级人民法院提起上诉。二审法院对案件进行审理后，作出的判决和裁定是终审判决和裁定，也就是最终的判决和裁定。当事人不服的，不得再次上诉，人民法院也不得按照上诉审理程序审理。在某些重大案件中，当事人可能选择直接向中级或者高级人民法院提出诉讼，此举常被视作一种削弱基层法院对地方政府的依赖而寻求更为公平的判决的策略。初审法院的级别和地点在某些特定情况下可能对案件的胜诉与否产生决定性影响。例如，处理跨区域的水污染诉讼时，律师可能选择向与污染工厂利益相关度较小但仍具有管辖权的法院提起上诉（Stern，2011）。因此，检查案件在哪一级法院初次受理是评价该案件重要程度的一个指标。而高的上诉率则反映法律程序在解决纠纷时未能提供满意的解决方案，致使矛盾持续存在。值得注意的是，由于部分案件尚未终结，实际上诉率可能高于本书所列数据。

表 5-1　　　　　　　冲突分析模型的原版和改编版比较

指标	原版冲突分析模型（Ho，2014，2016）	改编版冲突分析模型（本书）
参与者 Actors	没有包括	法院诉讼的当事方（原告、被告、第三方）
来源 Source	冲突类型	矿业土地取得和土地塌陷冲突，后者再分为：①责任分担；②塌陷责任的认定；③移民安置；④补偿

续表

指标	原版冲突分析模型 （Ho，2014，2016）	改编版冲突分析模型 （本书）
时机 Timing	历史时期；项目阶段	矿业开采阶段
强度 Intensity	诉讼层级，上诉率；经济成本	诉讼层级，上诉率
结果 Outcome	冲突的状态（解决或者未解决）	法院的判决
频率 Frequency	给定时间段内冲突发生的次数	没有包括
持续时间 Duration	冲突的持续时间（从几天到几年，或者持续发生）	没有包括
冲突性质 Nature	暴力或者非暴力	没有包括

数据来源：基于（Ho，2014，2016a）。

我们用初审、二审的法院判决来表征冲突的解决结果（outcome）。通过对比同类案件的处理结果，我们能够深入剖析法院判决的一致性和倾向性，从而判断法院在解决此类冲突中的效能。某些情况下，法院无法作出判决的案件可以揭示出制度上的不足和漏洞。

二 数据

我们的矿业冲突案例主要来自两个数据库。第一个数据库是中国裁判文书网，这是最高人民法院为了促进司法公正与提升司法公信力而设立的重要平台。自2014年1月1日起，各级人民法院被要求在互联网上公布裁判文书。截至2019年11月，中国裁判文书网访问总量已突破200亿次，文书总量更是突破8000万份。第二个数据库是北大法宝，这是由北京大学法学院创立于1985年的在线法律数据库，拥有极高的权威性和专业性。在北大法宝中，每一个案例都被赋予了唯一的"北大法宝引证码"，确保了案例的准确性和可追溯性。在后文中，当引用到具体案例时，我们将标明该引证码，以便读者查证。海量判决文书的上网公开为学术研究提供了前所未有的机遇。海外学者（Ahl & Sprick，2018）注意到这一变化，认为中国最高人民法院推行文书公开，不仅建立了法院和公众之间新的沟通渠道，还促进了法律专家之间的交流，从而推动了法律专业性的提升。哈佛法律评论（Harvard Law Review，2018）亦对此给予高度评价，认为中国正沿着司法透明的道路稳步前进。

近年来，国内学者开始广泛利用中国判决文书网进行深入研究，并产生了大量学术成果。这些研究不仅揭示了法院判决的逻辑，还为我们提供了一个独特的视角，以观察社会和政治力量如何影响法院的判决（He & Su，2013；Jin，2015；Stern，2010）。然而，随着研究的深入，一些学者也提出了质疑，如基于特定数量的裁判文书分析是否有代表性，以及基于大数据统计的结论是否足够可靠。为此，学者们还针对裁判文书的公开情况进行了深入研究（马超等，2016；杨金晶等，2019）。研究结果表明，裁判文书的公开数量和公开比例呈现出显著的增长趋势，例如，2014年和2015年的公开比例在50%左右（马超等，2016；杨金晶等，2019）。然而，也存在一些问题，比如选择性公开现象以及文书上传的及时性有待提高。唐应茂（2018）还专门分析了影响裁判文书公开的因素。基于裁判文书的法学实证研究成果数量总体上呈现增长趋势，但是近两年明显下降，可能是因为近年来计算科学技术的发展，数据量增大，研究成本大幅提升，但是，相关研究人员没有足够的物力人力以及技术方法，从而导致"大数据"研究开展受阻，而"小数据"研究成果认可程度降低，从而导致实证研究成果的下降（屈茂辉，2020）。

在构建本研究的数据库时，我们在中国裁判文书网输入了矿业、土地征用、土地塌陷和搬迁等关键词，筛选出与当地社区、农民相关的冲突案例。经过对文书文本的仔细阅读后，我们排除了与本书不相关的纠纷，如矿业公司内部纠纷、非矿企业和矿业公司之间的纠纷，以确保研究数据的准确性和相关性。

为了便于分析，我们将一系列具有相同因素的文书划为一个案例（case）。相同因素的案例意味着同一或类似的诉讼当事人、事实或法律问题。一个案例可能会产生两类系列文书（decision）。第一，一个群体性案件可能会被分成若干个案件，分案处理。2006年，中华全国律师协会在《关于律师办理群体性案件指导意见》的通知中，将群体性案件定义为"一方当事人众多（10人以上），基于同一或类似的事实问题或法律问题而提起的代表人诉讼或共同诉讼"。群体性案件较多发生在土地征用征收、房屋拆迁、库区移民、环境污染以及农民工权益保障等方面。法院将案件拆分处理的原因可能包括：拆分案件可以增加案件诉讼费，增加处理的案件数以满足数据统计的要求，或解除可能的集体行动（Stern，2011）。1991 年的民事诉讼法规定，当事人一方人数众多的共同诉讼，可以由当事人推选代表人进行诉讼。污染事件会影响整个社区或村，合理的逻辑是村民可以提起集体诉讼，请求侵权赔偿。但是法院会把集体诉讼案件拆分为一个个单独的案件，而提交数十份甚至上百份相同案件的文书工作量就足以吓退律师；律师也把能够成功劝说法官将一个案件所有相关方，而不是每一个单独个体，作为一起诉讼案的原告，当作一个小小的成功（Stern，2011）。最后一点在矿业引致的土地塌陷和搬迁案例中最为明显，当数十位农民一起起诉矿业公司或者政府部门时，该案件常常被拆分成独立案件，从而产生判决号相连的几十份文书。比如，山东省 J 市中级人民法院将村民与山东省某矿业公司财产损害赔偿纠纷的案件拆分成了 68 份，见中国判决文书网（2014）J 民终字第 629 号及其他连号的案件。本章在分析时自然地将这几十份判决文书归为一个案例。第二，一个案件可能会经历数次不同级别的法院的审判，从而产生数份文书。当确定一个案例后，我们会在不同时间点多次重复输入该案例的特定关键词，以追踪案件的最新进展。最终，我们的数据库包含 123 个冲突案例。

一般来说，基层的冲突大多通过社会和政治手段解决，只有极少数纠纷会进入司法诉讼体系（Michelson，2007；应星，2004）。在中国的农村地区，纠纷解决方式呈现出一种"纠纷宝塔"（dispute pagoda）的结构（Michelson，2007），即纠纷及其解决方式从忍让、双方协商解决、非正式关系解决、村领导、乡镇政府、警察再到司法解决，呈现出一种宝塔形式结构。而选择寻求司法解决的方式位于纠纷宝塔的顶端，数量相对较少，且与当事人的关系资源有较强的关联。对于选择司法手段解决纠纷的影响因素，研究结果表明，家庭收入水平、个人学历层次和年龄都会对选择诉讼方式产生积极影响，这验证了法律动员论中的"社会资源"假设。然而，关系资源即主要社会网络对纠纷者是否选择到法院去诉讼解决纠纷并无明显的影响，这并不支持"关系"假设（陆益龙、杨敏，2010）。此外，朱力和袁迎春（2020）认为，法律手段并不是我国居民解决社会矛盾主要的、唯一的选择，当前社会矛盾化解遵循多元化解的思路。学者对参与过以法律手段抗争的民众是否会引起权利意识觉醒和继续法律维权有不同的看法。有学者认为，法律参与未必会带来法律维权的增加，法律参与者在法律知识的获得、对法院和律师惯用策略的理解以及自身运用法律的效能感到提高（"知情"）的同时，对法律的不公正性以及法律制度弊端有着更加清醒和现实的认识，从而失望和沮丧也在增加（"祛魅"），即产生一种"知情祛魅"（informed disenchantment）（Gallagher，2006）。法律的祛魅化使农民对法律有了更为理性的认知，而诉讼程序的复杂性、诉讼的拖延和高成本和法制资源的匮乏等制度性障碍可能会抑制农民对法律的需求（郭星华、邢朝国，2010）。通过研究工人参与劳动争议的维权经历，庄文嘉和岳经纶（2014）也发现，体制内维权经历（比如向劳动监察部门投诉举报或提出劳动仲裁诉讼）降低了工人对调解者公正性的认知，间接降低了工人对制度内维权渠道的偏好，而提升了他们对制度外维权渠道的偏好，即所谓的将工人从法庭挤出到街头。

　　人们不愿意选择法律手段解决纠纷的原因主要有两个。首先，缺乏足够的法律知识以及高昂的诉讼成本，加之对赔偿可能性的不确定，都极大地阻碍了人们使用法律武器的意愿（Michelson，2007）。当个体或群体面临法律纠纷时，他们可能会因为对法律程序的不了解而感到迷茫和不安，担心自己的权益无法得到充分保障。同时，诉讼过程中可能产生的各种费用，如律师费、鉴定费等，对于许多普通民众来说也是一笔不小的负担。其次，公众对法院和司法系统的信任度也是影响法律手段选择的主要因素。人们普遍认为，法院可能偏向于政府官员，或者担心法院判决的执行力不足，这些因素都会导致他们对法律途径产生疑虑（Gallagher，2006；Li，2014；O'Brien & Li，2004）。此外，担心可能受到报复也是阻碍人们选择法律手段的一个重要原因。然而，近年来，随着中央政府对法治的不断强调和对司法系统的改革，采用司法手段解决纠纷的尝试越来越多（朱力、袁迎春，2020）。同时，学者也指出，很多人会同时采用不同的手段，包括诉讼、抗议和示威，来寻求冲突的解决。这种一边诉讼一边抗议的行为（protest-supported litigation）既试图通过法律途径合法化自己的行为，同时也对法院和政府的决策施加压力（He，2014）。在中国，由国家权力主导的法院作为一个解决纠纷的正式渠道，对于社会抗争而言也是一个"安全"的场域。权利受损者通过诉诸法院可以避免被贴上负面的政治标签，降低政治风险（贺欣，2012）。同时，现有基于法院判决文书的实证研究也表明，通过法院判决文书可以揭示法院的判案逻辑，并提供一个较为中立的视角来观察社会和政治力量如何介入法院（He & Su，2013；Jin，2015；Stern，2010）。这些研究为我们理解法律在社会冲突解决中的作用提供了重要的参考。

　　然而，需要指出的是，依靠官方发布的、进入法律程序的案件无疑会让我们漏掉大量的未被注意到的案件。为了更全面地了解和分析社会冲突现象，我们需要结合多种数据源和研究方法。本书的主要目的之一是展示冲突分析模型（CAM）。该模型可以用于分析冲突现象，并可以随着更多的数据资料的涌现而不断发展和完善。尽管现有研究具有一定的局限性，如样本的代表性和结论受到未公布的裁判文书的影响，但通过结合田野调查和其他文献的知识，同时我们的数据库在一定程度上具有地理上和矿产资源种类的代表性（见表5-2），从而让我们对结论更有把握。我们的数据库包含22个省份的案例。没有案例的省份包括北京、上海、天津、宁夏、新疆、西藏和港澳台等地区。这些省份一般来说都缺少矿业开采活动，因此缺少矿业冲突案例可以理解。同时，我们的案例涵盖了煤炭、锰矿、银矿和采石等不同类型的矿产资源开采活动。

表5-2　　　　　　　　矿业法律冲突案例库（$N=123$）

类型	数量	百分比（%）
矿产资源种类		
煤炭	74	60.2
金属矿产	27	22.0
非金属矿产	22	17.9
区域		
东部	35	28.5
中部	48	39.0
西部	40	32.5
判决文书年份		
2013年以前	8	6.5
2014年	22	17.9
2015年	24	19.5
2016年	35	28.5
2017年	29	23.6
2018年	5	4.1
总数	123	100

注：因为计算过程采用四舍五入的方法，故各单项百分比之和有时不等于100%。下同。
数据来源：笔者整理。

第三节 实证分析：矿业法律冲突的多维度分析

一 矿业用地纠纷

就客观存在而言，矿产资源与它所依附的土地之间是紧密相连、不可分割的。矿产资源的开发需要同时对相应土地进行深度利用。然而，为了确保国家对矿产资源开发的掌控力，《矿产资源法》（第3条）采取了"矿地分离"的立法模式，将矿产资源国家所有权与其所依附的土地权利分离开来（曹宇、刘冲，2022）。这种法律与现实之间的缝隙使得土地使用权与矿业权分置，矿业权人与土地权利人往往并非同一主体。根据规定，采矿企业必须取得采矿许可证和拟使用土地的使用权证才可开采矿产资源，但这两个证件的取得方式不同，可能导致取得采矿权的矿业企业并不理所当然地取得采矿权范围内的土地使用权（李锴，2011）。中国对农用地转为建设用地实施了严格的规定。按照现行法律规定，任何建设项目必须依法申请使用国有土地。我国85%的矿产资源赋存于农村集体土地上，集体土地上的矿业用地与耕地、林地、草地等资源要素保护之间的矛盾突出。当矿业权在集体土地上产生时，唯有通过征收的方式先将集体土地征为国有，即改变土地所有权，随后再以出让等方式将土地使用权让渡给矿业权人。

《土地管理法》（2004年修订版）第六十三条规定，农民集体所有的土地的使用权不得出让、转让或者出租用于非农业建设。然而，正如其他学者（党新朋，2010；康纪田，2009；李锴，2011；马克伟、张巧玲，2001；吴文洁、胡健，2007；赵淑芹等，2010）指出，许多矿业企业出于减少用地成本的考虑，无视土地管理法的强制规定，自行与集体土地所有权人或使用人签订土地租赁合同，以租赁方式取得土地，这一现象被称为"以租代征"。虽然这种用地方式在法律上并不能得到保护，但仍然成为许多矿业企业主要的用地方式。例如，全国卫片执法情况数据显示，在辽宁省，自行租用农民集体土地占全省采矿用地面积的83.85%（郑娟尔等，2014）。

本书所收集到的矿业土地纠纷的案例（见表5-3）主要是关于矿业用地取得的租金纠纷（45/48个案例），而不是关于土地征用的赔偿问题。因为矿业用地征用的情况较少发生，而私自租用土地用于建设本就被

《土地管理法》严格禁止,出现如此大比例的矿业用地租金纠纷让人很惊讶。这说明非农建设用地取得和租用的规定仅仅是一个"空制度":一种只在政府文件上的象征性的制度。

矿业土地纠纷的原因主要有:当土地租用合同续签时双方不能达成新的租金协议(12个案例),或矿业公司没有按时付租金(23个案例),或土地租用协议到期后如何处理土地复垦问题(7个案例)。只有3个案例中,政府有一定程度的介入:因缺少矿业权或土地使用许可,政府中止了矿业开采行为。当矿业开采被中止后,矿业公司要求村民返还已经付的租金(3个案例)。值得注意的是,从法律角度来说,租用集体土地用于非农建设本就是违法的,矿业公司企图通过法律手段要求取回已支付的租金实属罕见。

表5-3 矿业用地取得的法律纠纷分析($N=48$)

指标	指标内容		数量
来源	合同续签时租金达不成一致		12
	延迟支付租金		23
	矿业停止后土地返还		7
	由于政府介入,土地租金退还问题		3
	不清楚		3
参与者	农民 vs 矿业公司		31
	村委会 vs 矿业公司		17
时机	计划和建设期		4
	开采期		35
	闭矿期		9
强度	初审	基层人民法院	48
	上诉到	中级人民法院	14
结果	初审	不受理	3
		合同有效	35
		合同无效	10
	上诉	维持原判	13
		部分改判	1

数据来源:作者整理。

通过分析案件的原告、被告,我们观察到,矿业土地的纠纷主要发生在农民和矿业公司之间，其中大部分案件（31/48）的诉讼当事人是农民。另外 17 个案件中，村委会作为集体的法定代表人与矿业公司对簿公堂。依据法律，农村集体土地属于村民集体所有，并由村集体经济组织或村民委员会负责经营和管理。尽管家庭承包经营制的推行在一定程度上增强了农户对土地的使用权和管理权，但在面对外部强大势力时，作为土地所有者的代表的村集体经济组织或村民委员会，通常在土地租赁中扮演关键决策角色。尤其是在一些偏远地区，村支书或村主任可能在土地租赁中未能完全体现土地使用权人（承包农户）的意愿，反而对集体土地所有权的收益分配施加影响。然而，村委会在有效组织农民、表达村集体的利益要求以及对抗各种权力的滥用和农民利益侵害方面亦扮演了积极角色。

针对农民、村集体和矿业公司之间的土地租赁纠纷，我们观察到其特点主要表现在时间滞后和低强度两个方面。首先，纠纷主要集中在矿业开采阶段（35 个案例），而非开采前的基建阶段。在矿业基建和开采之前，农民和矿业公司往往能经过双方协商、达成土地租用协议和补偿金额。土地租金由双方预先约定，每年支付一次，并且可以变动。当企业效益好时，农民可能会要求企业多付一点；然而当企业效益差时，可能没有办法继续支付或者减少支付，纠纷才爆发出来。其次，所有案件均是先在基层人民法院提起诉讼，仅有 14 个案件上诉至中级人民法院。

根据《土地管理法》（2004 年修订版）第六十三条规定，农民集体所有的土地的使用权禁止转让或者出租用于包括矿业开采在内的非农业建设。因此，农民和矿业公司签订的土地租用合同违反了法律规定，应当被判定为无效。然而，正如我们上面讨论的那样，地方在执行法律时的不一致性，法院往往未能将土地租用合同判定为无效，从而使得禁止集体土地用于非农建设的规定成为"空制度"。

进一步分析，还有两种理论上的因素可能导致土地租赁合同无效。首先，如果土地租赁合同的期限超过了原承包期的剩余期限，该合同应被判为无效。1997 年国家出台了进一步稳定和完善农村土地承包关系的政策，要求在第一轮承包的基础上再延长承包期 30 年不变，即从 1998 年开始到 2027 年止。依据《农村土地承包法》（2018 年修订版）第三十八条规定，如果农民流转他的土地给第三方，流转期限不应该超过原承包期的剩余期限。如果农民和矿业公司签的土地流转合同超过这个剩余期限，该合同应被判为无效。其次，按照《农村土地承包法》（2018 年修订版）第五十二条规定，若发包方将农村土地发包给本集体经济组织以外的单位或者个人，须事先征得本集体经济组织成员的村民会议三分之二以上成员或者三分之二以上村民代表的同意，并报乡（镇）人民政府批准。如没有这个流程，合同也有可能被视为无效。

当涉及土地直接租赁的案件在法院审理时，基于前述分析，法院应判决这些租赁合同为无效。然而，基层法院对案件的判决结果却揭示了矿业用地制度的象征性本质：在大部分案例中（35/48），法院认为合同有效；有10个案例，合同被判定为无效，另外有3个案例不予受理。法院在判决无效合同时引用了《土地管理法》第六十三条规定的"农民集体所有的土地的使用权不得出让、转让或者出租用于非农业建设"作为依据。但在类似情况下，却有35个案例的矿业用地租赁合同被判定为合法有效。法院给出的理由是合同"系双方的真实意思表示，不违反法律规定，合同合法有效"。

这些冲突的判决揭示了地方法院对矿业用地租赁租用合法性存在的不同解读。当矿业用地租赁合同被判定为有效时，土地占用这一事实被合法化，违约方（通常是矿业公司）被要求履行合同并支付租金。然而，对于那些被判定为合同无效的案件，土地占用这一事实其实无可逆转，判决并没有改变土地状态，仍需当事双方去协商解决经济补偿。

基于以上分析，矿业土地取得的制度及其地方实践实际上是中央和地方、政府和企业，以及农民之间利益冲突和不断博弈的结果。一方面，中央政府为了维护粮食安全和保护耕地，实施了严格的农地保护和耕地征用限制政策（王卿、陈绍充，2010）。另一方面"18亿亩耕地红线"是中央确定的关于国家经济建设和发展全局性的重大决策，具有长期战略性的意义。为了保护耕地，国家在修订后的《中华人民共和国刑法》中还增设了"非法占用农用地罪"和"非法批准征用、占用土地罪"。这一政策背后的逻辑在于民以食为天，粮食安全历来是事关一国政治、经济全局的重要命题。刘爱琳等（2017）测算了1990—2015年中国工矿用地扩张对粮食安全的潜在影响，指出在1990—2015年间工矿用地面积增加了326%，工矿用地扩张导致耕地面积减少17000平方千米，直接导致粮食产能损失约649万吨，因工矿用地扩张可能会对周边耕地污染等间接影响粮食产量8320万吨，国家工矿用地扩张对粮食产量潜在影响总体上是当前粮食总产量的17%。

现行法律如《矿产资源法》《土地法》等规定矿产资源属于国家所有，由国务院行使矿产资源所有权，国有性质不因依附土地的所有权或使用权不同而改变。集体土地不能任意进行市场化买卖，只能由国家征用。中央政府多次明文限制和要求查处土地违法行为，禁止农村集体经济组织非法出让、出租集体土地用于非农建设并要求对此进行查处，实际上充分反映了矿业用地"以租代征"现象的普遍性。

资源产权的特性决定了世代依附于土地为生的农民只有土地使用权，不能通过土地资本参与要素分配，实际上这等于剥夺矿区农民通过租地获取收益。另外，如此严格的征地限制往往与地方政府和矿业公司的利益相冲突，同时也与农民从土地增值中获取利益相冲突。在矿业土地租赁制下，农民不会失去土地，即使租赁期限是70年或者更长，农地从法律上讲最终仍为农民所有，可以长期保持土地的农业利用。而在征收制度下，首先，土地权属发生了转移，不再属于农民；其次，土地征收是国家强制的过程，农民只能被动接受，而租用是双方平等协商的过程，农民较为平等地参与了土地流转的过程（殷海善、白中科，2008）。

在现实中，矿业公司经常直接从村集体和农民手中租用农业用地来绕过国家对土地的限制，并降低用地成本。据武旭（2012）计算，矿山企业采矿占用的土地，如果办理农用地转用和征地手续，即使是划拨方式取得，除缴纳征地补偿费用外，还要缴纳新增建设用地有偿使用费、耕地占用税等税费，每亩要支付4万—5万元的用地成本；而通过直接租用农村集体或承包户的农用地，按照征地补偿标准补偿给农村集体和承包户，每亩费用为1.6万—2.8万元，不需要向国家缴纳相关税费，这样大大降低了用地成本。许坚等（2003）学者也指出了类似的问题。

因此，地方政府常常默许矿业土地"以租代征"。对于地方政府来说，默许矿业用地"以租代征"还有一个好处。依据有关规定，矿业用地属于建设用地，但近年来国家为了保护耕地，控制新增建设用地总量，对各地的农用地转用计划指标有明确的规定。每年由国家根据各省的经济发展需求给予一定数量的新增建设用地指标。各地政府为促进当地经济的发展，对新增建设用地指标的分配控制非常严格，一般优先满足能支撑经济发展的行业，对采矿用地的指标不一定满足。比如，中石油长庆油田每年在陕西省境内油气生产建设用地需要用地3万亩，而国家配置给陕西省的建设用地指标十分有限，造成了油气用地的建设指标缺口多达2万多亩（郑美珍，2011：21）。矿业用地"以租代征"，不占用地方政府的用地指标，地方政府从而可以将用地指标用到更有利润的地方。这一"实际应用的规则"不仅有利于矿业开采，引起较低强度的冲突，同时也得到了地方角色（政府、矿业企业、村集体和农民）的支持。这一情境与后文谈到的土地塌陷引起的冲突截然不同。

二 土地塌陷和搬迁纠纷

在本节中，我们将深入探讨第二种类型的纠纷，即由采矿引起的土地塌陷及房屋、耕地受损，进而导致的流离失所和搬迁安置问题。采煤塌陷是导致矿区人民受损和强迫性移民的主要因素。第六章的制度分析指出现有矿业制度的不足是引起矿区土地塌陷和强制性移民的主要原因。

第一，受矿业开采影响的农民的自由事先知情的同意权（Free, Prior, and Informed Consent，FPIC）并未在国家法律中得到充分的体现。这一缺失不仅导致了严重的采矿塌陷问题，还助长了"先采矿，后治理"的错误观念的盛行。在我们的案例中，土地塌陷常常在矿业开采数年后才发生，即冲突并非发生在开采之前，而是在矿业开采阶段中逐渐显现。

第二，尽管法律明确了"谁引发，谁治理"（Polluter Pays Principle, PPP）的原则，但中央政府、地方政府和矿业公司之间的职责划分仍显模糊。这一模糊性在实际矿业案件中体现为受害者往往在起诉矿业公司或地方政府之间面临抉择的困境。

第三，不同政府部门在处理此类问题时扮演了不同的角色。具体而言，地方国土资源局负责认定污染者，乡镇政府负责实施搬迁项目，而县级或更高级别政府则负责制定搬迁赔偿标准。尽管起诉政府部门面临诸多困难，法院在审理此类行政案件时，不仅要考虑《行政诉讼法》的立案形式要件，还要权衡案件与当地社会稳定、党政工作，以及法院与地方党政机关之间的关系（应星、徐胤，2009）。已有研究指出，被告的权力和资源对判决结果具有显著影响，贺欣（2012）的研究表明，某些地方的公安局在案件中鲜有败诉，而财政局和税务局的败诉率也相对较低；相反，镇政府、建设部门以及劳动和社会保障部门则更常出现在败诉名单中。

接下来，我们将更详细探讨四种纠纷：①责任归属与诉讼对象的选择，即谁该负责，该起诉谁？②国土部门作为决定谁是损害方的仲裁者被起诉；③政府部门作为搬迁和移民安置的执行者被起诉；④政府部门作为补偿标准的制定者被起诉。

(一) 该起诉谁? 矿业公司还是政府?

由于矿业开采导致了土地塌陷、基础设施和房屋损害, 给矿区农民带来了生命财产利益的损害。作为直接受害者的农民, 按理来说可以起诉直接责任人——矿业公司。然而, 矿业公司和当地政府责任的划分不明确, 这常常导致法院在是否受理此类案件有很大的自由裁量权。类似的自由裁量也发生在城市房屋拆迁赔偿案例是否被视为民事案件的情况 (He, 2007)。但这并不意味着针对矿业公司的民事诉讼是不可能的。本章主要关注的是针对政府的行政诉讼案件来证明政府在土地塌陷和移民中的高参与度。

为了更具体地说明这一问题, 我们收集了来自山东的 20 个案例 (见表 5-4)。在这些案例中, 受损农民最初试图通过民事诉讼途径, 向某煤炭企业提出财产损害索赔。然而, 初审法院均以该类案件不属于民事案件的受理范围为由予以驳回。法院所依据的是 1989 年《山东省搬迁压煤建筑物暂行规定》第五条, 该条规定"各级政府搬迁办负责压煤建筑物搬迁及房屋斑裂维修的组织协调工作, 并会同有关部门处理采煤塌陷地的征用、赔偿及矿区工农关系等事宜"。法院认为: 采煤塌陷地的征用、赔偿及矿区工农关系等事宜应由政府搬迁办负责处理, 这是政府行为。因此, 如果当事人对搬迁、赔偿等政府决定有异议, 应通过政府部门协调解决, 而非直接起诉采煤企业。因此, 这类案件不属于人民法院民事案件的受理范围。

表 5-4　　土地塌陷由谁负责的法律案例分析 (N=20)

指标	指标内容		数量
来源	土地塌陷和搬迁的责任是谁? 矿业公司还是当地政府?		20
参与者	农民 vs 矿业公司 (12)		15
	农民 vs 政府部门 (3)		5
时机	矿业开采期		20
强度	初审	基层人民法院	18
		中级人民法院	2
	上诉到	中级人民法院	17
		省高级人民法院	2
结果	初审	不受理	20
	上诉	不受理	19

数据来源: 作者整理。

一些农民在发现他们的案件不被法院受理后，转向了对政府部门提起行政诉讼。然而，要说服法院受理以政府部门为被告的行政诉讼则更加困难。例如，2015 年，32 位村民（原告）将山东省人民政府压煤村庄搬迁办公室列为被告，在济南市 L 区人民法院提起行政诉讼（引用案例的北大法宝引证码为：CLI. C. 21646065 和 CLI. C. 16602674）。遗憾的是，L 区人民法院以被告（山东省人民政府压煤村庄搬迁办公室）的住所地为济南市 T 区 M 路 X 号，此地址不在该院行政案件管辖辖区内，因此对起诉人的起诉不享有管辖权，而应由山东省人民政府压煤村庄搬迁办公室所在地人民法院管辖。原告对此裁定不服，向济南市中级人民法院提起上诉，要求原审法院根据规定"发现受理的案件不属于自己管辖时，应当移送有管辖权的人民法院"。然而，原审法院抗辩说，由于原审法院对上诉人的起诉并无管辖权，且并未受理本案，因此不存在移交的法定情形。上诉法院（济南市中级人民法院）也裁定原审法院不予受理上诉人的起诉并无不当，驳回上诉。

与土地租赁案例中的不一致判决相比，此类案件的结论均一致：没有一个案件在初审法院和上诉法院被受理。同时，这些未被受理的案件实际上带来的问题比答案还要多。在中国，先例并没有强制力，法院也一般不引用其他法院的判决作为判决依据。为了应对"同案不同判"的现象，我国最高人民法院开始建立指导性案例。现行的指导性案例主要是各级人民法院以及社会各界人士推荐，并由最高人民法院确定并统一发布（宋晓，2011）。最高人民法院发布的指导性案例，各级人民法院审判类似案件时应当参照。这里所述的案例并未纳入最高人民法院的指导性案例中。然而，不同区域、不同层级的法院给出了统一的答案，这说明影响法院判决的因素可能超出了司法系统本身。

值得注意的是，法院在处理此类纠纷时似乎倾向于将责任推向政府。这种逻辑可能与法院在处理城市房屋拆迁赔偿案例时避免将其视为民事案件的态度一致（He，2007）。一方面，上级政府可能避免法院过多介入这类冲突调解；另一方面，法院也可能出于自我保护的目的，对可能引发争议的案件进行过滤和推脱（He，2009；应星、徐胤，2009）。正因为政府和企业的责任划分不清，从而为法院提供了自由裁量的空间。这在一定程度上加剧了农民在寻求法律救济过程中的困难。

（二）国土部门作为仲裁者被起诉

在一般民事侵权诉讼中，举证责任遵循的是"谁主张，谁举证"的原则。然而，在环境污染侵权案件中，由于环境污染损害行为和损害后果之间因果关系的特殊性，我国环境保护民事立法规定了举证责任倒置原则，即由污染者证明其行为与损害结果之间不存在因果关系。然而，实证研究指出，尽管存在因果举证责任倒置的法律规定，但在司法实践中该规则并未被广泛采纳（张挺，2016）。对于居住在矿区的村民来说，其土地塌陷或者房屋受损与矿业开采的因果关系十分明显。然而，对于农民，尤其是受教育程度较低的农民来说，要拿出明确的、足够的证据来证明是矿业开采引起的非常困难。尤其是当同一区域有多家矿业公司在同时开采时，要拿出证据来更加困难。正如杨昌彪（2020）指出，矿业生态环境损害的潜伏周期较长、损害者故意隐匿或者多个损害者等人为因素，使得行为责任的确定存在较大难度。为了解决这一问题，《地质灾害防治条例》第三十五条规定："由地质灾害发生地的县级以上人民政府国土资源主管部门负责组织专家对地质灾害的成因进行分析论证后认定责任单位。"

当农民或者矿业公司对地质灾害的治理责任认定结果有异议的，他们可以选择提起行政诉讼。从收集到的20份将国土部门告上法庭的案例（见表5-5）来看，其中农民提起的占9起，矿业公司提起的占11起。这表明在地质灾害责任认定方面，无论是农民还是矿业公司，都可能对国土部门的决策结果产生异议，并寻求通过法律途径解决。

表5-5　　　　　　针对国土部门的行政诉讼（$N=20$）

指标	指标内容		数量
来源	国土部门作为仲裁者决定谁是责任单位		20
参与者	农民 vs 国土部门		9
	矿业公司 vs 国土部门		11
时机	矿业开采期		14
	矿业开采期 & 闭矿阶段 [区域内同时存在多个矿]		6
强度	初审	基层人民法院	20
	上诉到	中级人民法院	18
结果	初审	撤销	1
		国土部门：赢	17
		国土部门：输	2
	上诉	国土部门：赢	9
		国土部门：输	9

数据来源：作者整理。

然而，在行政诉讼中，地方法院常常处于尴尬的局面（Li，2014；Pei，1997；贺欣，2012）。一方面，由于地方保护主义的存在，法院可能会倾向于保护国家机关的利益；另一方面，法院又必须维护自身声誉、正当性和合法性，不能总是偏向政府。正如应星等（2009）在对法院立案率的研究中发现，法官对于工伤认定类案件乐于迅速立案，并宣称他们注意保护弱势群体，重视维护农民工和普通职工的利益。但应星指出，实际上法官乐于接受工伤认定案件，是因为被告是劳动和社会保障局，而不是其他土地类案件中的县市政府。并且在诉讼中，无论劳保局是胜诉还是败诉，其结果只是认定工伤的具体行政行为是否有效，最终受伤职工的赔偿问题的解决还是取决于用人单位与受伤职工之间的妥协程度，劳保局并不负责赔偿，所以对于起诉劳保局这样的行政案件，法院很乐意立案。同时，法院和劳保局并没有隶属关系，即使劳保局败诉，对劳保局没有特别严重的不利后果，也不会影响法院和劳保局的关系。受理工伤认定案件，不仅可以彰显法院存在的合法性和重要性，还向其他行政机关显示了司法权力的公正性、严肃性和权威性。

然而，让法院来检查政府具体的行政行为确实存在困难。换句话说，法院只能基于政府机关的行政行为是否符合程序来判决，而无法直接裁定谁是土地塌陷的责任方。这导致在涉及国土部门的行政诉讼中，制度可信度比较低。从收集到的 20 个案例来看，有 18 个上诉至高一级法院。在 20 起案件中，土地管理部门在初审中仅输了 2 起；在 18 起上诉案件二审中输了 9 起。土地管理部门输掉案件主要是因为一些程序瑕疵，比如没有向相关方出具纸质的鉴定结果，或者选用了不具备资格的公司来鉴定塌陷的原因。在这些输掉的案例中，政府部门的行政决定被撤销，案件又被打回土地管理部门。从此可以看出，法院系统实际上并不能给农民提供一个可信的冲突解决方案，用罗亚娟（2010）在研究乡村工业的污染抗争中的术语来说，矿区居民所经历的土地塌陷和房屋受损的"社会事实"没有被法院认可为"法律事实"。但从另一个侧面向公众表明法院并不只是一个橡皮图章，提高了法院的合法性和权威性。

（三）乡镇政府作为执行者被起诉

一般来说，乡镇政府在补偿安置和搬迁项目中扮演着执行者的角色。因此，乡镇政府作为搬迁项目的执行者，也可能成为不满的农民提起诉讼的对象。我们共收集到 21 个乡镇政府作为被告的行政案例。这些案例可分为两类：第一类涉及是否有资格获得赔偿（13 个案例），第二类涉及赔偿款的数额（8 个案例）（见表 5-6）。

表 5-6　　塌陷引起的搬迁冲突分析（$N=21$）

指标	指标内容		数量
来源	赔偿资格认定		13
	赔偿金额核算		8
参与者	农民 vs 乡镇政府		21
时机	矿业开采期		21
强度	初审	基层人民法院	21
	上诉到	中级人民法院	14
结果	赔偿资格认定	初审 乡镇政府：赢	5
		初审 乡镇政府：输	8
		上诉 乡镇政府：赢	2
		上诉 乡镇政府：输	8
	赔偿金额核算	初审 乡镇政府：赢	8
		上诉 乡镇政府：赢	4

数据来源：作者整理。

第一类案件涉及从搬迁资格认定纠纷说起，那些被排除在赔偿资格之外的通常是外嫁女、年老农民、没有正式户口或者失去农地的弱势群体。比如，一些外嫁女嫁到其他村庄，但没有或者不能把她们的户口迁到夫家所在村，且通常未能在夫家获得新的土地。因此，她们有时并不被视为集体组织的一员，在分配赔偿款时被排除在外。这些被排除在外、未能获得赔偿的群体可能会采取各种各样的方式来寻求帮助。在法院提起诉讼，将执行机构——乡镇政府作为被告，也是一种选择。一般来说，只要该弱势群体能证明他们符合得到赔偿的条件，法院的判决常常会倾向于保护该弱势群体。初审失败的一方，无论是农民还是乡镇政府，都可能会上诉至上一级法院。如贺欣（2012）所示，法院可以利用司法建议来纠正行政机关的不合法行为。司法建议是法院和政府部门之间的非正式交流，不是强制性规定，要求那些被建议的部门给出回应。在司法建议中，法院通过明确地指出哪些行政行为是不合法的，其法律依据是什么，让行政机关意识到他们行为中的问题。法院有时也借助更强大的政治角色来提高司法建议的影响力。上一级法院的判决通常也会倾向于保护农民（10 起上诉案件中，农民获胜 8 次）。

然而，即使法院判决你获胜，有资格获得赔偿，该判决也仅仅是"惨胜"（pyrrhic victory）：你不知道该判决能不能得到执行（Zhang & Ortolano，2010；佟昕雨，2014；马怀德、解志勇，1999）。行政诉讼的执行难多发生在行政机关败诉时。这表现在两个方面：第一，行政机关可能对法院判决采取忽视态度，甚至公然挑战司法权威，不履行执行判决；第二，法院在面对强大的行政权力时，可能因有所顾虑而不敢对政府机构采取必要的强制措施（佟昕雨，2014）。这种现象的原因在于司法权力难以有效制约行政权（马怀德、解志勇，1999）以及执行程序不完善和社会法制管理及监督措施缺乏（佟昕雨，2014）。在乡镇政府拒绝执行法院判决的情况下，农民可以向法院提起强制执行申请。通过在法院数据库后续追踪，我们发现有两起类似案件。其中一起案件，政府被要求在判决生效后两个月内对原告进行安置赔偿。然而，将近一年后，政府仍未履行赔偿义务，法院不得不发出执行通知书。

第二类案件涉及赔偿款的数额。农民因不认可政府部门对地上附着物和土地的丈量结果而对赔偿款的数额提出异议并提起诉讼。法院通常根据双方呈送的证据来进行裁决。然而，由于农民的房屋和土地受损、搬迁和实际得到赔偿款之间存在时间差，同时农民缺乏必要的法律知识。当农民得到补偿款并认为自己利益受损时再提起诉讼，通常无法提供确凿的证据。因此，这类案件基本上都是政府获胜（初审 8/8；上诉 4/4）。

（四）赔偿标准的行政诉讼

我国长期以来的土地政策，一直遵循着对于塌陷破坏的集体所有土地不能恢复原用途的一律征为国有的规定。然而，这种塌陷地征用制度在实践中逐渐暴露出其存在着明显的缺陷（黄文山、张玉松，2010；刘宪水等，2006；鹿士明，2002）。比如，无论是《土地管理法》还是其他有关土地管理的法律，对于塌陷破坏的土地进行征用的具体规定是缺失的，只有国务院《土地复垦规定》中有明确规定。同时，对塌陷地征地补偿标准，是按照《土地管理法》的规定进行，还是由各地自行决定，缺乏明确的法规依据。因此，地方政府在设定塌陷地征地补偿标准时，常常采用低于建设用地、水库用地赔偿的标准。例如，江苏省对煤矿采煤塌陷地征迁补偿标准定为："煤矿企业采煤塌陷的集体土地，塌陷深度大于 1.5 米、不能恢复农业用途的……办理征地手续。采煤塌陷地征用补偿标准定为年产值的 12 倍，每亩年产值按 1200 元计算，每亩赔偿 14400 元。"显然，这一标准明显低于建设用地的 30 倍年产值以及水库征地的 16 倍年产值。同样，各地对采煤塌陷引起的房屋损害和搬迁的赔偿标准也是自行决定，并且标准偏低，具体情况可参见本书第六章。

显然，过低的塌陷地和受损房屋赔偿标准可能会引起农民的不公平感。根据《行政诉讼法》（2017年修订版）第二条规定："公民、法人或者其他组织认为行政机关和行政机关工作人员的行政行为侵犯其合法权益，有权依照本法向人民法院提起诉讼。"换句话说，只有当行使国家行政权的机关和组织及其工作人员所实施的具体行政行为侵犯了公民的合法权利时，公民才能够向人民法院提起行政诉讼。《行政诉讼法》第二十三条规定，"对于因行政法规、规章或行政机关制定、发布的具有普遍约束力的决定、命令而提起的诉讼，人民法院不予受理"。根据此规定，抽象行政行为被立法明确排除在行政诉讼受案范围之外。最高人民法院司法解释将抽象行政行为定义为行政机关针对不特定对象发布的能反复适用的行政规范性文件。赔偿标准一般被认为是抽象的行政决定，而不是具体的行政行为（O'Brien & Li，2004）。因此，一般来说，就赔偿标准而提起行政诉讼常常不会被法院受理。当然，对于抽象行政行为和具体行政行为的划分，学者们存在质疑，也有大量研究探讨了抽象行政行为的可诉性。

我们收集了14个农民就矿业塌陷土地和搬迁赔偿标准起诉当地政府的案例（见表5-7）。这些农民认为，他们应该按照建设用地征用的标准得到赔偿。当然，他们并未直接以政府的赔偿标准过低为诉讼理由，而是利用了县市级政府没有及时更新省政府的赔偿标准。与之前涉及单个农户的赔偿资格认定的案例不同，这些赔偿标准的案例通常是由一群农民以群体性诉讼的形式提起，并且常常越过基层法院，直接在中级法院提起诉讼。然而，这类案件基本上不可能被法院受理。

例如，安徽省H市104名农民就赔偿标准差异起诉了当地政府（先是镇政府、县政府、再是市政府），要求支付差额（引用案例的北大法宝引证码为：CLI. C. 8241509 和 CLI. C. 15509664）。他们认为，该村庄搬迁是在2013年，应适用安徽省人民政府（2012）67号《关于调整安徽省征地补偿标准的通知》规定进行补偿，而不是按照淮政办（2009）51号文件《关于印发H市采矿塌陷村庄搬迁管理暂行办法的通知》规定的补偿标准进行补偿。地方的赔偿标准为：搬迁村民个人每人补助搬迁费15000元。安徽省征地补偿标准中，H市的标准为37500—44800元/亩。例如，某位上诉人称其所得赔偿约为31000元，按安徽省标准应约为90000元，因此他要求补偿差额59000元。初审法院以镇政府的补偿安置行为是受县政府的委托为由，认定镇政府不是本案适格被告，从而驳回了起诉。

表 5－7　　　　　　就赔偿标准提起的行政诉讼（$N=14$）

指标	指标内容		数量
来源	不同意赔偿标准		14
参与者	农民起诉镇政府		11
	农民起诉县、市政府		3
时机	矿业开采期		14
强度	初审	基层人民法院	10
		中级人民法院	4
	上诉到	中级人民法院	6
		省高级人民法院	4
结果	初审结果	不受理	14
	上诉结果	不受理	10

数据来源：作者整理。

原告群体随之以县政府作为被告提起诉讼。法院又以县政府不是支付搬迁协议补偿款的支付主体，且未对原告实施任何的行政行为，因此驳回了起诉。最终，该原告群体又将县、市政府诉至安徽省高级人民法院，主张 H 市政府应及时制定新的塌陷征地搬迁村庄的补偿标准。由于 H 市政府没有及时调整新的补偿标准，导致原告的合法财产得不到合理的补偿。安徽省高级人民法院认为：由于煤炭开采导致的村庄塌陷，应当遵循"谁使用，谁负责"的原则，由采矿企业支付相关的土地补偿费和安置补偿费，并做好迁移居民的安置工作。地方人民政府对迁移工作负有监督职责。在镇政府、村与煤矿协商下，就搬迁人口等事宜签订搬迁协议，约定由煤矿支付相关搬迁费用。因而市政府、县政府并非搬迁费用的支付主体，也没有对上诉人村庄搬迁做出过行政行为，因此对上诉人的请求不予支持。

尽管安徽省高级人民法院的判决已经作出，但此案并未就此终结。其他类似案件（涉及同一群农民或同县的其他农民）在不同级别的法院提起诉讼，要求对土地、房屋赔偿进行裁决。然而，所有这些案件均未被受理。截至本书完成时，这些案件仍未得到解决。

第四节 小结与讨论

自 21 世纪初以来，我国环境群体性事件以每年两位数以上的幅度持续增长，这一趋势已吸引跨学科领域的学者广泛关注。尽管个案研究在此类研究中占据主导地位，但关于环境冲突总体规模和强度的系统性分析仍显不足。本书基于冲突分析模型，旨在全面解析和量化矿业冲突，进而揭示其多维度的特征。具体而言，我们从冲突来源、参与者、时机、强度、结果等多个维度进行深入的探讨（见表 5-8）。

表 5-8　　　　　　　　　矿业法律纠纷案例总结

冲突指标	矿业土地利用	矿业土地塌陷
来源	租用土地的租金纠纷	责任分配，赔偿过低
参与者	2/3 案例是农民和矿业公司；1/3 为集体和矿业公司	责任分配，移民安置，补偿：所有案例均为农民和地方政府（国土部门）裁定谁是责任方：一半案例：矿业企业 VS 国土部门；一半案例：农民 VS 国土部门
时机	大部分矿业开采阶段	大部分矿业开采阶段
强度	大部分基层人民法院，上诉率中等	集体诉讼多；中级人民法院；上诉率高
结果	判决不一致	大部分案例没有被受理；农民处于弱势地位

基于上述框架，我们首先回答本书的第一个研究问题：如何更好地定性和定量研究中国的矿业冲突？这可以通过下列的四个维度：

第一，通过冲突分析模型，我们得以明确辨识矿业纠纷的来源。在矿业土地取得的纠纷中，主要矛盾是农民和矿业公司之间的租金分歧，而非通常认为的国家征地行为。尽管法律规定矿业用地需通过国家征地再出让的方式取得，但在实际操作中，矿业公司往往直接与农民或者村集体签订租地合同。一方面，这种违规的土地取得方式显然与国家法律相悖，却因其能迅速为矿业公司获取土地进行矿业开采而得到了地方政府和农民的默许；另一方面，矿业土地塌陷的纠纷则主要源于两个方面：一是谁应该承担塌陷损害的责任；二是塌陷赔偿标准过低。

　　第二，通过冲突分析模型，我们能够深入理解各参与者在冲突中的互动关系。过往的环境诉讼研究（Stern，2011）主要聚焦于针对污染企业的民事诉讼。而在矿业土地取得过程中，由于矿业企业和农民直接签订租地合同，因此大部分案例也是针对企业的民事诉讼。然而，在矿业土地塌陷和搬迁案例中，政府而非矿业公司通常成为诉讼对象。这主要是因为政府在冲突中扮演了多重角色：既是污染的仲裁者，又是搬迁项目的执行者，同时也是搬迁赔偿标准的制定者。

　　进一步分析参与者的角色，我们可以揭示政府在冲突解决中所发挥的作用。在矿业土地取得案例中，政府本应对矿业公司直接租用土地的行为予以干预，以维护国家法律的权威，但出于地方经济发展的考虑，政府往往选择"放手不管"。而在土地塌陷案例中，本应由矿业公司承担的责任却被转嫁至地方政府。这进一步揭示了矿业公司、当地居民和政府之间错综复杂的关系。只有当矿业公司被要求承担矿业损害的全责时，他们才有动力去采取措施降低损害影响。因此，政府应制定连贯的、严格的法规并要求相关行动者承担相应责任。

　　第三，通过对冲突发生时机的研究，我们能够发现哪些矿业阶段更容易引发冲突。有趣的是，研究发现矿业用地和土地塌陷冲突的时机呈现一种错位现象。一般认为，土地租用和搬迁纠纷应该发生在矿业活动开采前的基建阶段，但实际情况却显示冲突主要爆发于矿业开采阶段，只有土地塌陷、房屋受损后，农民才意识到有矿业企业在其地下开采，才能够去要求赔偿和追溯责任。

　　第四，从法院的判决结果来看，法院对土地租用的判决大体上存在不一致的现象。而大部分涉及土地塌陷及移民安置的诉讼案例因法院未予受理而使农民处于不利地位。这反映出法律程序在解决此类纠纷时存在一定的局限性，并没有提供一个圆满的解决方案来疏解冤情和终止纠纷，这一局限性的根源可能在于法律制定时的疏漏或法律实施过程中的限制。此外，现行规章制度对法律责任和责任分担的界定也较为模糊。

　　基于冲突分析的发现，我们可以进一步回答第二个问题：如何判断矿业土地取得、租用和矿业开采带来的土地塌陷方面的制度的可信度。首先需要明确的是，制度可信度并非单一的概念（monolithic concept），而是需在特定的时空背景下进行有效区分和考量。具体而言，制度可信度需要将研究的制度进行区分，包括矿业土地制度和矿业塌陷及相关的移民安置制度。矿业土地制度可以被认定为"空制度"，主要体现在两个方面。

首先，尽管法律明确规定集体土地在矿业开采前需被事先征用，但在实际操作中往往并非如此。其次，矿业公司直接且非法地从集体和农民手里租用土地。这种"合法采矿、违法用地"的行为，在将农用地转为矿业用地的情况下，相关群体能够从中受益，例如避免征地成本、搬迁安置成本、土地出让费等。因此，现有的矿业用地征用的规定在实际操作中变成了"空制度"和象征性制度，并且这种土地租用的方式在一定程度上调和了地方政府、企业和农民之间的利益冲突，暂时缓解了矿业开发与土地利用之间的矛盾。现行矿业用地制度存在的问题进一步凸显了其"空制度"的特征（黄胜开，2016；骆云中等，2004；许坚等，2003）。例如，矿业企业对土地的一次性投入成本高昂，而采矿用地又具有临时占用的特点，导致采矿结束后，虽然矿业企业继续拥有该土地的使用权，但土地对于企业来说已经失去使用价值，企业缺乏复垦的驱动力，导致采矿后土地复垦不及时，长期闲置、荒芜，成为废弃地。

此外，按照现行矿业用地制度，采矿企业不仅要以出让方式取得土地使用权，而且还要承担开采完成后的矿区复垦任务。然而，在取得土地使用权时，采矿企业已经按照耕地占补平衡支付了新增建设用地使用费和耕地占用税，这使得企业经营成本大幅提高。企业在较短的时间内占用土地，但仍要承担征地和复垦双重任务。在实践中，高额的用地成本严重影响了企业对土地复垦投入的积极性，导致土地复垦任务难以落实。最后，矿业用地供地方式容易导致复垦土地产权纠葛。采矿完成后，矿业企业拥有被破坏土地的使用权；复垦完成后，企业仍然拥有复垦土地的使用权；但是采矿结束并完成复垦后，企业就不再需要该土地。在一些地方，农民则强行耕种已复垦的土地，导致那些为征地和复垦支付了高昂代价的企业不会轻易放弃复垦土地的权利，从而引发土地权属纠纷。现行矿业用地制度未能妥善处置和协调好企业对复垦土地的责任、权利和农民的土地保障问题，这不利于土地资源的合理利用。

在本书的案例中，"空制度"表现在土地冲突的强度方面相对来说较低，案件主要是在基层法院进行受理，上诉率中等。这也表现在绝大部分（45/48案例）的案例不是关于土地征用的，而明明就是违法的、不应该出现土地租用租金的冲突。

按照制度可信度量表和干预措施检查表（CSI checklist）的分析，矿业用地租用的现状被认为具有较高的接受度。据此，应当采取吸纳（co-opting）的政策措施，对现行的非正式制度正式化。具体而言，吴文洁等

(2008)提出了对矿业用地实行土地年租制的建议。在此制度下，土地使用者按年支付土地使用费，并在租期结束后将土地复垦交还给农民。对于采矿企业来说，这种年租制有几个明显的优点。首先，由于没有最低年限的限制，企业可以签订较短的合同年限，这特别适合于临时用地以及短期用地的情况。其次，由于租金是按年支付的，企业无须一次性支付巨额资金，从而有效缓解了采矿企业的经济压力。最后，该制度在一定程度上协调了土地保护利用与矿产开发的矛盾，使得矿区的资源能够可持续性利用。

相反，矿业土地塌陷和移民安置的冲突表现出更高的强度。这些冲突通常涉及更多的集体诉讼，大部分案例通常在中级人民法院进行审理，并且上诉率相对较高。一方面，政府经常因其在矿业冲突中的仲裁者、实施者和管理者的角色而成为诉讼对象；另一方面，农民也不得不承受失去土地、失业、失去家园、被迫迁移等多重生计剥夺。他们可能会采取各种措施，包括诉讼、暴力冲突，或者是在原有房屋上加盖以争取更多的赔偿。因此，现有的矿业土地塌陷和移民安置制度被认为是不可信的。现有法律更多关注露天采矿，而对地下采矿关注度不够。没有国家层面的土地塌陷和搬迁赔偿的法律，地方规定的赔偿标准又太低。因此，为了解决这一问题，制度介入至少可以从以下两个方面入手。一是明确中央政府、地方政府和企业各自在矿业损害中应承担的责任；二是厘清政府部门的角色，优化诉讼程序，并促使法院在解决矿业冲突方面发挥更大的作用。

本书通过应用冲突分析模型对中国的矿业冲突进行研究，验证了该模型的适用性。该模型为我们提供了一个深入理解和定量分析由矿产资源引起的冲突和矛盾的有效工具。此外，该模型的潜在价值在于其可以方便地应用于其他资源冲突的研究，比如森林、草地、水资源、能源等。在未来的研究中，有两方面值得注意。

首先，本书采用了冲突分析模型的改编版。具体而言，我们在原模型（Ho，2014）的基础上增加了"参与者"这一指标，而原模型中的频率、持续时间和冲突性质等指标并未包括在内。为了全面评估制度的可信度，未来的研究应该包括所有八个指标，同时，欢迎未来的研究尝试增加新的评价指标。

其次，冲突分析模型在本书中通过一系列法院判决进行操作化处理。这种方法为我们提供了一个深入理解矿产资源冲突的机会，但同时也具有一定的局限性。尽管我们对进入较低级别的法院系统的案例进行了分析，从而加深了我们对矿产资源冲突的理解，但这种方法可能无法全面了解更高层级（比如省或者国家级）的资源冲突的规模。同时，这种方法也无法推断那些没有进入法院系统的冲突的情况。因此，未来的研究可以通过其他类型的数据来源和方法（如问卷和访谈）来测试该模型的适用性。

第六章 矿业移民安置的风险及重建

中国的矿产资源总量巨大且矿种齐全，例如煤炭储量位居世界第三，仅次于美国和俄罗斯；铅锌矿资源储量居世界第二位，仅次于澳大利亚；锰矿储量居世界第六。这些矿产资源主要通过地下开采的方式进行获取，而非露天开采。据煤炭信息研究院报告（贺佑国等，2021）指出，2018 年我国煤炭产量 36.8 亿吨，其中井工煤矿产量 30.1 亿吨，约为国外井工煤矿产量的 4 倍，约占全国煤炭产量的 81.8%；露天矿煤炭产量 6.7 亿吨，仅为国外露天矿煤炭产量的 1/5。相比之下，2018 年国外煤炭产量 39.8 亿吨，其中露天煤矿产量 32.2 亿吨，约占全部煤炭产量的 81.1%。

矿业开采给矿区内农民的生产和生活产生了重大影响。由于采煤导致村子底下出现采空区，许多村子变成了所谓的"悬空村"，房屋出现了沉陷、裂缝，水井干涸，导致这些村子已经无法居住。李佳洺等（2019）基于煤炭采空区空间数据和土地利用遥感监测数据推断，中国现在及可预计的未来，采煤沉陷区面积将达到 60000 平方千米，涉及 27 个省（市、自治区），主要集中在山西、陕西、贵州、内蒙古和山东。预计沉陷区将影响 4500 平方千米的城乡建设用地和 20000 平方千米耕地，涉及人口约 2000 万。以山西省为例，全省因采煤造成的采空区面积近 5000 平方千米（约占全省国土面积的 3%），其中沉陷区面积约 3000 平方千米，有上千个类似的"悬空村"，受灾人口约 230 万人，这一数字远远超过三峡大坝引起的移民数。山东省的研究（王晓红等，2017）也指出，截至 2015 年第四季度，山东省共有沉陷区 82 个，总面积 901.95 平方千米。从沉陷规模看，特大型沉陷区面积占沉陷区总面积的 67.05%，特大型重度沉陷区的治理成为山东省煤矿沉陷灾害治理的重中之重。其他研究还包括山西省（段鹏飞等，2014）和四川省（李永金、龙军，2020）的采煤塌陷地的类型、特征及环境效应。除了煤矿开采造成的沉陷，金属矿开采造成的土地塌陷也屡见报端，比如在湖南花垣县和广州龙门县等地都发生过铅锌矿开采引发的地质塌陷事故。

矿产资源的开采并非总是为矿区农民带来"自然的馈赠",反而有时成为一种诅咒,引发诸多纠纷(汪兴国、袁文瀚,2013;张玉林,2013;赵晓华 & 李淑英,2013)。在其他国家,大规模的土地征用被视为导致矿业移民的主要原因(Abuya, 2013; Ahmad & Lahiri-Dutt, 2006; Madebwe et al., 2013)。国外的研究主要是基于小规模的移民安置案例,比如肯尼亚一个因钛矿而移民的小村庄(Abuya, 2013),印度的煤矿安置移民导致的性别问题(主要是女性)(Ahmad & Lahiri-Dutt, 2006),以及津巴布韦一个因钻石矿而受到影响的 600 户的小村庄(Madebwe et al., 2013),以及其他案例(Korah et al., 2019; Wilson, 2019)。近年来,澳大利亚昆士兰大学的 Deanna Kemp 和 John Owen 教授建立了一个全球性的矿业移民数据库,截至 2019 年已经收录了 270 多个案例(Owen et al., 2021),为进一步的研究提供了宝贵的数据支持。

然而在中国,与矿业相关的流离失所和移民安置往往都发生在土地塌陷之后,而非矿业开采开始之前。采煤引发的塌陷、基础设施破坏以及地面建筑物的损坏,致使居民住宅变成危房,严重影响了他们的生活,甚至威胁到生命安全。由此产生的搬迁、安置和补偿问题,导致矿区工农关系紧张(柳博会等,2009)。本章将重点关注哪些制度因素会导致矿业土地塌陷和移民安置问题,以及这些因素给农民的经济和社会生活带来何种影响。

第一节 矿业移民文献回顾

本章聚焦于矿业移民,这一现象在西方学术界通常被称为"Mining-induced Displacement and Resettlement",简称 MIDR。矿业移民是"因发展而引起的移民"(Development-induced Displacement and Resettlement, DIDR)研究的一个分支,后者涵盖了诸如供水(水坝和水库)、城市基础设施建设、交通运输和能源开采等一系列领域。DIDR 往往被视为一种可计划的移民,因为"引起移民的原因是可以预测的、有意的、有规划的,而且是受政策规制的"(Owen & Kemp, 2016:1228)。在此背景下,在吸取移民理论研究所取得的成果的基础上,世界银行社会学和社会政策专家迈克尔·塞尼尔(Michael Cernea)率先提出了移民贫困风险和重建模型(Impoverishment Risks and Reconstruction Model,IRR 模型)。该模型列举了移民中可能导致贫困的八种内在风险,包括丧失土地、失业、房屋流失、边缘化、食物无保障、发病率和死亡率的上升、失去享有公共财产和服务的权利以及社会解体(Cernea,1997)。该模型不仅具有预测功能和诊断功能,还能在引导和调节移民重建方面提供解决方案,并具备研究功能。段跃芳(2002)认为,该理论模型扩大了传统项目风险分析方法的视野,丰富了传统的成本收益分析理论的内涵,并强化了移民公众参与贫困风险分析的作用。许多国际机构也纷纷发布了各自的手册,比如世界银行的《非志愿性移民操作手册(OP4.12)》、亚洲发展银行的《移民手册》。这些模型和手册的预设假设是,移民产生的原因、性质、时机和强度都是可以预测的,从而移民风险可以得到有效控制和规避。

然而,Nor-Hisham 和 Ho(2016)指出,众多此类模型和指导手册往往没有有效控制和规避移民带来的风险,实际上反而使一些本不该发生的移民项目得以合法化。他们主张设立特定禁止任何发展项目进入的区域,特别是对那些极度依赖土地和资源短缺的社区,发展项目的进入应更加谨慎。同样的,Owen 和 Kemp(2015)也对"规划可以规避移民风险"的理念提出了质疑,特别是在矿业移民领域的应用。在矿业开采过程中,土地利用的需求并不明确,而矿产资源价格的波动限制了计划移民安置的能力。采煤塌陷地的数量和分布也是一个动态过程,其不同时期的确切情况难以预测(柳博会等,2009)。在此情况下,事先的(ex ante)社会影响评估(SIA)和环境影响评估(EIA)难以对矿业带来的动态的社会、经济、生态影响进行全面的评估(Banks,2013)。正如 Banks(2013)指出,社会影响评估和环境影响评估主要针对"绿地"(greenfields),即该地区没有或只有很少的相似类型的开发。因此,Owen 和 Kemp(2016)建议 MIDR 必须将矿业的不可预计性(unplanned elements)纳入考虑范围。在国际层面,社会影响评估(SIA)开始强调在整个开发生命周期中对社会问题的评估和管理。特别是在矿业领域,应更加重视矿业活动规模的渐进式扩张以及因此带来的渐变影响。

上述文献综述有助于我们深入理解发展项目所带来的一系列经济和社会影响,同时也为控制和规避移民风险提供了重要思路。然而,很多研究都集中于具体的项目,本章则从宏观制度层面和微观受影响的农户层面进行综合考察。在此,我们将制度视为一个宽泛的概念,它涵盖了一系列法规、政策和实践(Ho,2016a)。目前,关于中国发展移民的研究主要集中在基础设施和环境项目上,如生态移民和三峡大坝工程(Heggelund,2006;Jackson & Sleigh,2000;Wang et al.,2013)。然而,国外关于生态移民的研究大多带有批判性视角。有学者指出，如果因为生态保护而迫使移民放弃自身家园、背井离乡，或者受益群体并非预期中的贫困群体（Merkle，2003），或者移民是在没有享受到自由事先的知情同意权的情况下被迫搬迁（Lo & Wang，2018），或者移民没有得到充分的生态补偿，那么这种生态移民则存在合法性质疑。三峡移民问题是国际上最为关注的中国移民问题，中国政府采取了多种利益分享机制和激励措施来促进当地经济和提高移民的生计。早期的国外研究（Jackson & Sleigh，2000；Wilmsen et al.，2011）认为，尽管移民的基础设施和住房得到改善，但总体收入下降，生计资本遭到破坏，永久性就业机会减少。然而，一份追踪研究（第一次调查为 2003 年，第二次调查为 2011 年）发现，收入不平等程度有所下降，生计福利得到了大幅提高（Wilmsen，2016）。

相比之下，关于中国矿业移民的研究在文献中相对较少。采煤沉陷区背后深层次的经济社会影响，以及引发这些问题的制度因素，都是社会科学领域所需要急切关注的。因此，本书将为矿业移民 MIDR 的研究作出重要的贡献，有助于理解采矿沉陷区居民的生活方式、生计、利益诉求以及宏观的制度变迁，有助于促进采矿沉陷区的综合治理和保持沉陷区社会运行的稳定。本章结构如下：第二节介绍研究方法和分析框架。在这一节，基于文献综述，我们构建了一个矿业移民 MIDR 制度分析框架。第三节根据矿业移民 MIDR 制度分析框架的四个维度来探讨国家的正式制度。第四节利用问卷调查和访谈对 MIDR 制度分析框架的四个维度进行分析。第五节是结论和讨论。

第二节　分析框架和研究数据

一　矿业移民分析框架

本章构建了一个矿业移民的制度分析框架，其中包括四个维度，如图 6-1 所示。

第一个维度是关于土地产权。许多国家的法律规定，政府有权为公共利益征用土地，这为矿业用地的取得及居民的移民安置提供了法律基础。然而，在很多国家，居民，特别是原住民，依靠习俗权使用土地，并没有正式的土地权利，因此在征地过程中往往没有得到应有的赔偿，导致大量冲突（Mathur 2006；Nor-Hisham & Ho 2016）。为了征地的顺利进行，国家相关法律也一直没对公共利益的内涵作出明确的界定（王利明，

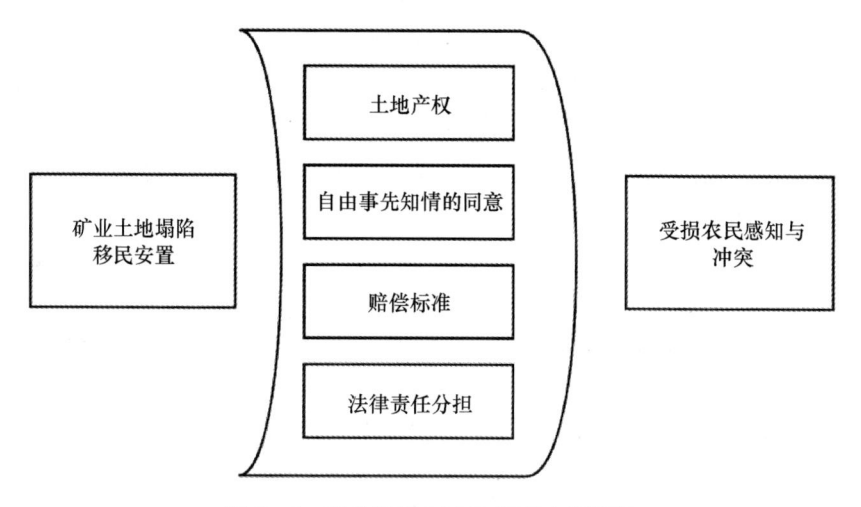

第六章 矿业移民安置的风险及重建　　117

```
┌─────────────┐      ┌─────────────┐      ┌─────────────┐
│             │      │   土地产权    │      │             │
│  矿业土地塌陷  │      ├─────────────┤      │  受损农民感知与 │
│   移民安置    │      │ 自由事先知情的 │      │    冲突      │
│             │      │    同意      │      │             │
│             │      ├─────────────┤      │             │
│             │      │   赔偿标准    │      │             │
│             │      ├─────────────┤      │             │
│             │      │  法律责任分担  │      │             │
└─────────────┘      └─────────────┘      └─────────────┘
```

图 6-1　矿业移民 MIDR 制度分析框架

数据来源：作者自绘。

2009）。因而我们将着重讨论土地产权相关的正式规定及其在实践中的应用。

　　第二个维度是关于自由事先知情的同意。过去几十年，很多发展项目普遍导致非自愿、强制性移民。为保护被征地人的权益，联合国土著人民权利宣言（United Nations Declaration on the Rights of Indigenous Peoples，UNDRIP）和国际劳工组织（International Labor Organization，ILO）（1989 年第七十六届大会通过了土著和部落人民公约，即第 169 号公约）提出了自由事先知情的同意（Free, prior and informed consent，FPIC）原则，通过国际协议来加强和推动社会公平。比如，《联合国土著人民权利宣言》第三十二条：各国在批准任何影响到土著人民土地或领土和其他资源的项目，特别是开发、利用或开采矿物、水或其他资源的项目前，应本着诚意，通过土著人民自己的代表机构与土著人民协商和合作，征得他们的自由知情同意。在实施影响社区的工程项目之前，需要征得当地人的自由的事先知情的同意（Mahanty & McDermott，2013）。FPIC 原则通常侧重于保护处于非正式或"非正式"社会制度中的人，这些人缺乏明确的法律身份和权利，或难以平等获得法律辩护与支持以及捍卫其非正式权利所需的信息。FPIC 原则的关键是"同意（consent）"。"同意"并不意味着社区在征地和项目开发中具有绝对的否决权。获得"同意"也不是一次性的结果，而是强调政府、企业和社区通过协商达到共识的过程。因而 FPIC 原则得到了国际组织的推广，并被国际矿业企业采用，作为保障受影响居民的自决权的一种手段（Hanna & Vanclay，2013；Owen & Kemp，2014）。然而，实证研究表明，FPIC作为软法，受特定环境的影响，可能会使执行方案简化或者象征性化，无法达到保障效果（Owen & Kemp，2014）。我国学者对于FPIC原则的应用在生物遗传资源（李敏、唐素琴，2009；秦天宝，2008），多为事先知情的同意（PIC），而在征地领域的应用较少（王亚坤等，2019）。

第三个维度是关于赔偿标准。Cernea（2003）通过对现行移民补偿理论的批判性分析，从降低贫困的角度认为，目前以现金支付为主要赔偿方式的非自愿移民补偿机制存在下列问题：对征用资产价值的低估、忽视非实物资产（non-physical lossess）的价值、公共资源没有纳入补偿范围以及补偿资金被拖欠或非法侵占。单纯的现金补偿无法解决移民安置后的生计恢复问题。针对非自愿移民的土地补偿方式，Cernea与Mathur（2008）指出，传统的"以地换地"的补偿方式也存在诸多缺陷：补偿土地的肥沃程度参差不齐；地理位置偏远或社会治安环境较差；补偿土地无法使用附近的自然资源以及难以获取就业机会；补偿土地的权属纠纷等问题（薛曜祖、黄蕾，2017）。造成以上问题的原因是在发展中国家，土地和房屋在提供社会保障和福利方面起着重要的作用（Ho，2014；李茜、毕如田，2009）。这也是为什么赔偿常常不够的原因（Abuya，2013；Mathur，2006）。同时，由于缺乏能力、就业机会和培训，货币补偿常常不能转换为新的生产资料（Bainton & Macintyre，2013；Szablowski，2002）。基于此，很多学者建议应该将补偿方案融入移民法律和实践中（Cernea，2008；Cernea & Mathur，2008）。

第四个维度是关于法律责任分担。开发商（或者矿业企业）常常被认为是有计划的移民安置的主要角色（Owen & Kemp，2016）。然而，要开发商完成法律所规定的最低要求都很难，更别提去完成法律规定之外的要求，这在发展中国家更甚。因此，被强迫的非自愿的移民以及政府不得不去承担原本应该开发商承担的或者被开发商所忽略掉的责任和成本（Downing，2002）。

在下一节，我们会将MIDR分析框架应用到宏观政策和微观实践中。为了了解矿业移民制度的漏洞和不足，我们会对相关的法律法规进行分析。主要的法律法规包括土地管理法、矿产资源法和煤炭法，以及其他政府规章制度。然后，基于对矿业移民和非移民的问卷、访谈数据，我们研究该框架在微观层面的实践。

二 研究地点和数据收集

研究数据收集过程见第一章。在 8 个县域内，总计选择了 27 个村作为本次研究的对象。在调研开始之前，我们根据政府公告和网络报道选择了 11 个移民村（见表 6-1）。

表 6-1　　　　　　　　　　11 个移民村的情况

省	县	移民村			
		矿种	矿业开始时间	矿区大小	搬迁户数/人口	搬迁年份
陕西	彬县	煤炭	2006	大型	约 1000 人	2013
	韩城	煤炭	1980	中型和数个小矿	923 人	1984/2004*
山西	朔州	煤炭	1995	中型和数个小矿	约 50 户	2015
山东	兖州	煤炭	1981	大型	4 个村，1120 户	2006
	滕州	煤炭	1960	大型	421 户	2014
			1960	大型	19 个村	2014
江苏	沛县	煤炭	1976	大型	1248 人	2014
			1986	大型	986 户，3250 人	1989/2008*
重庆	秀山	锰矿	1960	3 个中型	98 户，440 人	2014
			1998	多个小矿	约 200 人	2014
湖南	花垣	铅锌矿	1980	多个小矿	约 40 户	2008

数据来源：实地调查。

注：*表示该村经过两次搬迁。

在一般的农村地区，农户的住房形态多样，包括平房和二层小楼，依地势分布，散落在村庄的各个地方。然而，移民村则不同，主要由新建的、经过统一规划好的样式相同的公寓式楼房建筑组成。这些移民村通常位于乡镇的边缘地带。值得注意的是，移民农户往往并未获得新的耕地资源，而是主要依靠原来村庄的土地进行生产生活。大部分研究的村庄是在调研前的一到两年内完成搬迁的，但也有一些村庄是在十多年前就完成搬迁的。矿业公司的运营时间在 10—50 年，其矿井生产能力包含大中小型等不同规模。除了 11 个移民村之外，我们还选择了 16 个非移民村，这些村庄主要位于 11 个移民村搬迁前的旧村附近，它们仍然可能受到土地塌陷的影响。16 个非移民村分布如下：彬县 4 个，韩城 1 个，朔州 3 个，兖州 3 个，滕州 1 个，沛县 2 个，秀山 1 个，花垣 1 个。

在 27 个村庄中，我们成功收集了 230 份有效的问卷数据，其中包括 120 份移民户和 110 份非移民户。这些问卷样本中，有 70% 的受访者为男性，30% 为女性。值得注意的是，大部分受访者（56.5%）年龄大于 50 岁，这在一定程度上代表了中国农村地区逐渐增多的留守老年人口状况。此外，每个受访家庭的平均人口数为 4.84 人。为了探究移民户和非移民户之间是否存在显著的差异，我们对这两类受访者的性别、年龄、人口数和受教育程度进行了卡方检验。结果表明，这两类受访者之间在这几方面均没有显著的差异（见表 6-2）。

表 6-2　　　　　　　　移民村和非移民村的受访者特征

类别		移民户 ($n=120$)	非移民户 ($n=110$)	总数 ($n=230$)	χ^2 值
性别	男	67.5%	72.7%	70.0%	0.385^{ns}, $P=0.535$
	女	32.5%	27.3%	30.0%	
年龄	18—30	12.5%	10.0%	11.3%	8.332^{ns}, $P=0.080$
	31—50	32.5%	31.8%	32.2%	
	>50	55.0%	58.2%	56.5%	
受教育程度	文盲	21.7%	22.7%	22.2%	0.671^{ns}, $P=0.955$
	小学	25.8%	27.3%	26.5%	
	初中	36.7%	37.3%	37.0%	
	高中	11.7%	9.1%	10.4%	
	大学及以上	4.1%	3.6%	3.9%	
户人口数	≤3	34.2%	24.5%	29.6%	5.544^{ns}, $P=0.063$
	4—5	38.3%	32.7%	35.7%	
	≥6	27.5%	42.7%	34.8%	
	平均值	4.45	5.26	4.84	

数据来源：问卷。$^{ns}=P>0.05$ 的情况下不显著。

第三节 中国的矿业移民制度分析

一 土地产权

研究者注意到工程移民安置的专门法规普遍缺失（Mathur, 2006），现有的法律主要是通过规定土地的征用程序，为政府在公共利益的名义下征用私人土地提供了法律基础（Abuya, 2013; Ahmad & Lahiri-Dutt, 2006; Mathur, 2006）。在中国，尽管存在矿业活动引起的移民问题，但没有一部专门的法律法规来规范这一现象。相应地，由于失去土地而引起的移民安置主要是由《土地管理法》进行规范。

在中国，矿产资源所有权和地表土地所有权是相互分离的。矿产资源属于国家所有，而土地则可以是国家或者集体所有。为了进行矿业活动，须先取得采矿权和土地使用权。这两项权利的获取遵循不同的流程：

首先，根据《矿产资源法》（1996）或者《煤炭法》（1996），县级以上政府可以将采矿权出让给用户。取决于矿业规模，这些用户可能包括：①国家重点国有煤矿、地方国有煤矿；②集体所有企业或者乡镇企业；③外资企业。在20世纪90年代，中央政府大力支持乡镇煤矿的发展，乡镇煤矿的产量在20世纪90年代中期曾达到过全国总产能的一半（Rui, 2005; Shen & Andrews-Speed, 2001; Wright, 2006）。

其次，根据《土地管理法》，矿业用地被归类为建设用地。按照《土地管理法》第四十三条，如果土地已经是国有用地，则由国土资源管理部门采取划拨或出让的方式取得土地使用权。如果矿业权人需要使用集体土地的，则需要按照法律规定进行如下步骤：①国家征收集体土地，使其权属变更为国有土地，集体土地的原所有权人（集体）或使用人（农民）则因失去土地而获得来自土地征收部门的相应补偿。通常，补偿按被征收土地的原用途支付，且土地补偿费和安置补助费的总和不得超过土地被征收前三年平均年产值的30倍；②国土资源管理部门采取划拨或出让的方式将土地使用权转移给新的使用人。

然而，现行法律如《土地管理法》和《矿产资源法》等并未确定矿业用地的含义或范围（孙英辉、肖攀，2011）。根据国土资源部矿业用地政策研究课题组的定义，我国对采矿用地的界定主要包括地面生产用地以及尾矿堆放用地。这类用地最显著的特征是占地和用地同时并存，因此应与永久性建设用地等同看待。类似的情况还包括水利水电工程，其也是占地和用地（淹没地也是一种占用）同时并存，因此失地农民也能够按照土地征用流程得到相应的补偿。国家对此特别发布了《大中型水利水电工程建设征地补偿和移民安置条例》（2006）和《长江三峡工程建设移民条例》（1993，2006年修订），这些条例对土地征用流程、补偿标准、移民安置都做出了详细的规定。

根据占地和用地同时并存这一特征，以上矿业土地征用程序仅适用于需要直接占有或使用地面用地的露天开采、工矿企业办公和生产建设用地。相反地，对于地下开采，其地面用地没有被直接占有和使用，因而没有相应的法律条款来规定它们的征地流程。由于没有对地下开采的地面用地的规定，同时如后文所讨论的自由事先知情的同意原则的缺失，这就变成一个很大的问题。

二 自由事先知情的同意

中国的法律法规对自由事先知情的同意（Free, prior and informed consent）原则没有明确规定。FPIC原则涉及四个方面：

- 自由（Free），即没有强迫、恐吓及操纵；
- 事先（Prior），表示在矿业项目开始前取得当地社区的同意；
- 知情（Informed），指给予当地社区所有与项目相关的消息，比如项目性质、影响、持续时间等，并保障充分的理解；
- 同意（Consent），保障农民的参与和协商，最终实现共识。

关于压煤村庄搬迁有据可查的最早的行政措施是国务院1980年7月14日发布的《国务院关于解决矿区村庄压煤和搬迁工作的通知》。该通知要求煤矿在上报搬迁计划的同时，要通知相关社、队。然而，同一条通知中又规定：

> 现有生产、在建的矿井及国家已批准建设的规划矿井井田内，未经省、市、自治区煤炭局同意，不得兴建居民点、工厂、小煤矿以及交通、水利等工程设施。否则，煤矿不负责搬迁、赔偿。（第六条）

从这条规定以及后续的《煤炭法》等规定可以看出，矿区居民需要告知矿业企业并取得同意才可以在其取得使用权的土地上进行农业活动或修建建筑物。同时，如果建筑物或者用地行为发生在矿业开采之后，搬迁和赔偿不再是矿业企业的责任。北大法宝收录了数起因房屋受损起诉矿业公司的案例，原告都因为其房屋建设时选址不当，并且压煤村庄搬迁由地方人民政府负责，诉讼被驳回。然而，矿业企业在矿区居民的地下进行开采活动没有明确的告知要求。

这一规定或许对露天开采有意义，正如上述讨论的那样，矿业企业会事先通过土地征用和补偿来获取农村集体用地。然而，对于地下开采来说，这立马变成一个棘手的问题，因为地下开采的影响：①可能会在矿业开采活动后数年才开始显现；②可能会发生在与矿业用地（矿业公司所有地、地面生产用地以及尾矿堆放用地）完全不同的地方。

基于露天开采同样的逻辑，同时受煤炭资源供应短缺的压力，国务院在1983年1月25日发布《关于加速解决矿区村庄压煤和迁村问题的通知》（2016年6月25日失效），其中第二条明确指出：

> 对影响1983年原煤生产的压煤村庄，如果在规定期限内不搬迁，煤矿……可以自行采煤。由此而发生的损失及后果应当由当地政府和拒迁户负责，煤矿不负具体责任。

这条规定很显然将地表土地用户的同意权排除了，从而让矿业企业能够在没有通知、没有取得同意的情况下就开始开采。在后续的立法中，FPIC原则也没有被包括进去。

值得注意的是，没有任何证据表明环境影响评估（Environmental Impact Assessment，EIA）对避免或减轻矿业土地塌陷和移民有任何重要作用。环境影响评估主要关注空气、水、固体废弃物、噪声等污染，而这些是环境保护部的职责范围。然而土地塌陷、土地复垦的管理则是国土资源部的职责范围（Cao，2007），国土资源部又同时负责管理矿产资源的开发。换句话说，国土资源部既是球员也是裁判员。同时，也没有任何证据表明移民安置行动计划（Resettlement Action Plan，RAP）被系统制定和实施。一份移民安置行动计划包括：项目概况、项目影响、社会经济状况、法律框架和政策、移民安置和收入恢复、移民组织机构、公众参与及抱怨申诉、预算及资金来源、移民实施计划和监测与评估。正如Owen和Kemp（2015：280）提到"制定移民安置行动计划并让公众可及的行为很稀少。当移民安置行动计划被公开发布，主要是为了满足借贷的要求，而不是为了该地区的知识积累"。由澳大利亚昆士兰大学所建立和维护的全球 RAP 数据库中，中国的数据只有 1 份移民安置行动计划，这份编号为 RP253 的移民安置行动计划（RAP）是晋煤集团为建设一个煤层气矿而撰写的，并且这份计划主要是为了满足亚洲发展银行（ADB）贷款的要求而制作的。在我们调研的 27 个村，也只在一个村发现一份简单的移民安置行动计划。

三 补偿

在现行制度规定下，农民在地表损害发生前缺乏法律依据来保护自己的利益。同时，在矿业建设和早期开采阶段，由于证据的缺乏，农民没有任何正式权利要求赔偿。尽管对矿产资源法的修订讨论已经持续了很长时间，但在本书写作时，矿业法律对矿业损害和侵权的赔偿依旧采取的是一种消极的、事后的方式。例如，相关法规规定：

> 开采矿产资源给他人生产、生活造成损失的，应当负责赔偿，并采取必要的补救措施。（《矿产资源法》第 32 条）

尽管这一规定看似明确，但在实际中却难以执行。与城市发展与水利水电工程所引起的移民安置不同，没有全国性的法律对矿业移民安置做出规定（刘宪水等，2006；鹿士明，2002）。因此，矿业开采导致的损害赔偿主要是依据地方法规。

只有部分地方政府对矿业开采引起的土地塌陷赔偿有规定，而相关的赔偿标准往往偏低。例如，江苏省（2004）规定，煤矿企业采煤塌陷的集体土地，塌陷深度大于 1.5 米，不能恢复农业用途的，办理征地手续，补偿标准为年产值的 12 倍，每亩年产值按 1200 元计算，每亩补偿 14400 元。这一标准显然比城市建设中的 30 倍、水利水电的 16 倍要低。而对于塌陷土地，不具备征用条件的，复垦费用标准为：塌陷深度 0.5—1 米，每亩 3500 元；塌陷平均深度 1 米以上的，每亩 4500 元。而据邓晓玲等（2010：26）的测算，复垦成本从过去的每亩 2500—4500 元增加到每亩 5000—10000 元，损害程度较大的复垦成本高达 3 万元以上。对于采煤塌陷的集体农用地，在稳沉前不具备征用或者复垦条件的，由煤矿企业按照塌陷地当年实际减少的收益给予补偿，每亩每年最高不超过 750 元。王育宝和陆扬（2019）利用意愿价值评估法（Contingent Valuation Method，CVM）对陕北矿区居民土地流转和生态环境受偿意愿做了估计，得出两类受偿意愿额度分别为 1000—1500 元/年/人和 1500—2000 元/年/人，现有补偿标准显然不能满足农民的需求。在本书写作时，其他矿产资源富饶省份没有类似的规定，补偿一般都由矿业公司和受影响的农民各自协商解决。

对于受损房屋的赔偿，地方的解决方案可以分为三种。第一种是以户为基准的补偿。每一户，无论其家庭人口有多少人，可以得到一个固定额度的补偿。比如，在秀山县，受锰矿塌陷影响的农民与受自然灾害引起的地质灾害群众一样，每一户可以得到 5 万元的安置补偿。而在陕西彬县，每一户可以在移民安置点得到一套安置房。第二种是以面积为基准的补偿。比如，按照山东省搬迁压煤建筑物暂行规定（1989 年、1999 年）规定：依照等级造册的房屋建筑面积，砖混结构每平方米补偿 250 元，土木结构每平方米补偿 150 元。对每一户的房屋进行测量和计算带来很高的交易成本。为了简化这一程序，一种混合方法被采用。在第三种方案中，家庭里的每一个成员可以享受到一个固定的面积乘以固定标准的补偿。比如，在江苏省，每一个家庭成员人均建筑面积为 25 平方米，单位面积补偿标准按 180 元每平方米，因而每人可以得到 4500 元赔偿。即使 2009 年将人均搬迁建筑面积提高到 30 平方米，但仍明显低于江苏省农民家庭人均住房面积 44.1 平方米（邓晓玲等，2010）。

现行的采煤塌陷地征收补偿标准、塌陷区村庄搬迁补偿标准都明显偏低，受损房屋的赔偿常常不够他们在移民安置点购买一套新房。并且"一刀切"的补偿标准看似公平，实际上没有考虑到每个移民家庭的复杂性。因此，郭郝川和张爱国建议移民安置补偿分为按人分配和按户分配两部分，并考虑移民家庭主体差异性，针对家庭不同年龄段人口结构进行差异化补偿。这样，充分考虑移民家庭的复杂性和差异性，可以有效减少移民在安置过程中因补偿问题而产生的矛盾，有效提高移民满意度（郭郝川、张爱国，2016）。

四　法律责任分担

本小节探讨 MIDR 的第四个维度：法律责任分担。"谁引发、谁治理"的原则，或者"污染者付费原则"（Polluter Pays Principle，PPP），或者本案例中"矿业企业付费原则"，在 20 世纪 80 年代的法律法规中已经得到体现。比如，在国务院 1980 年 7 月 14 日发布的《国务院关于解决矿区村庄压煤和搬迁工作的通知》中即提到矿业公司应负担搬迁的成本。《矿产资源法》《煤炭法》《地质灾害防治条例》中均进一步确认了"污染者付费原则",明确了采矿企业在沉陷区综合治理上的责任与义务,但在具体执行上却没有相对应的实施细则和惩戒性措施。

在矿业开发的历史进程中,由于矿业塌陷导致受损的农民数以百万计,由此引发的社会矛盾也日益激化(张玉林,2013)。地方政府和人大代表多次向中央政府及人大提出议案,请求中央政府进行支持。比如,在山西,由地方国有和乡镇煤矿引起的塌陷的受灾人口超过160万人(张玉林,2013)。据《山西日报》2015年3月8日报道,2015年两会期间,山西代表团向大会提交《关于继续加大山西省采煤沉陷区治理支持力度的建议》。其中指出,沉陷区面积约3000平方千米,受灾人口约230万人。经测算,全部完成采煤沉陷区治理工作约需资金263亿元,因此山西代表团请求国家比照国有重点煤矿采煤沉陷区治理的支持政策,给予40%的资金补助(约105亿元)。国家能源局2015年8月24日答复政协第2960号提案中提到,党中央、国务院高度重视压煤塌陷区的治理工作。2014年8月,国家发展和改革委员会、国家能源局会同人力资源和社会保障部、国土资源部、环境保护部等单位组成调研组,赴陕西、山西、安徽、山东、黑龙江等省就采煤沉陷区治理进行了专题调研,研究起草并于2015年3月向国务院上报了《关于加快采煤塌陷区综合治理的意见》,提出了一系列加快推进采煤塌陷区综合治理的措施。

中央已经注意到各地采煤塌陷区的严重情况。国家发展和改革委员会关于加快开展采煤沉陷区治理工作的通知(2004年6月18日),将采煤塌陷区治理按引起时间和煤矿权属分类治理:第一,2003年后新发生的采煤沉陷破坏责任自负,治理时国家不再予以补助。第二,对于2003年前发生的历史遗留采煤沉陷区,如果是原国有重点煤矿历史遗留的,中央按照一定的投资补助比例进行支持(西部地区、东北三省50%,中部地区40%),其余资金由地方政府、企业、个人安排和承担。第三,对于地方国有煤矿和乡镇煤矿历史遗留的采煤沉陷区,治理资金由省、市、县政府、企业、个人共同筹措解决,中央原则上不安排补助资金。

改革开放以前,煤矿基本上是国有企业,除了隶属中央政府的8大统配煤矿外,地方国有煤矿340个,控制着绝大部分煤炭资源。20世纪70年代,少量的社队煤矿开始出现,开采有限的"边角煤",其产量占总产能的比例不到10%。20世纪80年代，为缓解煤炭供应持续紧张的局面，中央政府采取了"在一切可能的地方、利用一切可能的形式"鼓励煤矿开采的（有水快流）政策。在农村地区，在政策鼓励和致富愿望的驱动下，地方政府对任何希望开矿的人都开了绿灯，大量乡村煤矿如雨后春笋般涌现。自1980年以来，乡镇煤炭企业从1万多家激增至超过10万家。在20世纪90年代中期，乡镇煤矿的产值达到峰值，占总产量的一半，但很大比例是非法开采。比如，1997年乡镇煤矿有6万多处，其中非法开采的有5.12万处，占总量的85%。然而，随着时间的推移和生活环境的变化，小煤矿的弊端逐渐显现出来，例如矿难事故频发、对环境的负面影响以及国有煤矿的利润空间受到挤压等。因此，政府开始转向关闭小煤矿和实施重组等政策。在政策推动下，自1997年至2001年，超过5万家小煤矿被关闭。同期内，煤炭产能从13.74亿吨降到9.99亿吨，下降了27%。21世纪初，乡镇煤矿的产量也从全国总产量的一半降到26.9%。然而，对小煤矿的闭井政策效果有限，其产能占比又逐渐反弹到38%左右（见图6-2）。即使在闭井政策实施后的2002年，仍然有21759家合法乡镇煤矿，而国有重点煤矿数量为656家，地方国有煤矿为2014家（王绍光，2004：88）。

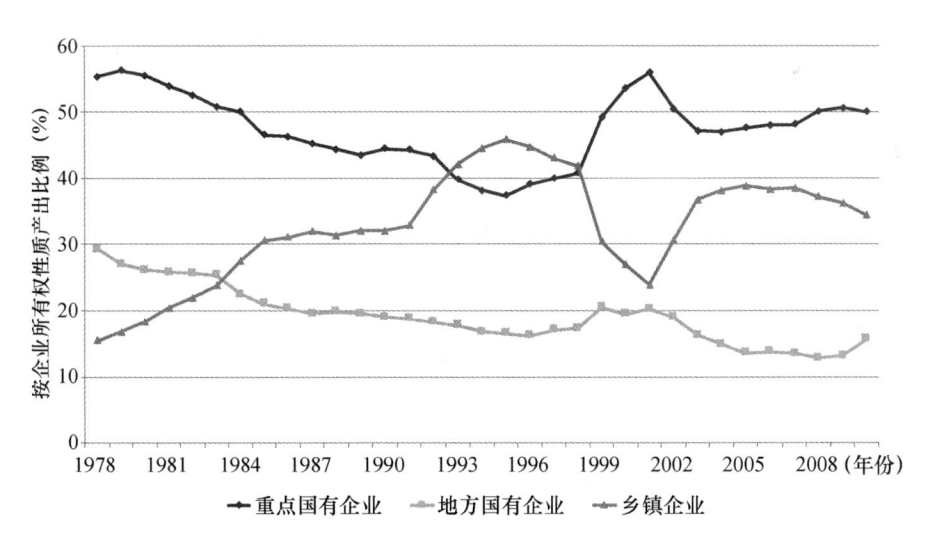

图6-2　1978—2019年各类煤矿企业对总产量的贡献

数据来源：历年《中国煤炭工业年鉴》。

为了更好地理解地方国有煤矿和乡镇煤矿造成的土地塌陷和损害的大小及比重，我们以山西省为例进行详细阐述。在山西省，受地方国有煤矿和乡镇煤矿采矿塌陷影响的人数超过 160 万，而国有重点煤矿影响的人数约 60 万，前者是后者的 2.7 倍（张玉林，2013）。从"矿业企业付费原则"的角度来看，国家发展和改革委员会根据煤矿所有权对采煤沉陷区进行分类治理的逻辑是合理的。然而，现有的补偿安置方式可能无法应对这种大部分损害是由地方国有煤矿和乡镇煤矿所引起的现状。进一步说，考虑到损害的严重程度，地方国有煤矿或更小更分散的乡镇煤矿是否有能力去承担这一成本是值得考虑的问题。更进一步的是，有人可能会问，为什么中央政府只对国有重点煤矿带来的损害承担部分的责任，而地方政府和集体却要对其治下的煤矿损害承担全部责任。根据其他研究（崔娜，2020），国家作为矿产资源所有者，在矿产资源出让环节，会征收矿业权出让收益；在矿产资源的占用环节，会征收矿业权占用费；在矿产资源的开采环节，会征收资源税与石油特别收益金。实质上，这是矿产资源的矿业权、占有权和使用权让渡给矿业权人，由矿业权人支付给矿产资源所有者的资源租金。王承武等（2017）指出，在当前的矿权制度下，矿产资源的所有权、收益权和支配权归中央政府所有，地方政府仅拥有资源的使用权和经营权，只能以矿产资源税费方式参与矿产资源开发收益分配。因此，中央政府作为矿产资源所有者的代表，代表全民行使矿产资源所有权，参与矿产资源收益分配，也应该为矿产资源开发造成的负外部性承担一定的责任。为此，应该加强环境监督力度，通过征收环境税来有效地约束矿产企业的环境污染行为。

基于以上回顾和分析，我们可以将矿业移民制度总结为以下四点：第一，现有的法律法规主要关注地上开采带来的负外部性影响，而忽视了地下开采的影响。第二，受矿业开采影响的农民的自由事先知情的同意权在国家法律中并未得到充分体现。第三，对于矿业开采造成的损害补偿和移民安置，国家层面尚缺乏相关法律法规进行规范，而地方的标准则相对较少而且标准设定得较低。第四，虽然"污染者付费原则"在法律中有所涉及，但中央政府、地方政府及集体之间的责任分配仍需进一步调整。我们认为，现有的制度是造成矿区土地塌陷、强制性移民和冲突的重要原因。以上提出的矿业移民制度的四个维度将成为我们进一步分析的参照点，并在下一节与实证结果进行比较分析。

第四节　矿业移民的问卷调查结果

一　土地塌陷导致移民，而不是土地征用

根据调研数据显示，土地塌陷是引起移民的主要原因，而非通常所认为的土地征用。在调查的27个村庄中，移民村中有12.5%的受访农户和非移民村中有31.2%的农户表示他们的部分农地被矿业占用。值得关注的是，农村土地分配采取分级搭配的方式，好坏搭配，按照集体人数平均分配。因此，农村土地极其细碎化，农户不得不经营分散在村周围的、相互不连接的土地。农户所拥有的地块数目作为土地细碎化程度的直接体现，比如有调查显示农户平均有6块地，并且这些地块都比较分散（Ho, 2005）。由于土地征用通常集中在矿业作业区，农户通常仅失去部分农地，很少有因为征地而搬迁。

然而，土地塌陷导致大规模的受灾人口，往往整个村庄都必须搬迁。本书采用了5级Likert量表来测量土地塌陷和房屋受损程度，其中1表示基本没有损害，2表示轻微损害，3表示中等损害，4表示严重损害，5表示非常严重损害。在调研的11个移民村里，83.6%的受访者（$n=120$）认为其旧村的土地塌陷情况"严重"或者"非常严重"，表明他们是在出现很明显的土地塌陷之后才得到搬迁的。有两个调查村庄不得不进行第二次搬迁。在16个尚未搬迁的村庄里，土地塌陷问题也已变得非常严重，110名受访者中，78.8%的人认为土地塌陷情况"严重"或者"非常严重"。具体的土地塌陷、房屋受损情况如图6-3和图6-4所示。

二　FPIC：自愿或非自愿移民

调研结果显示，距离矿业公司较远的村庄比靠近矿业公司的村庄更容易受到土地塌陷的影响。矿业公司通常会避免在其建筑下方进行开采，因此临近矿业公司工作区域的社区可以暂时免受土地塌陷的影响。然而，对于距离矿业公司距离稍远的村庄，很难确定它们是否以及何时会受到土地塌陷的影响，这些村庄通常只有在土地和房屋受到损害后才会发现矿业公司已经在它们的地下进行开采了。

宋环钰等（2009）认为，采煤沉陷区移民属于非自愿性移民，即由于矿业开采占地或地面塌陷等问题导致人口的被迫迁移，政府对其进行异

130　中国矿业制度的功能和可信度

图 6-3　矿业引起的土地塌陷

图片来源：笔者拍摄于 2015 年 5 月 6 日。

图 6-4　地下采矿引起的房屋受损

图片来源：笔者拍摄于 2015 年 8 月 7 日。

地安置的移民方式。即使在采煤沉陷综合治理的先行试点乡镇，郝爱华等（2016）认为，矿业移民属于自愿性移民，但总体上自愿度不高，家庭贫困、耕作不便、新村选址不合理等成为移民不愿意搬迁的主要原因。为了测量受访者是否感受到他们参与到移民规划的程度，我们询问了他们的搬迁意愿。在 16 个非移民村中，68.7% 的受访者表示希望被搬迁。不愿意搬迁的人表达了他们的忧虑：赔偿太少或者将来的生活成本会大幅增加。而在移民村的受访者中，超过一半（54.2%）认为他们是自愿搬迁的。

在 16 个非移民村，即使已经受到土地塌陷的影响，却只有 5 个村得到可能搬迁的消息。由于新的移民村建设的延期，他们的搬迁已经被延迟了 2—3 年。在等待搬迁的过程中，因为时刻担心房屋倒塌，他们只能寻找临时住所。正如代启福在西南两个煤矿采空村的田野调查中发现，风险的不确定性给采空村的居民的精神和心理带来一定的创伤，地质松动、水资源短缺和长期饮用煤水会引发慢性病的想象和恐惧导致矿区老百姓产生极大的心理压力，他们时常担心"我们村不会沉下去吧？"同时等待搬迁不仅对他们的日常生活、公共实践与社会实践产生严重的影响，还影响了他们对地方政府在治理和公信力方面的认识（代启福，2017）。

而在其余的 11 个非移民村，受损农民不知道他们何时可以得到搬迁，也不知道他们可能会被搬迁到何处。肉眼可见的损害和高搬迁意愿并不能保证村民能够很快得到搬迁。11 个已经搬迁的移民村从出现塌陷及各种损害算起平均等了 6.3 年（方差 3.6 年）才得到搬迁。在 27 个调查村里面，有 19 个发生过集体上访和信访，其中有 9 个村的村民曾跑到北京将上访材料递交给中央各部门。一个值得注意的案例是某个移民村，他们得到搬迁可以归功于一封写给时任国家领导人的信。据当时发起信访的村民介绍，当时 20 多位村民共同签署了这封信。幸运的是，这封信引起了国务院办公厅的注意，将其转给负责的省政府并要求进行调查。地方政府随之很快成立调查组，并加速了该村的搬迁过程。在 9 个村里，村民报告他们曾发生过与矿业公司的暴力冲突。在某些案例中，示威等集体行动被证明为是有效的，并成功地让他们的村庄得以优先搬迁。

三 赔偿：标准太低，金额太少

受损农户的赔偿一般分为两个步骤：首先，他们获得旧房子的赔偿；其次，他们有权在移民村购买一套新的房子。当然，移民可以选择如何花费他们的赔偿费，比如在城市买房或者用赔偿费自建新房。然而，在现实中，城市快速增长的房价和就业机会的限制使得在城市买一套新房子变得困难。因此，大部分农户会选择移民到地方政府建的移民村。在这样的案例中，赔偿通常不是直接付给农户，而是由地方政府保留并用于建房。

即使农户选择安置到移民村，他们的旧房补偿依然不足以在移民村购买一套新房。例如，在调查的江苏和山东的村庄里，不管旧房面积多大，搬迁村民每人按照30平方米、每平方米150元进行补偿，即每个人可以得到4500元的补偿。然而，移民村新房的价格却是5倍多，达760元每平方米。在重庆市，不管其旧房面积，每一户家庭可以得到50000元的补偿，而在移民村的新房价格却是3倍左右，达到148000元。因此，为了能够在移民村买上一套新房，农户不得不花光他们所有的补偿款，并背负一定的债务。

这些地方规定的补偿标准也引发一些其他纠纷。在以户为单位补偿的方案中，老年父母往往不被当作单独的一户享受补偿，而是与他们儿子中的一位绑定为一户。即使老年父母不与儿子住一起，常年单独居住，他们依然不被当作一户，从而无法享受搬迁政策。因为不享受补偿，老年父母不得不在搬迁后和他们的后辈居住在一起。在调研中，我们发现几户没有得到补偿的老人不被其儿女所欢迎。同时，他们早已经习惯了原来的生活，对于搬迁感到恐惧和不安，担心难以很快适应移民新村的生活。他们不得不被抛弃，仍然单独居住在已经受损严重的旧房中，而村子里的其他人都已经搬走了。不仅是老人，没有结婚的男青年也不能单独立户，在多处调研地点都发现了这种现象。张绪清（2014）在乌蒙山矿区的研究也发现同样的现象：一个户头只有一套搬迁安置房，没有结婚的不能单独立户。这导致部分拥有一两个成年未婚儿子的家庭即将需要额外住房，却因为尚未结婚无法单独立户，没有立户也就无法参与安置房分配。针对这一问题，政府应针对急需用房的家庭采取适当倾斜的办法，以成本价出售给需要额外住房的家庭，满足其合理的要求以促进原生家庭血缘关系的维系。

在低补偿的压力下，有些农户为了能够得到更多的赔偿，在其屋顶上搭建额外的楼层（见图6-5）。这种抢搭抢建的方式在其他地方也被报道过。宗云峰（2012）指出，矿区村庄搬迁安排中存在的难点在于抢建行为。比如，抢建房屋、抢建厂站、抢栽经济作物、搭蔬菜大棚等都是为了能够最大程度获取拆迁补偿费。类似的现象在城市化进程中也屡见不鲜（Zhao & Webster, 2011）。在江苏和山东的某些地方，为了应对这种抢建行为，地方政府将以建筑面积为单位进行补偿的方式改变为以户为单位的补偿方式。

图 6-5　屋顶上搭建的额外的楼层

数据来源：笔者拍摄于 2015 年 8 月 12 日。

对于移民村的新房，不到半数（43.8%）的受访者对房屋质量满意。在访谈中，搬迁户常常抱怨新房的质量差，维护状况不佳。在搬进新房后，他们经常发现漏水、屋顶脱落、开裂等问题。然而，也有积极的一面，目前国内采煤沉陷区移民新村建设与美丽宜居示范村、新农村建设和农村人居环境改善紧密结合。大部分受访者认为移民村的居住条件更加便利，比如 87.6% 对交通设施感到满意，90.1% 对供电满意，65.0% 对用水满意（见图 6-6）。

移民也对农业耕种带来很大的负面影响。绝大多数（93.9%）的受访者认为其旧村的土地产能受到矿业开采的负面影响。然而，补偿农业产能损失的问题仍然存在。例如，《江苏省人民政府办公厅关于调整煤矿采煤塌陷地征迁补偿标准的通知》（2004）第三条规定，采煤塌陷的集体农用地……每亩每年最高不超过 750 元。而在其他地方，土地产能损失的赔偿由农户和矿业公司之间协商达成，补偿按年支付，但经常被延期支付。而在调研的一个村，矿业公司根本不承认损失是由他们带来的，因而农民没有得到任何补偿。

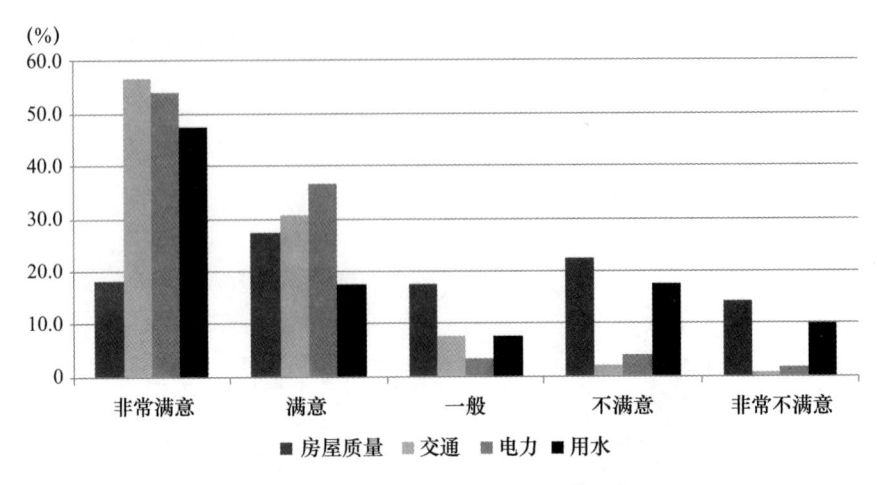

图 6-6 移民对移民村设施的满意度

数据来源：问卷调查。

移民没有得到新的土地，他们不得不依靠旧村的土地生活。移民村一般来说都与旧村有一定的距离，陈景平等（2019）以淮南市采煤塌陷区为研究对象，比较采煤塌陷区村庄搬迁前后的空间耕作半径，发现搬迁后实际耕作半径扩大了 1—20 倍，最大增加量达 22540.45 米，最小为 914.05 米。通过实际耕作距离和时间的换算，搬迁前村民步行出行耕作只需花费 9—24 分钟，而搬迁后则需 20—296 分钟，路途消耗时间大幅度增加。为减少路途消耗时间，农民需购买交通工具或放弃回家午休以减少往返次数，这直接降低了农民出行耕作的便利程度，削弱农民从事农业生产活动的积极性。曾琦和杨耀淇在兖州专门调查了压煤村庄搬迁对农业生产的影响。村庄搬迁后远离耕地，为农民的往返和出入带来了不便，为了耕作，他们改变了交通工具，往返费用增加了，或为了减少路途时间，在农地里劳作一天，自己带午饭以减少来回奔波时间，同时，农业结构也进行了相应调整，由种植经济作物和蔬菜改变成林业和果园的种植、管理（曾琦、杨耀淇，2017）。

因此，有部分移民不得不放弃其旧村的土地，换成在移民村租种土地。韩淑娟等在山西省采煤沉陷区基于 550 份样本数据也发现，有 31.1% 的人表示在原来的村落已经没有土地了，即约 70% 的人账面上仍有土地。但是，由于耕作距离太远，土地撂荒现象比较严重；即使没有撂荒，在农忙时节，农民为了节省时间，有时会居住在旧村，从而出现了新的居住风险（韩淑娟、颉慧玲，2017）。

最后，移民也对增加的生活成本感到焦虑。只有31.7%的受访者承认他们的家庭收入增加了。在移民村，水费、煤气费都比他们在旧村的时候高，基本上没有受访者承认他们的生活成本降低了。36.7%的受访者认为他们的生活成本"大幅升高了"。因为赔偿大部分都花在了新房的购买上，而土地产能又受到影响，非农就业机会又有限，大部分移民都十分担心中长期的生计没有办法得到维持。60%的受访者表示后悔搬迁出来，宁愿生活在受损的旧村。少数人由于故土难离、无力承担移民新村的生活成本，又偷偷回到受损的旧村居住，从而带来新的居住安全问题。

四 法律责任分担："矿业企业付费"未有效执行

根据上一节的制度分析，法规规定矿业移民安置由政府直接对移民进行补偿，即企业向政府缴纳，政府再出资补偿。然而，这种补偿规定存在两个主要缺陷。首先，由于涉及多个环节，补偿过程中可能会存在款项支付不到位的问题。其次，由于企业不直接对移民进行补偿支付，煤炭资源开采过程中所产生的负外部性被视为企业的外部成本。企业在进行生产决策时可能会忽略这部分成本，从而使得社会总成本大于企业的内部成本。

当询问受访者应该由谁承担移民搬迁费用时，仅有5.2%的受访者愿意承担一定的搬迁费用（见图6-7）。然而，实际情况是移民不得不承担大部分的搬迁费用。正如制度分析指出，对于因不同所有权煤矿造成的采煤沉陷，中央会提供部分补助资金，其余资金由地方政府、企业、个人安排和承担。张玉林（2013）认为，土地塌陷完全是煤矿企业和政府的监管不力造成的，让受灾居民承担搬迁费用，实际上是将部分责任转嫁给了受害者。郝爱华等通过对山西省临汾市采煤沉陷区移民工作的调研发现，投资主体分为两种情况。对于采矿权主体灭失的，治理资金由政府和移民个人承担，其比例为国家50%、省级20%、市级10%、县级10%、个人10%。对采矿权主体存在的，治理资金由政府、企业和移民三方承担，其比例为国家40%、省级10%、市级5%、县级5%、企业30%、个人10%。然而，有些煤矿主体虽然存在，但现在停产无盈利，因此没有出资能力。有的企业采矿权不属于县政府管，且由于煤矿整合过程中造成资源浪费和技术改造投资过多，目前处于亏损阶段，他们认为，过去的矿主开采引起的灾害现在让他们买单不公平，所以不认账，不愿意承担30%的移民安置资金，有拖延抵赖现象，煤矿资金难以兑现，令地方政府头疼（郝爱华、张爱国，2016）。

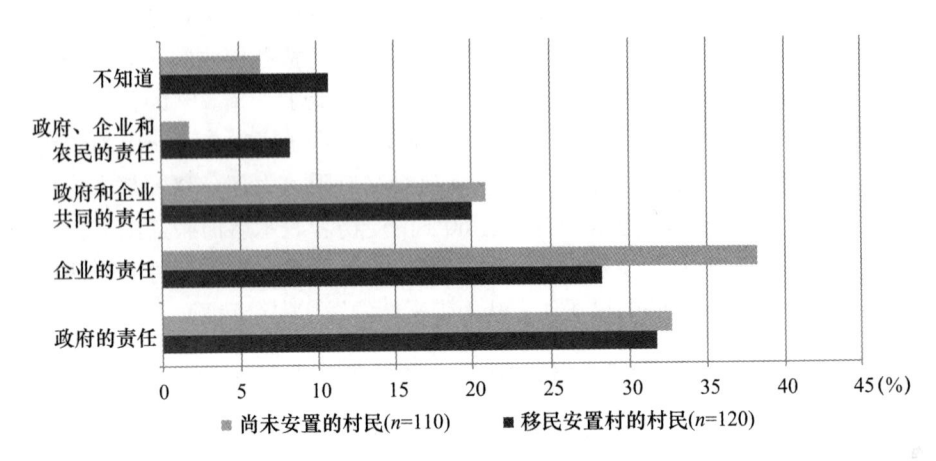

图 6-7 谁应该承担搬迁的费用？

数据来源：问卷调查。

根据受访者的反馈，大部分认为政府是引进矿业公司的主体，并且矿业公司已经把搬迁费用交给了政府。这就可以解释为什么约有1/3的受访者认为政府应该为搬迁费用承担责任，而几乎同样多的受访者则认为矿业公司应该负全责（见图6-7）。

然而，受访者对于搬迁费用的实际承担者并不清楚。一份偶然获得的搬迁计划揭示了某移民村的资金来源。在该案例中，资金来源于多个渠道：县国土房管局向上申请地质灾害防治搬迁避让"金土工程"专项资金200万元，负责落实矿山植被恢复金325万元；县发改委向上申请高山生态移民资金350万元，县扶贫办向上申请易地扶贫搬迁专项资金350万元，县财政负责落实资金350万元。值得注意的是，没有一笔钱是直接由矿业公司提供的。采矿企业作为法理上的治理主体并没有履行其责任。

第五节 小结与讨论

矿业开采导致数百万人流离失所，加剧了农村社会矛盾，对社会稳定产生了负面影响。本书认为，大规模矿业移民的主要原因在于当前的矿业制度存在缺陷。

第一，现有的法律法规主要适用于露天开采，而针对地下开采问题却没有明确的规范，导致很多问题的出现。因此，地下开采引发的土地塌陷成为矿业移民的主要诱发因素。采煤沉陷区的房屋塌裂无法居住、耕地裂变无法耕种、水源干涸无法饮用、村民的生命财产安全受到严重威胁、日常生活和生计受到严重影响。从全国多个地区的问卷和访谈中，我们发现，大部分受访者认为，土地塌陷是最重要的问题。即使是对于露天开采而言，现有的矿业用地方式（国家征用再出让给采矿权人）也存在局限。露天开采占地面积大且速度快，采矿作业面广，周期一般为4—6年到20—30年，意味着开采所需的用地年限远低于国家出让的土地年限（工业用地最高使用年限为50年）（郑美珍，2011）。采矿活动结束后，采矿用地承载和服务矿业的功能随之用尽，由于缺乏土地退出机制，企业对土地复垦的积极性不高，复垦后的土地大多成为企业的闲置土地。矿方有地不愿也不需耕种，而农民无地耕种的状况，导致农业生产和工矿双方都无法维持，造成土地浪费的现象（李帅等，2013；郑美珍，2011）。

第二，现有矿业有关法律在矿业开采和矿业移民方面均未纳入自由事先知情的同意原则，这与国际上矿业领域正在推广的社会许可（Social licence to operate）相悖（Karakaya & Nuur, 2018; Moffat & Zhang, 2014; Owen & Kemp, 2013）。社会许可是指矿业开发前将开发利用方案、环境影响评估等向当地社区进行公开；在相互了解的基础上，对矿业开发项目涉及的利益分配、环境影响等问题进行协商；在协商的过程中，为保证企地双方达成一致意见，当地政府应当适时介入，从中协调，确保协商顺利进行。在企地双方协商达成一致后，签订合作协议。并且这一过程不是一次性的，矿业企业需要在获得社会许可后进行持续性的信息公开，针对新问题进行沟通，并对协议进行相应修改，保证矿业企业始终保有社会许可（王建等，2016）。然而，在调研中，我们发现大部分的农民没有被很好地告知移民安置的信息，甚至对何时会得到安置也不清楚。对于移民安置情况的不确定性以及持续的、肉眼可见的损害导致了很多冲突。在27个调研村中，19个村曾采取过各种正式的信访、上访，而9个村曾发生过农民和矿业企业的冲突。

第三，目前缺乏针对矿业损害和移民的国家法规，而地方规定要么缺失，要么标准定得太低以至于无法涵盖搬迁所需成本。调研数据显示，搬迁和移民常常被矿业企业和地方政府当作唯一的、终极手段。换句话说，在损害还没有达到一定程度时，矿业企业和地方政府宁愿选择什么都不做。只有到不得不搬迁的时候，矿业企业和地方政府才不情不愿地搬迁。

这是典型的发展主义逻辑，即环境损害被视作经济发展的一部分，应实行边发展、边治理的开发逻辑。即使在这个过程中出现了灾难，发展主义者也坚信，所有问题都可以在发展中解决（代启福、马衣努·沙娜提别克，2014）。煤矿企业和地方政府过度开发资源，片面追求经济发展，导致他们在风险治理时，采用的规避和化解风险的方式主要是通过经济补偿和异地搬迁。

这样的应对方式存在几个方面的问题：①搬迁的农民不得不在移民村购买新的房子，即使价格已经有优惠，但是仍然比他们旧房子得到的补偿高得多。②搬迁的农民在移民村并没有得到新的农地，他们不得不依靠旧村的土地生活，这增加了他们耕作的成本；③被搬迁的农民担心未来生活成本上涨，这不仅是因为他们已经将赔偿用于购买新房，耕作成本上升，失去原有的生产生活资料以及社会关系，还因为他们很难找到合适的非农就业机会。这些担忧导致移民冲突增加，移民的满意度也随之下降。虽然易地搬迁的方式可以为矿业公司腾出足够的资源开发空间，暂时解决了资源地频繁出现的地质灾害问题，但移民却面临着生计转型和社会关系离散等问题。地方政府和企业通过市场化手段对危机进行了空间转移，看似解决了社会风险，但实际上只是延缓与转换了风险，这些风险在新的空间将继续存在，甚至还会引发更为严重的社会问题（代启福，2017）。

第四，现有法律条款没有明确规定"污染者付费原则"中政府的责任。在矿业开采引起的土地塌陷和移民安置中，矿业企业负责搬迁成本，而地方政府负责搬迁项目。然而，仅仅将矿业公司作为主要的成本承担方，不足以处理现有的问题，这主要有三方面的原因：①现有问题的严重性：仅仅在山西省就预计有 200 多万的群众受到采煤塌陷的影响。据李佳洺等（2019）推断，中国现在及可预计的未来，采煤沉陷区面积将达到 6 万平方千米，沉陷区预计影响的城乡建设用地为 4500 平方千米，耕地面积 2 万平方千米，涉及人口达 2000 万左右。如果将其他地下开采的矿产资源所影响的人口计算进来，这一数据可能会更高。②对采煤塌陷这一问题的长期忽视：直到 2003 年《地质灾害防治条例》和 2004 年国家发展和改革委员会才对采煤塌陷的责任分配有了一定的规定。这不仅导致这一问题的严重性，也导致了"先采矿，后治理"思维方式的泛滥。③采煤塌陷不仅仅是国有煤矿引起的，大部分实际上是由私人、乡镇煤矿导致的。而这些煤矿常常缺乏必要的财政资源、技术和能力去处理如此大规模的矿业移民。

由于矿业的负外部性，关于产权的讨论不时出现，不同阵营要么提出将矿产资源私有化，要么国有化。矿产资源领域存在三种主要的产权结构模式：英美模式，地表权和地下权相统一；德国和法国模式，地表权与地下权相分离；南非模式，两权有限结合（宋文飞等，2012）。在英美国家，实行土地私有制，拥有土地的权利人即是矿产资源的所有者。在这种模式下，土地所有者是矿产资源所有者，但是不能排除其他权利人开采矿产资源的权利，将各个权利人视为独立的交易主体，实施两权合一的好处是可以减少矿产资源开发中的利益纠纷，并且大部分实行的是矿权从属于地权制度，因而为私利服务的同时，忽略了矿产资源整体调配，在现实中难以实现私人利益和公共利益的统一。实行地表和地下权分离的国家，矿产资源归国家所有，矿业权主体私人化、土地私有，主要是大陆法系国家。这种模式下油气等重要矿产对地权优先，好处是可以宏观调控矿产资源的开发和利用，但是弱点是将地表权与地下权对立，导致矿产资源开发的利益纷争。

中国因为其土地国有和集体所有并存，以及与土地产权分离的、矿产资源国有的制度，常常被视为"异常值"（outlier）。因而有很多声音要求中国对产权结构进行根本性的改革。然而，与其他选定国家进行对比，在土地和矿产资源所有权上，中国并不是一个例外的个案。实际上，与其他国家对比，中国所缺失的并不是矿产资源所有权结构，而是一个足够有效的、政府协调的对矿业移民进行补偿的制度。

正因如此，我们强烈呼吁中央政府的强力介入，要分清中央政府和地方政府之间的责任分担。采煤沉陷区的非自愿移民安置有其特殊性，主要表现在由煤炭资源产权所决定的赔偿主体的双重性，即从煤炭资源开采和交易中直接获益的企业，与通过征收资源租金和税费而间接实现对煤炭资源所有权的政府（崔娜，2020；王承武等，2017；薛曜祖、黄蕾，2017）。补偿对象为受矿产资源开发负外部性影响的移民，这些居民因为矿产资源开发造成的土地塌陷而直接失去土地和住宅等固定资产，以及因为矿业开采活动带来生态破坏而无法维持正常的生产生活。

首先，需要在建立和管理国家补偿机制和保险上起更积极的作用。严格规范煤矿企业的经营行为，为资源开采对矿区农村和农民的私人性和公共性损害进行合理补偿提供法律保障，并通过民主机制的建立和有效运转为矿区农民参与公共资源的占有、使用和分配提供机制保障，使他们在与煤矿企业的博弈中拥有平等谈判的平台，促使博弈双方以谈判的方式解决纠纷。

其次，完善社保制度的供给。中央加快法律法规和政策等相关制度的供给，为农民移民安置、搬迁、生活秩序重构提供更加完善的保障体系。做好老年移民群体的养老保障体系建立，解决移民家庭养老的后顾之忧。为移民家庭的成年劳动力提供职业技能培训，使非自愿移民获得生存和发展技能，提高自我积累和自我发展的能力。为移民家庭的青少年儿童提高教育质量，使移民家庭未来可以依靠教育有更好的出路。移民不是简单地将移民家庭从一地移到另一地，而是要让他们在充足的物质保障前提下，融入新的生活环境中，走上富裕的生活之路。

第七章 矿业安全和煤窑神信仰的消逝

信仰在人们的生活中扮演着重要的角色，尤其在矿工和矿业社区中（Arellano-yanguas，2014；Billings，1990；Holden，2012；Horowitz，2002；Munday，2016；Ulmer，2020）。一方面，信仰能够满足矿工的心理需求，让他们在面对灾难时能紧密地团结在一起，并勇敢地面对灾难。例如，2010年8月，智利圣何塞矿井（San Jose Mine）坍塌，33名矿工被困700米井下。在历经69天的艰苦等待后，他们最终奇迹般地全部生还。这些被救援矿工将他们能够在井下生活数月并最后获救归功于他们的信仰（Butler，2015）。另一方面，信仰可作为反对资源采掘的载体（Arellano-yanguas，2014；Billings，1990），教会拥有物质资源，能够为集会、辩论和组织提供场所。在菲律宾，由于采矿对从事农业和水产养殖的农村穷人的生计造成影响，教会站出来为受到采矿影响的穷人发声，坚决反对采矿（Holden，2012）。

在主流的世界性制度化宗教体系之外，一些经典的民族志研究亦对地域性的民俗崇拜进行了详尽而生动的描绘。其中，玻利维亚锡矿工人对蒂欧（Tío）和帕查玛玛（大地母亲，Pachamama）的信仰最为人所知（Nash，1979；Taussig，1980）。蒂欧作为与魔鬼紧密相连的信仰对象，不仅被视为矿山财富的拥有者，更掌管着矿工的生命安危以及矿山开发的丰产和减产。因而矿工们在开采矿物前必须向蒂欧献上虔诚的祭祀，以求避免潜在的灾难与不幸。同样，Nite（2016）的研究揭示了印度的煤矿区对煤矿女神（Khadan-Kali）的崇拜。这些印度煤矿工人将煤矿（khadan）视为大地女神（Kali）的子宫和嘴巴，并通过定期的供奉来祈求煤矿女神的庇护与生命的保障。

在中国民间，各行各业都拥有各自的守护神（Chow，1997；李乔，2013）。根据2007年的一项调查数据，55.5%的中国人信仰民间习俗（Yang & Hu，2012）。尽管中国是全球众多矿产资源的主要生产国之一，但是与中国煤炭开采业有关的民间习俗，特别是煤窑神崇拜却鲜为外界所知。本章旨在弥补这一知识空白,深入揭示曾在中国煤炭矿区中盛行的煤窑神崇拜现象。

本章聚焦于中国煤矿文化中逐渐消逝的煤窑神崇拜现象。在2015年夏季,我在全国六省市进行博士学位论文的实地考察,关注采矿活动对矿业社区的经济、环境和社会的多维影响。然而,在整个考察过程中,我未曾听闻任何与煤窑神相关的传说或故事。直至2020年年初,我偶然接触到煤窑神崇拜的相关信息后,便开始了相关文献的搜集工作。经过筛选,我锁定了数座在文献中频繁提及的寺庙,如山东省枣庄市的甘泉寺(刁统菊,2004;吴明微,2018)、北京门头沟的窑神庙(吴明微,2018;袁树森,2007)、陕西的雷家坡炭窠窑神庙(陈晓捷等,2012),以及山西的数处窑神庙(张月琴,2013;段友文,1993;赵丽娜,2009)。最初的计划是通过现场观察窑神的祭祀仪式,进行深入的民族志研究。然而,窑神的崇拜已逐渐淡化了,导致民族志研究无法开展。具体而言,2020年寒假期间,我的一名硕士研究生曾回到她的家乡山东省枣庄市,计划对甘泉寺进行实地考察,并参与式观察每年农历腊月十八日举行的窑神生日祭祀仪式。然而,甘泉寺暂时停止对外开放。据寺庙附近的商贩透露,他们也鲜少听闻关于腊月十八日会组织窑神爷的祭祀活动。2021年暑假,我亲自前往山东省枣庄市的甘泉寺及北京门头沟区的窑神庙公园进行考察,发现煤窑神在矿工们的生产和生活中已渐趋淡化,这一现象的深层原因将在后文予以详细探讨。

本章深入探讨逐渐消失的煤窑神崇拜现象,旨在揭示其文化意义、社会功能以及消失的原因。本章的研究目标分为三个方面。第一,本章旨在全面介绍煤窑神的多样化形式,描述祭祀仪式的流程,并追溯矿工信仰煤窑神的深层根源。第二,通过分析煤窑神崇拜逐渐式微的现象,结合矿业安全生产数据,揭示了中国的矿业安全制度在过去几十年中如何从不可信制度转变为可信制度的历程。第三,从资源开采和采矿安全的角度出发,对比中国与世界其他地区的矿工保护神的异同,旨在为国际学术界提供新的知识和见解。因而本章为宗教学研究、宗教学视角下的矿产资源开采两类文献提供了新的知识和见解。

本章的结构安排如下:第一节为文献综述,系统回顾了民俗在资源采掘抗争中的作用、全球各地矿工保护神以及类似崇拜的社会基础和功能。第二节详细介绍了中国煤窑神的不同形式,不同时间、不同地点的祭祀,以及该崇拜逐渐式微的原因。第三节从资源开采和矿业安全的角度比较中国和世界其他地区的矿工保护神。第四节是本章的结论。

第一节 民俗与资源采掘的文献回顾

大量文献记载了民俗在人们生活中的作用，特别是在矿工和矿业社区生活中的作用。在本书中，我们回顾了民俗和矿产资源采掘之间关系的两个方面，一是在社区层面，民俗作为反对资源开采的载体；二是在个人层面的矿工的守护神。

一 民俗与资源采掘的抗争

全球资源采掘业最显著的一个特征是社会冲突的高发，而且常常是暴力冲突（Conde & Le Billon，2017；Davis & Franks，2014）。不同背景下的资源冲突通常具有不同且经常不一致的动机、逻辑和利益（Arellano-yanguas，2014）。在这些冲突中，民俗的作用可以分为两类：第一类是教会作为抗议的载体或行动者（Arellano-yanguas，2014；Billings，1990；Holden，2012），第二类是信仰成为对采矿项目抵制的源头（Horowitz，2002；Munday，2016；Ulmer，2020）。第一类的实证研究主要发生在以基督教为主导地位的矿区，而第二类的研究通常涉及土著社区，他们为了保护当地的民俗仪式和传统而反对矿业开采。

当教会卷入冲突时，其立场会因当地情况和冲突类型而异。在某些情况下，公司控制的教会站在矿业公司一边（Billings，1990），而在其他情况下，一些教会则坚定地站在穷人的立场反对矿业开采（Arellano-yanguas，2014；Holden，2012）。经过对前人文献的综述，Arellano-yanguas（2014）总结了教会支持边缘化群体进行抗争的三个原因。首先，一些学者强调了主教、神父和教会知识分子的能动性（Adriancet，1991）。这些个人左右了地方一级的教会立场。那些在底层教会工作的神父深切感受到百姓的苦难，并主动帮助穷人。其次，第二部分文献强调思想的作用。自20世纪60年代以来，解放神学在拉美兴起，主张天主教应该为被压迫、被剥削而处于"非人"的贫困中的人们，争取物质和精神的解放（Holden，2012；Holden & Jacobson，2009）。最后，第三类文献指出参与资源采掘的抗争是教会的策略性行为。这些学者认为，教会支持农村地区的抗争活动是一种信众保留策略，以应对来自其他组织日益激烈的竞争（Trejo，2009）。

民俗信仰通常与祖先的神灵、仪式和土地习俗权相关联，经常被用作反对资源开采的论据（Horowitz，2002；Roche，Walim，& Sindana，2019；Ulmer，2020）。对于那些个人生计与土地有着密切文化和精神联系的人们，他们更有可能对采矿项目作出反应并建立反对联盟。采矿活动给矿区居民带来了累积性的生计剥夺，造成失地、失业、无家可归和被迫流离失所（Perreault，2013）。为了保护他们的土地和家园，他们声称为了避免干扰他们祖先的灵魂，需要进行仪式，向他们的祖先道歉，告知将在山顶进行的采矿活动，并给予适当的安抚，这样他们才能允许矿业项目的开展；否则他们将受到祖先的惩罚，心理上产生负面影响（Horowitz，2002）。保护和传承当地的民俗活动和礼拜场所已成为矿业公司必须取得的一项重要的社会许可（Nguyen，2021）。比如，企业在缅甸开发莱比塘铜矿（Letpadaung Copper Mine）过程中就遇到宗教风险。缅甸大部分人信仰南传佛教。在项目开发初期，因为征地问题爆发村民和警察冲突。2012年12月下旬，包括数十位佛教僧侣在内约500人，要求关闭引发冲突的合资铜矿厂。最终经各方协商，调整土地征收补偿，并在各级僧侣协会和当地僧侣的看护下，按佛教仪轨，对莱比塘山间佛塔和宗教建筑进行搬迁，依原样建造了更为高大的佛塔。

二　世界上的矿工保护神

在不同的社会中，尽管文化背景各异，但矿工们对于风险和安全却有着共同的观点。守护神被奉为特定群体或地方的保护者（Feuchtwang，2001）。以下，我们将简要探讨三个不同地区矿工的守护神：罗马天主教的圣芭芭拉（St Barbara），玻利维亚蒂欧（Tío）以及印度的煤矿女神（Khadan-Kali），以揭示这些信仰背后的文化内涵和社会意义。

圣芭芭拉作为矿工的守护神，位列于十四圣助手（Fourteen Holy Helpers）之中。圣芭芭拉以其保护人类免于突发死亡的能力而著称，这对于在复杂和危险环境下工作的矿工尤为重要（Davenport，2012；Denomy，1939；Haiko，Saik，& Lozynskyi，2019；Munday，2016；Ulmer，2020）。圣芭芭拉的故事虽未在基督教文本或殉道作品中以书面形式呈现，但通过传说流传至今。这些传说的主要故事情节大体相同，仅在细节略有不同（Davenport，2012；Denomy，1939；Gade，1983）。芭芭拉因美丽而著名，为了防止男人窥见她的美丽并避免她接触到世界的邪恶，她的父亲建造了一座塔楼让她与世隔绝。然而，当芭芭拉拒绝放弃她的基督教信仰时，她的异教徒父亲杀了她。作为对其行为的神圣报应，芭芭拉的父亲被一道闪电击中而死。圣芭芭拉与采矿的联系源于她对闪电力量的掌控，矿工们相信她能保护他们免受爆炸事故的威胁。矿工们向她祈祷，祈求在地下采矿期间得到保护。圣芭芭拉也是其他各种危险职业的守护神，尤其是炮兵、隧道工、步兵等。每年的12月4日是圣芭芭拉节，许多国家会在这一天举行庆祝活动（Davenport，2012），以纪念这位矿工的守护神。在捷克的库特纳霍拉（Kutna Hora），有一所被列为世界文化遗产的圣芭芭拉大教堂（St Barbara's Cathedral）。库特纳霍拉是由于在13世纪末发现和开采丰富的银矿而发展起来的，这座教堂便成为献给矿工守护神的礼物。

玻利维亚的矿工则试图通过与神的互惠交流来减轻灾难的影响（Nash，1979；Taussig，1980）。在玻利维亚的矿山中，蒂欧被视为矿物的所有者。在开采矿物之前，矿工们必须向他提供供品以祈求好运并减少工作中的危险。蒂欧的神像大小各异，可大至人身像，也可小至在手中把玩。如果矿山发生事故，矿工们会向蒂欧献祭羊驼以安抚其愤怒，否则工人们不会冒险返回矿山。通过与蒂欧达成协议，矿工们的心理需求得到满足。蒂欧原本是一个善神，现在却成为一个吸血恶魔。这种转变的根本原因在于，随着资本主义体制的进入，矿工和山神之间的互惠性礼物交换关系也发生了变化：矿工向山神祭献礼物，山神将其转变为稀有金属，矿工开采矿石。包含在锡矿石中的矿工劳动作为商品出售给矿主或雇主，他们最终在国际商品市场上出售矿石。因此，互惠性的礼物交换以商品交换而结束。那些本该归还的东西并没有回到它原本的主人那里，而是流入了国际市场，因此，"回礼"并没有最终完成，从而导致矿工必须以生命进行偿还（Nash，1979；Taussig，1980）。

在印度煤矿地区，煤矿女神（Khadan-Kali）的崇拜在矿工中具有深厚的影响力（Nite，2016）。在煤矿工人的观念中，煤矿（khadan）被寓言化为魔鬼（Vetala）的嘴和肚子，象征着财富的聚集地。采煤的行动即代表了与魔鬼争夺财富的斗争。如果魔鬼感到饥饿和愤怒，则容易发生事故。进入矿井对矿工来说是勇气和生存挑战，因为他们必须冒着生命危险深入地下进行采矿来谋生。在印度，每个煤矿均设有祭祀场所，在煤矿定居点也发现了窑神庙，还会举行祭祀活动和年度的庆祝仪式。矿工通过向煤矿女神供奉祭品，旨在平息魔鬼的饥饿和愤怒，并应对他们在地下工作的严峻挑战。此外，煤矿女神崇拜也被用来作为对矿业管理制度的批评。1901年的《印度矿业法》及其随后的修正案，更倾向于将致死和伤害的责任归咎于矿工自己的行为，并对他们施加纠正性惩罚措施。当时矿工的安全条件日益恶化，死亡人数上升，雇主采用各种策略来逃避对矿工的赔偿要求。矿工们不得不求助于传统资源来应对现状，因此，在煤矿开采繁荣时期，煤矿女神崇拜变得更加普遍。然而，自20世纪70年代起，随着现代事故控制方法的普及和受灾家庭补偿的保障加强，煤矿女神崇拜也逐渐消退。当印度学者Nite于2003年在印度煤田调研时，他发现对煤炭女神的供奉已经变得不规律，只有在矿难发生后，矿工才会献祭供品。

第二节　中国的煤窑神

中国民间信仰是指民众自发地对具有超自然力的精神体的信奉与尊重，其涵盖了原始宗教在民间的传承、人为宗教在民间的渗透、民间普遍的信仰以及一般的民众迷信（Feuchtwang，2001；Yang，1961）。行业神，又称行神、行业守护神、行业保护神，是从业者认为能够保护其个人和行业，为之降福消灾、排忧解难、增添智慧，且与其行业特征有关，因而虔诚供奉与崇拜的神。各行各业都有主管神灵或"祖师爷"，他们一般为行业的创立者或发明人，以及对行业做出重大贡献之人，将其神化，塑造成神圣，作为行业之神进行祭祀。其目的一是祈求祖师爷保佑行业和行业从业人员，特别是保护人身安全；二是后人不忘先人，儿孙不忘祖宗，体现了中华民族的传统美德；三是利用祖师的威名，制定一些行规对本行业进行规范，以加强该行业立足于世的能力（Chow，1997；李乔，2013）。这些传统的祖先和守护神崇拜的做法是随着行会或协会的发展而发展起来的。守护神崇拜的组织是松散的，对于为什么特定的神或人被尊为守护神的信念通常是不确定的，其传承的载体可能是传说、逸事以及小说和通俗读物。

煤窑神在中国各地的煤矿区受到崇拜，特别是在矿产资源丰富的省份（吴明微，2018；张月琴，2013；李乔，2013；段友文，1993；袁树森，2007；赵丽娜，2009；陈晓捷等，2012）。对于窑神爷的身份，存在多种不同的说法。在不同的产煤区，工人所供奉的煤窑神各不相同。伴随着与煤炭行业息息相关的传说故事，这种信仰由一代一代的矿工传承下来。下面我们介绍一些流行的煤窑神和相关的祭祀仪式。

一　煤窑神：祭祀对象多样化

中国的民间信仰具有多神论的特点，即相信存在许多神祇，而不仅是单一的神祇。这些神祇的形式和功能多种多样，使得同行业的从业者也难以准确地说出这个行业的守护神指的是谁，更不用说神祇所展示的神迹如何了。现有文献指出，窑神并非单一的神，而是由人、神、动物相互融合、交织而成的窑神信仰谱系。

（一）与煤、火相关神力的自然神

在中国多神论的民间信仰传统中，人们为了不同的目的向不同的神灵祈祷，他们相信众神创造了世界和人类，并使世界和周围的宇宙保持运转。每个神都有自己特殊的权力和影响领域。神被选为煤窑神，主要是因为他们与煤或火有关。

女娲被一些窑工奉为守护神。女娲娘娘在中国古代神话中以造人和补天而家喻户晓。远古时代，当世界因为天塌地陷而陷入巨大灾难时，女娲不忍生灵受灾，于是炼五彩石补好天空。女娲炼石补天需要火，而烧火则需要使用煤炭。因此窑工们认为，女娲娘娘是使用煤炭的始祖，将她尊为守护神，祈求她保佑煤炭行业的繁荣和安全（李乔，2013）。

老君也被奉为煤窑神，是因为他与炼金术和使用火有关。老君也被称为太上老君，是道教的最高神祇之一。他起源于一个真实的历史人物——老子，是公元前6世纪的著作《道德经》的作者，后来成为道教的奠基神。道教教徒被认为是中国最早的炼金术士，因为他们使用炉罐来煅烧有毒的水银和铅，以试图生产长生不老的仙丹。古典小说《西游记》进一步普及了老君的形象以及其与火炼丹药的联系。在小说中，叛逆的孙悟空被放入老君炼丹制宝的八卦炉里，烧炼了七七四十九天。然而，孙悟空并没有被烧成灰烬，反而变得更为强大。他在八卦炉中炼成的火眼金睛帮助他在与唐三藏到西天取经的路上识别妖怪。首先，由于太上老君主火，而煤又是火的燃料，加之《西游记》的通俗化，老君在民间被奉为火神。此外，许多与火有关的行业，如瓷器业、炼铁业、银业和煤炭业，都将老君尊为他们的守护神（李乔，2013）。煤炭业是一个社会地位极为低下的行业，而太上老君作为道教的主神，不仅知名度高，辈分高，地位也高，因此，矿工们为了能让自己的行业神地位高一点，提升煤炭业的知名度和行业地位，以求得心理上的平衡和安慰。其次，太上老君法力高强，能够更好地保佑从业者的安全。将太上老君作为窑神崇拜，也可以看出道教对民间信仰的支配力和影响力。

其他小说和传奇中的人物也被奉为煤窑神，比如《封神演义》中的火神罗煊和上古神话中的火神祝融。传说中，祝融不但是管火的能手，还发现了击石取火的方法。2021年4月24日，我国首辆火星车就被命名为

"祝融号",体现了祝融在中国文化中的重要地位。雷公是司雷之神,一些地区的窑工也奉雷公为窑神。山西大同口泉沟煤矿窑神为殷郊,他是纣王之子,曾助纣伐周,后被处以活埋,终生受犁锄之苦,因他在地下为王,故被尊为窑神(段友文,1993)。《封神演义》中的矮子将军土行孙也被奉为窑神。土行孙会遁地术,他在运用遁地之术时意外发现所遁之地并非为黄土,而是黑黑的似石非石的硬块,黑石块就是煤炭,人们为了感激土行孙,便建起了窑神庙奉他为祖师爷。在西方,地精(地底下的小矮人)出现在大多数欧洲国家的民间故事中,这些故事常常与采矿或铁矿活动有关(Haiko et al.,2019)。人们认为,在地球的深处,地精们保管着隐藏的宝藏,比如金属和宝石,他们被认为是熟练的矿工、冶金工和铁匠,在他们的地下城堡里锻造神奇的戒指、武器和其他魔法物品。他们不喜欢人类对地下财富的贪欲,有时会在地下吓唬他们。

(二)将真人进行神化

煤矿工人在生产、生活过程中也将真人进行神化、建构为窑神爷。这些窑神都是因为曾经对煤矿开采做出过重要贡献,或是挽救了矿工生命而受到崇拜。在生产、生活过程中,煤矿工人将这些真人塑造为具有神性的存在,体现了他们对生命安全和行业繁荣的关注和祈愿。例如,在北京的主要产煤区门头沟,矿工们供奉着一位叫作"魏老爷"的普通窑工。"传说他身强体壮、性格豪爽、急公好义、技术超群,煤窑里各工种的活儿都会干,并且从地面上就能够看到地下煤层的位置、走向、面积、厚度、质量如何。他乐于急难救人,多次在井下发生事故时,把窑工救出。后来得道成神,人称魏老爷,多次显圣,为窑工解除危难"(袁树森,2007)。而在北京另一个重要的产煤区房山,则供奉一位叫作"崔义"的窑工,这位窑神爷的传说和门头沟的"魏老爷"有着异曲同工之处:相传在矿井发生塌方事故时,崔义不顾自己的生命危险,托起已经向下掉落的顶板,帮助井下窑工们成功逃命,而崔义最终却被掉落的巨石砸死。此后,房山地区的窑工为了感激崔义的救命之恩,便开始奉他为窑神爷(袁树森,2007)。

在山西一些煤矿地区,矿工们信奉名叫刘赞雄的窑神爷。与北京的魏老爷、崔义传说不同的是,刘赞雄手下还有3个分工明确的小神,他们分别掌管井下的顶板、火和水。这些小神各司其职,保护着矿工们的生命安全。管理顶板的小神主要防止井下出现冒顶、塌方事故。管理水的小神则具有防范灌水等水灾事故发生的能力。管理火的小神主要职能是防止井下火灾的发生(张月琴,2013)。

（三）以老鼠为窑神

除以人和自然神为窑神外，还有一种常见的"窑神爷"是老鼠。老鼠常被视为不洁、恼人的生物，人们常说"老鼠过街人人喊打"，尤其是杂货店、粮仓、饭店更是视老鼠为天敌。然而，在矿工们的眼中，老鼠不仅是吉祥的象征，还被奉上了窑神爷的神位（吴明微，2018；高国镜，2007）。

在矿井中，通风状况通常较差，而老鼠的出现往往预示着氧气充足，适合进行工作。井下安全条件差，经常发生塌方、冒顶、透水、瓦斯等威胁人身安全的灾害事故，而老鼠的嗅觉和听觉都比人灵敏得多，它们能够在事故发生前感知到环境的细微变化，并仓皇逃命。矿工们如果发现井下的老鼠一反常态四处乱跑，就要立刻撤离工作地点，这往往可以避免灾难。因此，在煤窑中，矿工们会善待老鼠，老鼠可随便吃矿工们带的干粮，没有人去轰，更没有人去打。

煤矿工人崇拜的窑神爷各具特色，并通过神话传说在矿工之间代代相传。虽然现实中窑神庙宇里供奉的窑神身份模棱两可，矿工们也没有人能够说清楚窑神庙中祭祀的窑神到底是谁，不同地区的窑神造型各异，但他们都被赋予了一个共同的名字"窑神"，都具有保护安全、促进生产的作用。

二 窑神祭祀

煤窑神崇拜作为民俗信仰的一种，其形成和延续得益于与煤炭行业密切相关的传说和故事的支持。这些窑神爷伴随着一代又一代的煤矿工人，以各种形式传承着与煤炭开采相关的信仰和故事。我最初的计划是前往窑神庙进行实地考察并观察相关的祭祀仪式。然而，目前实际的煤窑神崇拜和祭祀活动已经相当有限。因此，下文将主要根据二手文献和田野调查资料，对煤窑神崇拜的时间和地点进行介绍。

（一）祭祀地点：庙祭、窑祭和家祭

窑神祭祀主要集中在三个地点：窑神庙、煤窑窑口以及矿工家中，形成了以庙祭为主要形式，家祭、窑祭为辅助的祭拜特点，其中窑神庙是最为重要的窑神祭祀地点（吴明微，2018；张月琴，2013；李乔，2013；段友文，1993；袁树森，2007；赵丽娜，2009）。

中华人民共和国成立前，私有小煤窑兴盛，在窑主们的资助下，各煤区相继修建起了窑神庙，为祭祀活动提供了平台。其中，既有专门供奉煤窑神的庙宇，也有附于佛寺、道观中的窑神殿。然而，随着时间的推移，大多数寺庙都已被遗弃，在剩下的寺庙中，它们的使用和功能都已经被最小化了。

这里介绍我曾参观过的北京门头沟的窑神庙。北京西山地区煤炭资源丰富，一直是中国著名的煤炭矿区。自明代以来，这里就长期开采无烟煤，作为首都的主要能源。21世纪初，房山区和门头沟地区据说有上千个小煤矿。一位当地历史学家袁树森（2007）详细记录了北京西山地区的许多窑神庙，比如圈门窑神庙、王村月岩寺等。然而，随着小煤矿的关闭，其中大部分已被废弃和销毁。几个世纪以来，煤炭开采和大量使用使得北京成为污染严重的城市之一。为减少煤炭开采和使用，北京主动引导煤炭产能全部退出北京。截至2020年，所有煤矿都退出历史舞台，标志着北京近千年的采煤史宣告结束。

京西门头沟的窑神庙，是唯一一座以窑神为主的庙宇，是全国规模最大的窑神庙。窑神庙坐北朝南，前后两重大殿，前院正殿供奉窑神，两厢共有配房18间。据指示牌介绍，窑神庙至少可以追溯到清嘉庆、光绪年间。该庙曾作为县丞衙门、区公所、政府驻地等。目前的寺庙（见图7-1）由政府于2013年重建。以窑神庙为核心，这里已经成为一

图7-1　北京门头沟的窑神庙

来源：笔者拍摄于2021年8月22日。

第七章　矿业安全和煤窑神信仰的消逝　　151

个多功能的公园。第一，建造了很多青铜雕塑（见图7-2）来展示煤炭开采、称重、运输和销售的过程。煤窑神像也得到修复，寺庙被正式指定为文化保护单位，以保护和展示该地区的采矿活动。第二，公园作为休闲娱乐的公共空间。第三，门头沟是马克思主义与中国工人运动相结合的早期活动地之一，图7-3的壁画展示了矿工在中国革命史上的积极作用。

图7-2　窑神庙公园中和采煤相关的雕塑

来源：笔者拍摄于2021年8月22日。

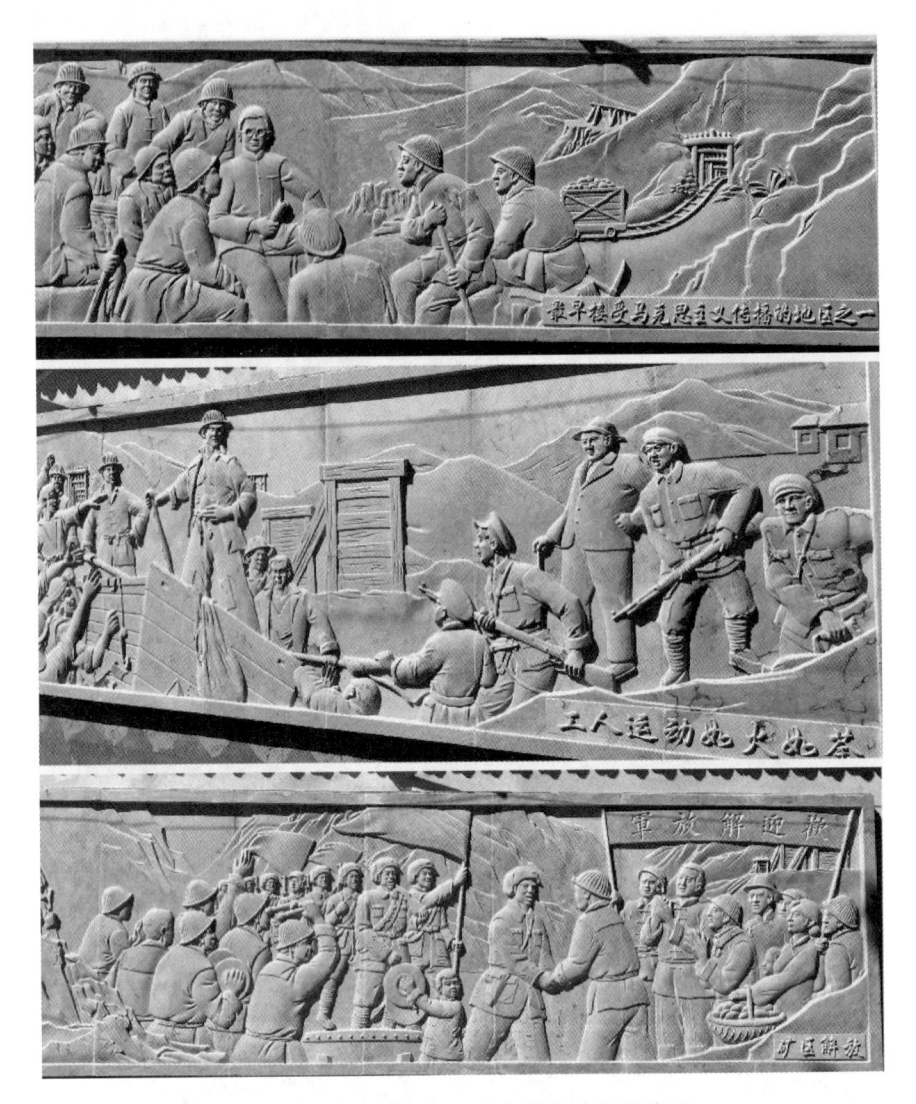

图 7-3 展现矿业工人参与革命斗争的壁画

来源：笔者拍摄于 2021 年 8 月 22 日。

窑神庙公园常年对公众开放，但窑神庙却全年关闭，因此，我并不能参观其内部。在公园中陪同孙辈游玩的老人们和不同年份不同时间的游客都提到无法进入窑神庙参观。据袁树森（2007）的描述，窑神庙正殿中供奉的窑神是一尊泥绘彩塑的坐像，黑脸膛，虬须，面目威严，形象威武。黑色与煤炭的黑色联系在一起，通常也被认为是正直和无私的象征。魏老爷为文官装束，头戴乌纱帽。正如专家（Feuchtwang，2001；Weller，

1982）所指出的，在民间社会的生活实践中，人们通过隐喻的修辞学途径来模仿帝国的行政和惩罚体系。神的体系与世俗官僚机构之间存在着相平行的机构。首先，神系有明确的等级制度，玉皇大帝类似于皇上，下位神类似于知府，煤窑神则类似于县令。其次，神必须由上级任命。如果他们不能正确履行职责，那么他们可以被免职，就像世俗官员那样。民俗和官僚机构之间的类比意味着民间信仰的系统不能用来质疑官僚权威。魏老爷倒提着一串铜钱，绳头下端无结，铜钱随地散落，表示他可以带来更多的煤炭和金钱。一只老鼠趴在他的左脚上。老鼠的嗅觉和听觉都比人灵敏得多，而且经常能在事故发生前感知环境的细微变化，从而提醒矿工们。矿工们将老鼠视为窑神爷的化身，哪里有老鼠，窑神爷就会保佑他们。

其中一处我参观过的窑神殿是山东省枣庄市的甘泉寺的偏殿。原庙为清嘉庆年间所建，现为1992年修的甘泉寺窑神殿。当新窑神殿修成后，新塑窑神像，据我所见，为雷公窑神（见图7-4）。在甘泉寺有一碑林，其中有《创建窑神庙记》碑，为嘉庆六年建窑神庙时立。碑身文字有一小段为："至问窑神为谁，则曰老君也。夫老君之为窑神，余不得而知也。然人心之所向在是，神即在是矣。"我所采访的僧人和当地居民都不知道窑神为什么从老君改为了雷神。香客也多在寺内拜祭佛爷。因为窑神殿位于寺庙西北角的偏殿内，常常被上香的香客忽略。

除了窑神庙的祭祀，矿工们还会在各个矿区的煤窑及窑工家中进行各种祭祀活动。多位学者（刁统菊，2004；吴明微，2018；张月琴，2013；段友文，1993；袁树森，2007；赵丽娜，2009）都对这种祭祀活动有所提及，然而，除了赵丽娜2009年的硕士学位论文提供了实地考察，其他论述大多基于传说和二手资料，缺乏直接的图像证据。赵丽娜于2007年在家乡山西进行了实地考察，当时那里小煤矿很多，老君被奉为煤窑神。对于这部分内容，我也没有获得确切的一手资料，因而本节的描述主要来源于二手文献。在煤窑窑口上方，通常会设有窑神龛，供奉窑神像。而在家庭祭祀中，一般是在一方红纸上写上"窑神老爷"，然后贴在红砖上，并挂上红布，砖靠北墙放置，这样就代表了窑神（刁统菊，2004；高国镜，2007）。除了平时下窑前进行烧香祭拜外，矿工们在逢年过节时还会置办供品，以确保下窑后的安全和顺利。

图 7-4　甘泉寺内的窑神殿供奉的雷公窑神

来源：笔者拍摄于 2021 年 8 月 25 日。

(二) 祭拜日子：大祭小祭

通过祭拜守护神，人们寻求神的庇佑。这种祈求通常伴随着一种承诺，即将以某种形式的感谢来回报庇佑，例如纸钱、表达对神灵的忠诚，甚至修建新的神殿。在祭祀窑神方面，主要有窑神生日祭、开窑祭、复工祭、节日祭和日常祭等几种（吴明微，2018；段友文，1993；袁树森，2007；赵丽娜，2009）。其中，生日祭祀是最为隆重且最有代表性的。据说，全国各地的窑神生日大多集中在腊月十八。通过祭祀煤窑神，矿主、矿工们深刻地体会到煤窑神的"存在"，实现了他们与煤窑神的沟通交流，寄托了对安全生产的向往，获得了心灵的安宁和慰藉。

窑神生日祭祀是煤矿矿主和矿工们最重视的日子。农历腊月十八是窑神爷的生日。全北京产煤区祭窑神，只有门头沟是腊月十七，房山等区县均是腊月十八，因门头沟属宛平县，为京都首县，故高于外县一等（袁树森，2007）。煤炭行业的礼制也分等级，显然受到封建社会等级观念的影响。矿工们会提前几天就开始准备，包括贴对联，准备供品、蜡烛、鞭炮、香炉以及打扫庙堂等。到了窑神爷生日这一天，矿区各煤窑暂停作业，全体煤窑人员换上干净的衣服，于上午时齐聚窑神庙前。在神龛前摆设供桌，摆设香烛、水果、羊、馒头、糕点、酒等。一般不用牛当作祭品，特别是在供奉老君爷为窑神的煤矿地区，矿工们认为牛是老君爷的座驾，不能作为祭品供奉。煤矿祭祀所用的生猪、生羊要以黑色为吉。黑色的羊、黑色的猪被奉为上等供品，主要取意为煤炭的黑色（吴明微，2018）。在祭祀过程中，矿工们会依次上香，行三拜九叩大礼。祭祀仪式的最后一项是抢供。由于煤炭开采的高危性特征，人人普遍希望获得好的兆头，因此形成了祭祀抢供得福一说。矿工们认为，只要能够抢到供品就代表着吉利，而吃了这些供品则可以保佑自己下矿井平平安安。在众人礼毕之后，矿工们就掀翻供桌，打碎盘子，寓意碎碎（岁岁）平安，并抢夺供品，燃放鞭炮。

整个祭祀过程只允许煤矿相关人员参加，而且参与者必须是男性。非煤矿人员尤其是女性是不允许参加的（吴明微，2018；张月琴，2013）。采煤业有一个传统观念，认为女性的阴气会带来不吉利的事情。因此，妇女不允许进入煤矿矿井或在其附近大小便，也不允许参加窑神祭祀活动。煤窑不允许妇女进入窑场的原因有两个：一是因为拉煤或背煤的矿工大多光着身子，让妇女看见会被认为不体面；二是认为妇女身上不干净，进了窑场会冲了窑神，导致兴旺的煤窑衰落（张月琴，2013）。

除每年的窑神爷生日祭祀外，在其他重要事件时也有祭祀，如开窑祭祀、复工祭祀和日常祭祀等。开窑前，先请风水先生看风水，再由技术主管根据地形地貌、岩层走向判断地下煤层的位置和走向，确定开窑口的地点。窑口位置确定后，择吉日，搭席棚，摆上供桌，供奉窑神爷，拈香叩拜，然后刨土开窑口。夏季雨水多，一些煤矿会在雨季停产。复工之日也会举行复工祭祀（张月琴，2013）。日常祭祀主要表现为在窑门口供奉煤窑神，窑主上香敬拜，以求生产顺利。

第三节　矿业信仰的比较

现有的关注资源开采和民间信仰之间关系的文献主要从两个方面展开：对资源开采的看法和采矿过程中的风险应对。由于关于崇拜圣芭芭拉与资源开采和安全之间的联系在文献中并不明确，因此不作讨论。在此，我们将中国的煤窑神崇拜与玻利维亚的蒂欧崇拜和印度的煤矿女神进行比较。

一　对资源开采的看法

人们对矿产资源开采持有矛盾的态度，一种观点认为，资源是祝福，地球上能找到矿物的地方被认为是与生育有关的"母亲女神"相关联。因为这位母亲在她的子宫内保存了人类渴望的金属和宝石。另一种则认为，资源是诅咒。这种矛盾的观点也体现在矿工对守护神的看法上。一方面，资源开采被认为是不好的，例如，在印度的案例中，"煤矿工人试图获得煤炭，更像是一场从魔鬼手中赢得煤炭的斗争"（Nite，2016：14）；另一方面当矿工进入矿井提取矿物时，他们实际上是去侵入并对女神施加了暴力，这就是为什么他们在这样做之前需要不同的崇拜活动以避免惩罚的原因。而在玻利维亚的案例中，采矿收入被认为带有魔鬼的气息，需要尽快被花掉。迈克·陶西格（Michael Taussig）在其代表作《南美洲的魔鬼和商品拜物教》中注意到，在白人的矿井里工作的玻利维亚矿工，"他们的工资任意挥霍，周末很快就花在了各种奢侈品和酒上。印第安矿工从没想过存钱，在享受当下的过程中，他们失去了对未来的所有考虑"（Taussig，1980：206）。玻利维亚矿工认为，从资本家那里赚钱是被剥削的象征，是与魔鬼的邪恶交易，赚钱、盈利都是导致疾病和厄运的原因，因此这类钱均被随意花掉。

同样，在其他地区，资源开采的地下世界被认为是神秘的，并且经常需要应对超自然的邪恶力量（Behrends & Hoinathy，2017；D'Angelo，2015；Haiko et al.，2019）。例如，在乍得，石油被视为具有邪恶力量，石油收入被贴上"魔鬼的钱"的标签，能够腐蚀和迷惑那些与之密切接触的人。在乍得南部的石油开采区域，流传着"狮人"在半夜出现杀死为国际石油公司埃克森美孚工作的村民的故事。这些流言蜚语是当地民众对石油公司的进驻导致土地所有权和分配制度的不确定性所造成的恐惧的反映（Behrends & Hoinathy，2017）。

中国也有类似的说法，认为资源开采不仅会破坏名山大川中神秘的自然平衡和风水，还会破坏祖先的坟墓。这种破坏将影响当地社区和后代的命运。然而，据我所知，没有研究记录当地居民基于风水主张而反对采矿的案例。相反，矿区的冲突更多地与资源利益分配不均以及负面的环境和社会影响有关（Yang & Ho，2018，2020；Zhan & Zeng，2017）。煤炭被认为是社区福祉的重要组成部分，因为它提供了燃料来源和积累财富的方式。这种说法的证据来自许多方面。如上文所述，许多煤窑神与煤炭的发现和使用有关。此外，以往的研究都强调中央和地方致力于通过资源开采来促进经济发展和减轻贫困。采矿业相关的个人也支持采矿以获得经济发展机会和利益。

二 对矿业安全的看法

采矿行业是一种高风险的行业，矿难事故频繁发生且往往具有致命性。矿工们生活在恐惧中，生怕不幸降临到自己头上。信仰对人类行为和组织行为产生深远影响（Metters，2019）。在此，我们探讨了矿业守护神的崇拜如何影响工人对采矿安全的看法以及守护神效力的看法。

首先是对于事故原因的看法。民间信仰者通常持有宿命论的观点，他们会对即将发生的事件有所准备，无论是好是坏。玻利维亚矿工将蒂欧看作是死亡的原因，而不是矿井的结构缺陷或是不适当的通风。与神的接触被视为具有危险性，矿业生产中出现的异常事故被视为鬼神关系紧张导致的结果（Metters，2019；Nash，1979；Taussig，1980）。在印度传说中，Khadan 被认为是魔鬼的子宫和嘴巴，因此，在矿井中工作是侵入魔鬼的子宫，"进入她的子宫并通过切割和爆破来开采煤炭，会引起不安和干扰，从而引起魔鬼的不满"（Nite，2016：8）。

中国民间信仰的观点体现在两个传统概念之上，即命运和缘分。这意味着每个人都注定有一个既定的命运。所以，发生在他们身上的事情，都是根据命运的方向来决定的，一个人对自我的悲惨境遇是无能为力、无法改变的。以宿命论解释社会现实，可以将残酷的社会事实化为可以接受的社会现象。具有这种宿命论观点的矿工可能很少努力解决工作场所的风险。正如先前的研究指出，矿山中大多数死亡事故是由于人为失误而不是设备和技术缺陷造成的（Chen et al.，2013）。尽管研究探讨了人为因素（例如压力和管理人员对安全的承诺）与事故相关的作用，但很少有人考虑安全观在事故发生中的作用。因此，矿工的信仰如何影响其是否采取冒险和错误的采矿实践需要进一步研究。

其次是关于守护神的效力的看法。矿业守护神作为超自然力量的化身，需要定期的祭品，包括矿工生命的祭祀。如果发生事故，玻利维亚的矿工们在蒂欧得到安抚之前不会返回矿井。修复矿山结构不足以说服工人重返工作岗位（Metters，2019；Nash，1979；Taussig，1980），只有通过献祭，将羊驼的血献祭给蒂欧，矿工们才相信神得到了安抚。自古以来，印度煤矿区就一直举行祭祀 Kali 的仪式，尤其是在发生致命事故之后（Nite，2016）。在高国镜（2007）的小说中，韩家虔诚地向煤窑神祈祷；然而，家中的长子还是在一次事故中丧生了。因为煤矿工人的收入远高于农民，二儿子接替了大哥的工作，进入煤矿工作。韩家人继续向煤窑神祈祷，然而，悲剧还是先后发生在二儿子和三儿子的身上。在失去所有儿子之后，老韩终于对煤窑神失去了信心。同样，由于安全条件的改善，目前在全国范围内很难找到煤窑神祭祀的场景了。

第四节　窑神崇拜的产生与消逝

功能分析是宗教社会学的方法论之一。涂尔干（Durkheim）在研究宗教时强调，宗教在人们的社会生活中发挥着积极的作用，例如为超自然问题提供意义和目的，成为生活凝聚力和社会控制的手段。同样，煤窑神在矿工的生活中发挥着多重作用。历史上，中国各地都修建了许多煤窑神庙（张月琴，2013；段友文，1993；袁树森，2007；陈晓捷等，2012）。比如，山西大同旧时大小窑神庙约有上百座（段友文，1993）。在北京，有圈门窑神庙、王村月岩寺窑神殿、大寒岭毗卢寺、禅房村秀峰庵、木城涧玉皇庙等。

煤炭开采是地下作业，危险程度大。在科技落后、生产力低下的时期，人们难以抵御各种灾难的发生，为了获得心理上的安慰而去求助于神灵，这体现了人们对安全生产和美好生活的祈盼。传统习俗中也体现出矿工的优秀品质。煤矿是劳动密集型生产，环境恶劣，劳动强度大，危险性高。客观条件使矿工形成了率直、互助、团结、友爱的习俗，在救死扶伤、救济困难方面更为突出。

然而，在历史长河中，煤炭开采业不仅受到行业内部特定因素的影响，还受到工业化、商品化和国家等外部因素的影响。因此，地方民俗也与外部世界的变化相遇、互动和演变。由于长期以来打击封建迷信活动、思想教育和煤炭业的重组与规制，煤窑神崇拜逐渐消退并进入私域，当地人谈论煤窑神的方式也改变了，矿区的居民信奉煤窑神的也少了。

历史上，民间宗教如果不对社会稳定造成影响的话，政府一般会默许它的发展。但是，如果教派的思想信仰与社会的正统观念有所抵触，其组织独立于一体化的社会体制，有的教派还充当反政府的群众运动的主角，就会遭到官方和法律的禁止（Yang & Hu，2012）。在采矿技术不发达、劳动条件恶劣，井下工作时间长的封建时代，矿工无法掌握自己的命运，必须向煤窑神祈求平安。煤窑神崇拜就被视为矿工的鸦片。同时，矿主利用矿工对煤窑神的崇拜，逃避对矿难和死亡事故的责任（张月琴，2013）。

新中国成立后，国家对多样化的私营煤窑进行调整和改造。部分私营煤矿被关闭，部分被收编纳入国家煤矿体系进行统一管理。在煤矿公私合营后，窑神祭祀活动被视为封建迷信并予以谴责；煤矿安全生产建设改善了矿工们的作业条件。随着安全条件的逐渐提高，对危险的恐惧减少，对煤窑神的依赖逐渐降低，煤窑神崇拜也开始减少。

自改革开放以来，特别是20世纪80年代，中国面临着能源供应危机，各级政府开始鼓励小煤矿开采。然而，小煤矿也带来了许多问题，包括严重的环境破坏和人员伤亡。图7-5显示，20世纪80年代和90年代，中国的煤矿死亡人数都保持在较高的水平。随着小煤矿安全条件的恶化和死亡人数的增加，煤窑神祭祀活动再次开始兴旺起来。这一时期许多关于矿难的新闻报道都记载了煤窑神祭拜的事例，比如，新华网在2001年11月27日报道了山西中阳煤矿爆炸的荒唐事件，该矿不重视安全建设却求神仙保佑；新华网在2004年11月26日报道了沙河矿难背后的悲哀：矿主"不问苍生问鬼神"；《法制日报》2005年11月24日报道了河南济源煤矿矿难死人，领导求神拜佛求平安。这些报道显示，矿领导不重视安全，迟迟不安装安全设备，却花费近万元建庙宇，供奉窑神老爷等神像。在发生事故的矿井，几乎每个井口附近都有一座一人高的小庙，香炉后供奉着土地神、财神、窑神、井神或是太上老君等神仙鬼怪。矿工们都非常迷信，在重要节日或下井时都会上香参拜，祈求神灵保佑他们平安发财。然而，矿主不问苍生问鬼神的背后，是他们对安全生产的忽视，这才是导致事故频发的根本原因。不少煤矿安全设施极其简陋、许多工人只有一顶安全帽。新招来的矿工没有经过培训，缺乏生产技能和逃生自救的本领。

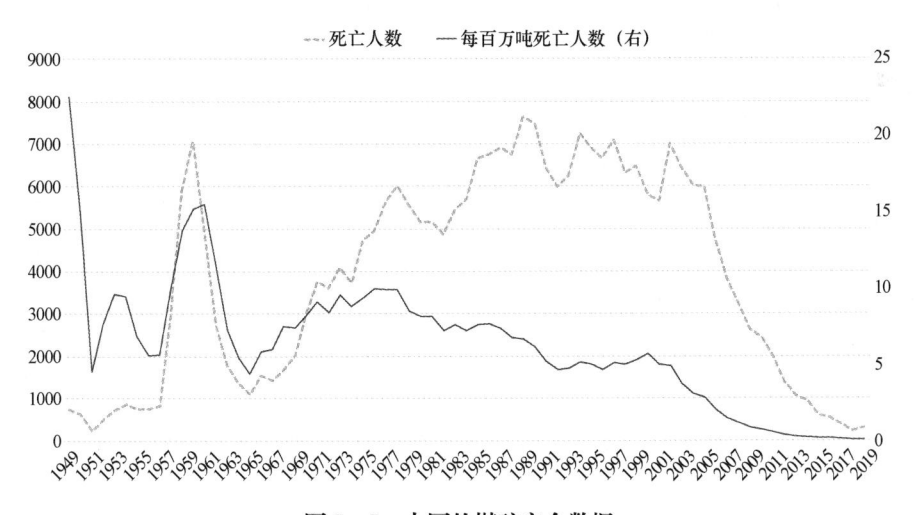

图7-5 中国的煤矿安全数据

数据：《中国统计年鉴》。

自 21 世纪初以来,国家为提高煤炭行业和工人的安全采取了一系列综合性制度措施,例如关闭小矿山、对矿山经营实施更严格的法律要求、通过新的指标和矿难报告系统来监管采矿安全(Yang et al.,2022)。普遍认为小型矿山是中国采矿业事故和死亡人数增多的原因之一。例如,据报道,乡镇企业经营的小型矿山的死亡率几乎是大型国有矿山的 10 倍(Wang,2006)。因此,自 20 世纪 90 年代后期以来,中国政府发起了几轮矿山关闭运动。2006 年还启动了矿山整合政策,旨在允许大型国有矿山兼并小矿山、建立小型和国有矿山的合资企业或将小型矿山合并为大型矿山(Shi,2013)。这些措施导致小型矿山的数量大大减少。同时,对矿山作业也实施了新的和更严格的规定。煤矿目前必须从各个地方政府部门或国家煤矿安全管理局的地方分支机构获得六种涉及生产、安全和矿山管理的不同许可证。这六张许可证包括:①国土资源部的采矿许可证;②当地煤炭部门的生产许可证(2013 年后废止);③安全许可证;④矿山经理安全资格证;⑤矿山管理的矿山经理证;⑥当地工商行政管理部门的一般营业执照。如果缺少任何许可证,该矿山将被视为非法,并且只有在获得所有六个许可证后才允许生产(Song & Mu,2013)。煤矿投产后,当地煤矿安全局会定期检查煤矿是否遵守安全规定。一旦遇到违规行为,该局可以发布一系列处罚决定,情节严重的,煤矿安全局可以暂时吊销安全许可证,直至改正为止。

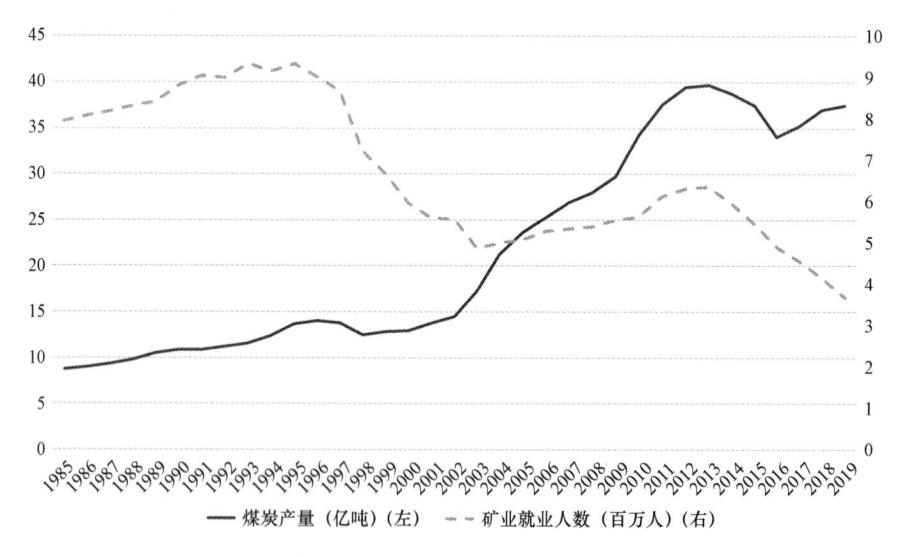

图 7-6 中国的煤炭产能和就业人数

数据来源:《中国统计年鉴》。

此外，国家还改进了矿难事故的监测和报告制度。2007年引入了分类安全管理和报告制度。在该制度中，所有与工作有关的事故根据发生的死亡、受伤或经济损失总额分为四类。根据具体规定，现场管理人员必须在1小时内向县煤矿安全管理局报告采矿安全事故。县煤矿安全管理局然后横向（向县政府）和纵向（向上级煤矿安全管理局）上报事故信息。垂直报告的层级取决于事故的严重程度。死亡3—9人的事故应向省级煤矿安全管理局报告，而死亡人数为10人或以上的事故应向国家煤矿安全管理总局报告。煤矿安全管理局还负责通知其他相关机构，包括公安局、劳动保障办公室和工会。不同严重程度的事故也受到各级政府的调查，其中最严重的事故由国务院调查。

通过这些综合性制度措施，中国煤炭行业的生产安全状况得到了显著改善。官方数据显示，自2002年以来的连续16年，尽管煤炭产量逐年增加，但死亡人数和每百万吨煤的死亡人数均有所下降，显示了行业安全水平的提升。同期中国的矿业产量年均增长超过5%，这种双降的表现更加令人印象深刻。例如，2001年平均每百万吨产出有3.85人死亡，但到2019年降至每百万吨产出仅0.08人死亡。这些数据表明，煤窑神信仰需求也相应减少。随着小煤窑的关闭，窑神庙逐渐受到冷落，用不多长时间就被毁。窑神庙的兴衰和煤窑的命运息息相关，体现了"窑兴庙兴，窑衰庙衰"的规律。正如调研所展示的，现在中国各地煤窑神崇拜的直接证据已经很少了。

第五节　小结与讨论

在矿工和采矿社区中，信仰发挥着重要的作用。煤窑神有不同的形式，如与煤和火相关的神灵，死后被神化的矿工英雄以及与矿工工作环境息息相关的老鼠。这些神灵的选择和各种功能相关，例如获得财富和保护免受危险伤害。祭祀煤窑神带来了心理上的慰藉，提供了公共休闲空间，并凝聚了矿业社区。

玻利维亚的蒂欧崇拜、印度煤田的煤矿女神和中国的煤窑神，虽然它们在形式上存在不同，但都体现了矿工们对资源开采和采矿风险的关注。这与制度功能和可信度理论的主要观点相吻合。根据制度功能和可信度理论，最终决定制度绩效的不是其形式，而是其在特定空间和时间下的功能。回顾中国矿业安全制度在过去几十年的制度重构以及煤矿安全生产数据，我们可以发现煤窑神的兴衰和生产安全之间存在一定的相关性。在生产力低下、安全事故频发的时期，矿工无法掌握自己的命运，因此依赖于煤窑神以求平安。然而，随着现代工业的发展和科学技术的进步，政府对煤矿安全的重视以及强化监管使得煤炭行业的生产安全状况得到了显著改善。这一过程中，煤窑神的灵力和需求也相应减少。随着小煤窑的关闭，窑神庙逐渐受到冷落并最终被毁。这一转变不仅反映了中国采矿行业安全生产水平的提升，更彰显了中国矿业安全制度的转变。从过去的不可信制度，即矿工们需要依赖煤窑神来保护自己免受危险伤害，到现在的可信制度，即通过科学管理和严格监管来保障矿业生产安全，这标志着中国矿业发展的一大进步。

然而，矿工的信仰并不局限于本书所提及的形式。因此，我们需要进一步研究探索和比较其他陌生的文化，从而比较各种文化中矿业信仰的共性和差异。此外，对于矿业守护神的信仰如何影响人们对风险的认知，以及他们如何应对采矿安全风险，我们应采用更多元化的调查方法来进行全面深入的探究，以助于我们有更深入的了解。

第八章 结论与政策建议

第一节 研究发现

新中国成立七十多年以来，特别是改革开放的深入推进，我国工业经济取得了举世瞩目的进步，由一个贫穷落后的农业国成功蜕变为全球首屈一指的工业制造大国。随着新一代信息技术、高端装备、绿色低碳等战略性新兴产业的蓬勃发展，我国对战略性矿产的需求仍将持续处在高位，尤其是部分消耗量较小但至关重要的战略性矿产，其需求增长趋势尤为迅猛。作为工业经济的重要基石，现有的矿产资源产量已难以满足日益增长的经济需求。目前，我国约三分之二的战略性矿产仍需依赖进口，其中石油、铁矿石、铬铁矿以及铜、铝、钴、锆等对外依存度达 70% 以上。鉴于我国正处于工业化发展的中期阶段，矿产资源短缺问题日益凸显，制约经济社会发展，加之资源家底薄弱、全球市场控制力不足、话语权不强以及中美贸易摩擦等多重挑战，我国矿产资源形势愈发严峻。面对有限的资源供应，人们开始对中国经济长期可持续发展的前景产生疑虑。在这一背景下，将资源勘探和开采置于战略性位置显得尤为重要。同时，鉴于采矿业对当地社区的双面影响以及对自然环境的深远影响，构建一个能够有效降低采矿业风险和危害的制度框架刻不容缓。

因此，本书旨在深入剖析采矿制度的功能和可信度，以及矿业开采与当地社区的复杂关系。本书提出的核心研究问题是：采矿制度如何影响当地社区，以及矿区居民在多大程度上认为这些制度是可信的？

为了全面解答这一核心问题，本书围绕五个子问题展开深入探讨。

第一个子问题是"采矿活动如何影响当地社区的生计和居民对采矿的看法？"为了回答这个子问题，第三章从分解采矿带来的四个主要影响开始，研究发现，采矿确实为当地社区带来了就业机会，从而对矿区居民认知的净收益产生了积极影响。然而，这一积极影响被地面塌陷和移民安置问题等负面影响所抵消。搬迁作为补救措施，虽有助于部分农民摆脱困境，但移民安置过程的拖延、补偿不足以及对长期生计的担忧（第六章中进行了说明）并未显著提升被搬迁农民的认知收益。这项研究表明，仅有约20%的矿区居民认为采矿是有益的，即大多数受访者认为采矿活动并没有带来净收益。

第二个子问题是"哪些因素影响当地社区对采矿的环境影响的态度和行动？"第四章研究了矿区农村居民参与环境抗争行为的情况，并确定了影响受访者参与环境抗争行为的因素。研究结果显示，参与环境抗争的水平较高，大多数受访者表示他们曾参与过一项或者多项不同的针对矿业企业的环境行动，并且集体抗议的频率也相对较高。明显地，经济上对采矿的依赖使污染与环境抗争行为之间的关系变得复杂。研究发现，曾经在矿山工作的居民不太可能参加环境抗争行为。回归分析表明，最好用以下三个预测因素来解释环境抗争行为水平：邻居的参与度、参与环境抗争的意愿和对污染严重度的认知。在解释环境抗争行为水平时，对邻居参与的认知起着最重要的作用，这与相对较高的百分比（17.3%）参与针对污染矿业企业的抗议活动是一致的。

尽管在学术界，采矿常与冲突紧密相连，且多数研究基于案例研究，对特定冲突发展过程进行详细描述，但针对中国背景下采矿相关冲突的系统评估方法仍显不足。因此，本书的第三个子问题聚焦于"如何更好地定性、定量评估采矿冲突的程度和强度，以及如何判断矿业土地取得和矿业开采带来的土地塌陷、移民安置制度的可信度？"第五章对此进行了深入探讨。第五章构建了冲突分析模型，旨在从争端的来源、参与者、频率、性质、时期、持续时间、强度和结果等多个维度，更系、更结构化地分析环境冲突。该冲突分析模型适用于中国矿业纠纷，成功识别了冲突的若干关键特征。第一，我们确定了两种主要的冲突类型及其起因：①与矿业用地使用有关的冲突，主要围绕着农民和采矿公司就土地租金产生的分歧；②由土地塌陷和移民安置引发的冲突，主要集中在移民安置过程漫长、补偿金额低以及缺乏长期生计。第二，政府高度参与采矿引起的土地塌陷和移民安置案件。政府机构在法庭上受到挑战，原因是它们作为确定地面塌陷责任的仲裁员，作为搬迁的实施者，以及作为补偿标准的制定者。第三，预期的是土地征用和搬迁冲突会发生在采矿开始之前，即在矿业建设期间。但是，实际上，冲突倾向于集中在矿业开采阶段。第四，通过评估诉讼层级和上诉率，我们能对冲突的严重性有所了解。这项研究表明，土地征用冲突的强度较低，但采矿引起的土地塌陷和移民安置冲突强度较高，表现为集体诉讼和较高的上诉率。第五，法院作出不一致的决定，在大多数情况下，法院没有解决纠纷。这表明，法律程序无法提供令人满意的解决方案，无法传达申诉并结束争端。法院冲突持续存在的根源是立法者，他们以与当地情况不符的方式设计规则。但是，是由司法机构对不一致的结果承担责任。

为了了解立法在多大程度上以及如何影响当地社区，本书对采矿引起的流离失所和移民进行了单独的实证分析，为此提出了第四个子问题："哪些制度因素会导致矿业土地塌陷和移民安置，以及受其影响的农民的经济和社会后果是什么？"第六章发现，流离失所的农民没有得到充分的补偿以弥补采矿造成的损失。大多数受访者对搬迁村的生活成本上升表示担忧，对安置计划一无所知。研究还发现，农民、矿业公司和地方政府之间存在着广泛的冲突，在超过三分之二的被调查村庄中出现过各种纠纷。通过进一步的制度分析，可以确定现有的政策和法律主要集中于露天开采，而不是地下开采。除非对土地和房屋的损害增加到难以控制的程度，否则很少提供补偿。结果，移民安置作为唯一但最终的解决方案。

第五个子问题是："矿业安全制度如何影响矿业安全生产和矿工的信仰？"第七章首先介绍了各地煤矿的煤窑神信仰，其次通过回顾中国煤矿安全生产数据，指出煤窑神的兴衰和生产安全之间存在一定相关性。在生产力水平低下、安全事故频发的时候，矿工无法掌握自己的命运，必须向煤窑神祈求平安。在煤炭行业的生产安全状况得到了明显改善后，煤窑神的灵力和需求也在相应减少，小煤窑一关闭，庙就受到冷落，用不多长时间就被毁。

第二节 中国矿业制度的功能和可信度评估

为了回答本书的核心研究问题，我们整合了五个实证章节的关键发现，将其归纳为四类采矿制度及其对应的可信度评估，详见表 8-1。在采矿活动为当地社区带来额外的生计机会，且环境恶化和土地流失尚未对当地居民生计构成严重威胁的情况下，多数农民倾向于接受采矿活动。然而，一旦土地塌陷和无效的安置计划威胁到农民自给自足的农业生计，对采矿的抵触情绪便显著增强。同时，若制度安排未能提供足够的保护和可持续的生计路径，其制度可信度将不可避免地下降。以下将针对每一类别进行更为详尽的阐述。

表 8-1　　　　　　　　　　矿业制度的功能和可信度

制度	正式规定	实际效果	社会支持	社会冲突	可信度
矿业用地制度	地方政府征用，再出让	直接租赁	制度被忽视	较少冲突，且强度低	空制度
矿业环境制度	可持续发展	严重的环境污染	环境保护未形成共识	多种环境抗争行为	空制度
矿业移民制度	土地征用不适用于地下开采；缺乏全国性的矿业移民安置条例	强迫性非自愿移民；污染者付费原则无效	低支持度	高强度冲突；针对政府的冲突	不可信制度
矿业安全制度	关闭小煤矿；矿山经营资格更严格；安全生产指标；矿难报告系统	矿业安全状况提升	低支持→高支持	开采危险，煤窑神崇拜；开采安全，煤窑神崇拜减少	不可信转向可信制度

资料来源：作者自绘。

中国的矿业土地征收制度发展为"空制度"，这一制度在实践中很大程度上是无效的和被忽视的，却在社会层面被接受并且鲜少引起争议。当前，我国尚未建立起针对矿业用地的法律制度，采矿地的管理长期依赖建设用地的立法原则，现行矿业用地法律制度均参照建设用地管理模式。矿业用地取得制度方面，亦沿用了建设用地的取得方式。当集体农用地被占用时，需依据建设用地程序办理农用地转用手续。然而，研究表明，有关采矿土地征用的法规在很大程度上被忽视了。取而代之的是，矿业公司直接从村民委员会和农民那里租赁土地，形成了一种拥有合法采矿权却缺乏合法土地使用权证的普遍现象，且这一做法得到了各相关利益方的支持。在此模式下，当地社区可协商土地租赁价格并从中获得土地增值收益，矿业公司能够规避正式的土地规章快速展开开采活动，而地方政府则能从矿物开采中得到税收收益。因此，这种"使用中的规则"不仅推动了矿产开采的顺利进行，还得到了包括地方政府、采矿公司和农民在内的多方参与者的社会支持。

此外，如第五章所述，由非正规土地租赁行为引起的冲突主要集中在农民和采矿公司之间，源于双方对赔偿的不同意见。值得注意的是，这些冲突往往集中发生在矿业开采阶段，而非采矿开始之前的建设阶段。同时，矿业土地取得的冲突的激烈程度相对较低，大部分诉讼案件均是在地方基层法院提起的。从这一角度而言，矿业开采活动可以在运营过程中保持相对的稳定性。

综上所述，尽管土地征收的正式规定被直接的土地租赁行为所替代，违反了法律程序，但这种做法却有效地促进了地方层面的矿产开采。虽然规范采矿土地征收的官方制度被称为"空制度"，但在地方层面却衍生出了一种有效的非正式制度，并得到了进一步的巩固。

第二个类别是评估矿业环境保护制度的可信度。尽管中国已建立一套完备的环境保护法规体系，但众多研究指出，中央和地方政府在环保问题上的偏好利益冲突（Rooij，2006）、地方政府对污染企业的依赖（He et al.，2014）以及中央和地方之间的责任推诿（冉冉，2019）等因素，导致环保法律执行困难、偏差、运动式治理和选择性执行等环境治理困境。环境污染所引发的巨大成本亦不容忽视（He et al.，2012；World Bank，2007）。根据《中国污染的代价》（*Cost of Pollution in China*）报告，中国每年因污染导致的损失高达 6000 亿至 1.8 万亿元人民币，占 GDP 的 5.8%（World Bank，2007）。此外，中国环境规划院的报告《中国环境经济核算研究报告2008》亦指出，经济发展造成的环境污染代价年折损近万亿，占当年 GDP 的 3.9%。2018 年的核算报告称，污染损失成本升至 2 万亿元，占比约为 2.1%，环境污染造成的经济损失已成为制约经济发展的主要因素。

正如宋文飞等（2012）指出的那样，矿产资源开发中的环境产权界定不清晰。尽管我国的《矿产资源法》和《环境保护法》对矿业权主体在矿产资源开发中的责任和义务作出了规定，包括环境保护的义务，但这些法律和法规过于宏观和形式化，缺乏对矿产资源开发中的环境权的具体界定。这种法律法规中的缺陷导致了矿产资源开发过程中的严重生态破坏，且缺乏有效的约束和治理机制。尽管 2014 年《环境保护法》修订案因其创新范围广、变革力度大、措施严厉而被称为史上最严环保法，但在其实施中仍面临诸多困难和挑战。这些挑战既包括法律自身的不足，如效力等级不够、管理体制不畅、生态管理弱化、环境权认可尚存障碍、处罚权未能完全下放等，亦包括诸多外部阻力，如机构设置不科学、环保执法易干预、引咎辞职难实现、强制措施有难度、公众参与难保障等方面。本书对矿区居民对矿业开采引发的环境污染的态度和反应进行了深入考察。研究发现，即使矿区居民普遍认为矿业开采带来了严重的污染，但除了因矿业土地塌陷引起的移民安置问题引发集体抗争外，环境抗争的参与度仍然较低。这一现象表明，环境保护和环境正义诉求尚未在矿区居民中形成普遍的共识。结合其他相关研究，本书认为，当前的环境法规很可能已沦为"空制度"，未能有效地保护环境和维护公众的环境权益。

本书考察的第三个制度是矿业导致的移民安置，它已成为不可信的制度。矿业移民安置制度的不可信表现在宏观和微观层面。在宏观层面上，首先，现有的政策和法律主要关注露天采矿的土地取得问题，而忽视地下采矿，这导致了"先挖后搬"的现象；其次，国家法律不包括国际通用的自由事先知情的同意（FPIC）的原则；再次，没有针对采矿造成的损害和安置进行补偿的国家法规和标准，而地方标准太少且设定得太低；最后，中央与地方政府/集体之间的责任分配不明确。因此，制度上的漏洞导致了矿区土地塌陷、强迫性的流离失所，进而引发紧张和冲突。农民正经历着多重生计剥夺，包括失地、失业、无家可归、非自愿的强迫安置等。除非土地和房屋的损害达到难以控制的程度，否则很少提供补偿。此外，旷日持久的搬迁过程和缺乏参与也加剧了社会冲突。受损的矿区居民已经针对采矿公司、乡镇和县政府发起了诉讼，并进行了公开对抗，或者在其原始房屋的顶部建造了扩建部分以获取更多的补偿。

本书中考察的第四个制度是矿业安全制度。第七章以煤窑神崇拜的兴衰作为切入点，通过分析过去几十年的矿业安全生产数据，研究发现，中国的矿业安全制度在过去几十年中进行了大规模的制度重构，逐渐从不可信制度转变为可信制度。在生产力低下、安全事故频发的时期，矿工们无法掌握自己的命运，因此依赖于煤窑神以求平安。然而，随着现代工业的发展和科学技术的进步，政府对煤矿安全的重视以及强化监管使得煤炭行业的生产安全状况得到了显著改善。这一过程中，煤窑神的灵力和需求也相应减少。随着小煤窑的关闭，窑神庙逐渐受到冷落并最终被毁。这一转变不仅反映了中国采矿行业安全生产水平的提升，更彰显了中国矿业安全制度从过去的不可信制度，即矿工们需要依赖煤窑神来保护自己免受危险伤害，转变到现在的可信制度。

第三节 制度可信度理论之再探讨

正如本书所证实的，制度可信度理论是一个实用的分析和了解制度的起源和演化的理论框架。首先，它提供了一种方法，即制度考古学（Ho，2016a）来研究和解释制度变迁。其次，它提供了制度可信度的可操作化的方法。关于可信度理论的适用性和实用性的更多思考阐述如下。

一 制度功能及可信度

在人类社会发展的进程中，自然资源的有限性与人类需求的持续增长之间的矛盾日益凸显。矿业开采作为这一矛盾的重要体现，不仅带来了显著的经济利益，同时也伴随着资源利益分配的激烈争议。从环境角度审视，矿业开采过程中的排放、污染以及土地使用等环境问题也日益成为公众关注的焦点。此外，采矿业与其他关键性资源如水、土地等在部分地区存在难以调和的矛盾。

如第一章所述，学者们确定了矿业制度的"理想类型"功能和目标清单。首先，矿业制度应有利于鼓励和推动矿产资源的勘探和开采，以推动经济增长和满足日益增长的社会需求；其次，应保障矿产资源所有者的合理经济回报；再次，矿业制度需要确保矿业权使用者的产权安全，以激发更多的投资和开发；最后，应解决土地使用冲突，为土地所有者或使用者提供合理的赔偿，并保护环境和矿区居民的利益。除此之外，矿业制度还具有重要的信息功能，使所有参与者事先了解"游戏规则"并建立信心。本书将可信度理论应用在中国采矿业中，深入探讨了这些多元且互相竞争的"理想类型"功能如何在实践中实现平衡。

正如前一节所述，矿产资源开采在经济发展中占据了核心地位，而环境保护和土地使用权的保护则处于相对次要地位。在中国的发展与转型背景下，矿业活动得到了广泛的社会联盟的支持。从国家层面看，经济的持续发展和人口的增长推动了矿产资源需求的增长；在地方层面，矿产开采一直是政府收入、就业机会和扶贫工作的重要来源。对于矿产资源丰富地区的农民而言，采矿活动为农村剩余劳动力提供了就业机会，提高了生活水平。因此，在采矿业及其制度实现的总体功能范围内，大多数利益相关者都将矿产资源的开采视为首要任务。因此，有关采矿土地征用的法规和环境法规具有次级的重要性，并且经常变为"空制度"。

然而，需要指出的是，断言"空制度"毫无效用或会阻碍经济增长，则是失之偏颇。相反，在特定历史条件下，恰恰是对矿产土地征收和环境法规的不执行，实际上有利于经济发展。从矿产开采的角度来看，"空制度"实际上产生了积极的效应。直接从农民处获得快速无限制的土地租赁，对环境法规的忽视，以及被动和事后的搬迁，均有利于矿产资源的开采，进而推动了地方和国家的经济增长。然而，这种发展模式的负面影响亦不容忽视。采矿活动给采矿工人带来了工伤事故、职业病以及大规模的矿难事故等严重问题；同时，采矿活动对当地社区的环境造成了严重破坏，如土地塌陷、水污染、空气污染以及水文地质环境的破坏等。这些环境问题不仅严重影响了当地居民的生活，还引发了广泛的社会问题，如当地居民因采矿失去家园，被迫迁移到其他地方。同时，采矿活动还可能导致社区分裂和利益冲突，破坏了原有的社会结构和社区关系。

同时，"空制度"存在固有的风险可能演变为不可信的制度。通过对不同采矿阶段的冲突和冲突的类型进行分析，我们可以发现：随着功能的转变和制度可信度的变化，某一时期和地点运作良好的制度可能在另一时期和地点失效。采矿用地征用的情况就是典型的例子。为了实现促进矿产资源开发的主要功能，法律中缺乏对地下采矿用地进行征用的规定，这导致采矿公司可以在未经同意或未事先通知当地社区的情况下进行开采。而在开采过程中的一定时间段之后，地下采矿往往导致大规模地面塌陷。这迫使数百万农民流离失所并被迫搬迁。这种旷日持久的搬迁过程、补偿不足以及对长期生计的担忧引发了严重的社会对抗。因此，在采矿引起的土地塌陷和移民安置的背景下，矿业用地制度的可信度受到削弱。

综上所述，尽管某些制度在特定采矿阶段可能显得"空"，但当采矿业务进入下一阶段时，这些制度可能变得不可信。因此，在采矿制度的多种、互相竞争的功能之间取得平衡至关重要。在宏观层面，应更加重视可持续的环境和社会发展。在微观层面，需确保采取措施以保障目标社区的社会福利和替代性就业。若忽视这些措施而实施项目，必然导致制度可信度的缺失和社会冲突的普遍性。

二　冲突作为可信度的衡量

通过对矿业土地取得、采矿引起的土地塌陷和移民安置导致的冲突案例的多维度分析，我们可以清晰地识别矿业纠纷的来源、各参与者在冲突中的互动关系、冲突发生的时机、冲突的强度以及结果等，因此，冲突程度可以用作衡量制度可信度的指标。

在制度可信度和冲突程度不同的情况下，也观察到了不同程度的国家干预。在中国官员晋升锦标赛制度下（周黎安，2007），辖区内 GDP 增长较高的官员有更高的晋升机会，地方官员有动力推动矿产资源的快速开采。在发生土地冲突和环境退化的情况时，即使违反中央政府的利益，地方政府也选择放任不管。但是，在土地塌陷和移民安置引发的冲突中，地方政府机构深入参与：要么作为仲裁员（在大多数情况下是当地国土资源局）以识别污染者，或者作为搬迁项目的实施者（乡镇政府），或者作为监管者（县及以上级别）以设定补偿标准。这些机构在法庭、请愿和对抗中也受到挑战。

可信度理论假设，在一定程度的冲突之后，现有制度将不再能够吸纳冲突，并且可能会催生新的制度安排（Ho，2016a，2016b）。本书观察到了一些政府的被动反应，比如，在某些出现到北京上访并上演暴力冲突的村庄，他们得到优先考虑并加快了搬迁的步伐。新修订的《土地管理法》（自 2020 年 1 月 1 日起生效）中，耕地红线不突破的底线被继续坚守，未经依法批准不得将承包地用于非农建设。但是，土地利用总体规划、城乡规划确定为工业、商业等经营性用途，并被依法登记的集体经营性建设用地，可以出租、出让并可以转让、赠予、抵押使用权，与国有土地同地同权、同权同价。

2019 年 12 月 17 日，自然资源部公布的《矿产资源法（修订草案）》（征求意见稿）中，提出推进生态文明建设，健全矿区生态修复机制：一是明确矿山生态修复的责任主体。矿业权人应当按照矿业权出让合同和矿产资源勘查方案、开采方案开展矿区生态修复工作，历史遗留废弃矿山的生态修复工作由县级以上人民政府负责（第三十四条）。二是明确生态修复的资金来源。采矿权人应当依据国家有关规定，按照销售收入的一定比例提取矿区生态修复资金，专项用于矿区生态修复，并计入企业成本。但是，我们仍然没有发现矿业移民安置法规发生重大的制度变化。没有出现一项有利于当地社区的新制度安排，原因可能在于当地社区的资源和政治力量有限，以及农民与政府之间的权力分歧。

当然，也有积极的迹象。以为了城市发展而进行的拆迁为例，国家拥有的将农村集体土地征用为城市国有土地的绝对权力在内的核心组成部分没有改变，但是，研究发现，补偿谈判的空间已经扩大，被拆迁人在拆迁过程中有更多的声音。在中国大坝建设引起的移民安置补偿政策中也观察到了类似的变化。比如，王溥等人（Wang et al.，2013）构建了财富的三个维度：物质财富（包括土地、房屋、牲畜、种植物等，这些财富可以通过物价作为指标）、具身财富（embodied wealth，由个人及其能力代表，包括可以为生计服务的技能、知识、经验等）和关系财富（relational wealth，包括社会结构，比如社会网络、语言、习俗、传统节日等；物理结构，比如交通、健康和教育资源），将1949—2013年的水库建设补偿历史分为4个阶段，并以每个阶段的代表性水库建设移民为例，指出水库移民的补偿标准越来越慷慨，并且补偿所包含的含义越来越丰富，在补偿中起积极作用的角色也越来越多。

同样，一些地区针对采煤塌陷的征迁补偿有了一定的提高。比如，江苏省在2019年3月6日发布的《关于调整徐州采煤塌陷地征迁补偿标准的意见》，将稳沉前不具备复垦或者征收条件的，由煤矿企业按照之前的每亩每年最高不超过750元提高到每亩每年1200元的指导价，据实支付农作物损失补偿费。稳沉且塌陷深度大于1.5米、不能再用于农业生产的，征地补偿标准由14400元（12年，每亩年产值按1200元计算）增加到30000元/亩。人均搬迁补偿从4500元（人均建筑面积按25平方米，补偿标准按每平方米180元计算）增加到户均10万元定额补助。因此，我们期待在未来，采矿引起的土地塌陷和移民安置方面出现新制度。但是，新制度的可信度的变化方向也是由环境决定的，它可能会变得更加不可信，或者转向可信的一面。

第四节　研究局限与展望

本书致力于深入剖析矿业制度及其可信度，采用了多样化的数据收集策略，以评估采矿对地方社区的综合影响。鉴于研究对象的可达性，本书将矿区居民作为核心分析对象。然而，必须承认，本书的研究方法和实证研究结果受到若干关键制约因素的限制，这些限制为后续的探索提供了重要的参考方向。

首先，受限于实地调查的规模和时限，本书主要围绕矿业社区作为分析单位。虽然这一方法为我们提供了有价值的见解，但仍有必要从矿业公司的视角对矿业产权安排进行更为详尽的研究。在中国，矿业制度的核心在于国家是矿产资源的绝对所有者。采矿公司虽能获得矿产使用权，但这些权利受到若干限制的约束。其中，采矿许可证的不稳定性尤为显著：《矿产资源开采登记管理办法》第七条明确规定了采矿许可证的有效期，依据矿山建设规模的不同,采矿许可证最长为 30 年、20 年和 10 年。然而,在实际操作中,国土管理部门可能会缩短采矿许可证年限,要求矿业企业频繁办理延续登记手续。这种不确定性不仅为国土管理部门提供了寻租的空间,还可能影响矿业公司的长期投资决策,导致矿业公司更倾向于短期开采,而非长期、可持续的开发。这种短期行为可能对矿区的生态环境和社区发展产生不利影响。

此外,同一区域内煤炭和煤层气矿业权两权重叠的问题也值得关注,即在同一勘查区范围内,授予煤层气矿业权之后,又设置煤炭矿业权,且煤层气矿业权与煤炭矿业权分属不同的主体(王保民,2010)。另外,公司之间采矿权转让的限制亦需要进一步探讨。按照现行矿业法律的规定,矿业权转让需要满足多项条件,包括符合法律规定的转让类型、期限限制、最低投入、税费缴清及权属无争议等要求,同时需满足受让人的矿业资质要求,并经过国土资源部或者省级国土资源部门的审批。其中,矿业资质的要求与主管机关的审批是矿业权转让的两大难关(曹宇,2014)。矿业资质的要求对交易主体进行了限制,而主管机关复杂的审批程序则增加了交易成本。由于当前缺乏从矿业公司视角研究矿业产权对其行为的影响的研究,这使得本书对于矿业制度的整体理解可能不够全面和深入。

在国际学术界,关于采矿权的正式性与非正式性、权属安全与不安全的研究已相当丰富(Bastida,2001;Brasselle et al.,2002;Dale,1996)。相较之下,国内研究主要关注产权与生产安全、矿难之间的关系。有观点认为,过度的产权扭曲是我国矿难频发的最根本原因(白重恩等,2011)。他们发现,尽管关闭煤矿的政策降低了乡镇煤矿的产量,但死亡率却上升了。他们认为,闭矿政策增加了煤矿开采权的不确定性,使得矿主更加短视,不愿意为安全生产进行长期的投资。因此,他们强调,明晰产权比强化监管更为重要。然而,从企业内部视角探讨中国矿产权的安全及其如何影响矿业公司和当地社区的行为的研究仍显匮乏。值得注意的是,国内外关于土地产权安全性(land tenure security, security of land property rights)的讨论颇为丰富,并形成了多个分析框架,例如,Gelder(2010)提出的土地产权安全的三个维度:法律产权安全(legal tenure security)、事实产权安全(de facto tenure security)和感知的产权安全(perceived tenure security)。在国内,也有大量的文献研究土地(耕地、林地等)的产权安全、影响产权安全的因素以及产权安全对投资的影响(黄培锋、黄和亮,2019)。未来的研究可借鉴这些已有的研究成果和框架,进一步探索中国矿业产权的安全问题,分析其对企业和当地社区行为的影响,并探讨如何通过明晰产权和提高产权安全性来促进矿业行业的可持续发展,提高矿业制度的可信度。

此外,在国外矿业领域,诸多矿业企业、行业联盟和国际组织已陆续推行一系列指南和行动计划,涵盖企业社会责任(Corporate Social Responsibility,CSR)、社会许可(Social licence to operate,SLO)、采掘业透明度倡议(Extractive Industries Transparency Initiative,EITI)以及冲突矿产(Conflict minerals)议题等,旨在构建更为完善的国际标准,以规范资源输出国、进口国、国际矿业公司以及其上市所在国家的行为。这些行动纲领不仅为各方参与者提供了一个协作的平台,促进了共识的达成,避免了行业问题进一步恶化及可能带来的经济、社会与环境冲击,同时也为中国矿业企业提供了宝贵的参考和借鉴。近年来,中国矿业企业积极融入这些行动纲领,并在其中扮演了引领者的角色。当前,如何理解这些行动纲领对矿业企业行为的塑造,以及它们对中国矿业制度的可信度的影响,已成为一个亟待研究的学术课题。

其次,本书揭示了经济依赖性与环境恶化对当地社区的双重影响,进而对矿业制度的功能和可信度产生了作用。此外,尚有其他关键的制度因素,如工作安全性,尽管未纳入本书的范畴,但无疑是未来研究的重要方向。正如Wright(2004)所精辟阐述的那样,煤矿就业常被视为"饭碗",即便工作环境充满风险,农民工仍被高额工资所吸引。为加强煤矿安全生产,保障人民群众生命财产安全,推动经济高质量发展和社会稳定,中央政府推行了矿业安全整治和关闭小型煤矿的举措。然而,这些举措也引发了当地干部、煤矿老板、工人和农民的不满。他们认为,关闭小型煤矿将导致大量失业,对当地经济发展造成负面影响。他们组成了强大的联盟,对中央政府的政策进行了抵制。未来的研究可以进一步探讨在多种因素并存的情况下,矿业制度功能和可信度的动态变化。

再次,本书通过多地点、多方法的综合运用,对中国矿区状况进行了全面剖析。然而,受限于研究设计,我们尚未能深入某一特定地点进行细致的研究。例如,通过纵向研究方法,我们可以追踪矿业活动在特定地点的发展过程,从而更清晰地理解矿业制度的可信度和功能如何随时间推移而演变。例如,陆继霞和Lora-Wainwright(2014)运用可持续生计分析框架,对湘西铅锌矿区农户近半个多世纪的生计变迁进行了深入研究。他们的研究发现,短期内,采矿业为农户提供了增加经济收入的机会,但同时也加剧了村庄内的不平等。从长远来看,采矿业给矿区居民带来了环境污染、村民健康的损害以及潜在风险。特别是贫困农户,随着铅矿作为生计

第八章 结论与政策建议

资源的角色变化,他们对采矿的态度及其抵抗也随之发生变化,进而影响了制度的可信度。未来的研究可选取具有代表性的地区,结合社会学、人类学等学科方法,收集不同时间点的数据,以更深入地理解制度功能和可信度在不同环境中的演变。

此外,除长时间尺度的观察外,我们还应特别关注典型地区,特别是资源枯竭型城市的发展趋势。由于自然资源的不可再生性,资源枯竭往往成为一系列问题的导火索。资源枯竭导致经济下滑,失业率上升、工资下降、人口外流严重,形成了经济和人口共同收缩的恶性循环。在中国共有262座资源型城市,其中69座已面临资源枯竭的困境。此过程中产生的各种社会问题和心理问题,以及是否有可信的制度来应对这些问题,均是值得我们继续深入研究的重要议题。

最后,本书主要聚焦于人际冲突和显性冲突,并因此排除了个人内心冲突和潜在冲突的情形。当个体在内心层面产生矛盾,面临两个或更多需求和价值观之间的挣扎时,便可能引发个人内心冲突。正如其他众多研究以及第四章所证明的那样,个体行为与意图之间往往存在一定的差距。现有的研究大多关注那些可见的、公开的抵抗行为,即使这些抵抗行为可能是零星的,甚至是偶然的,或是由有组织的煽动引发并得到社会网络的支持的抗争。然而,那些处于萌芽状态或隐形状态下稍纵即逝的局部性日常维权抗争,尤其是矿区弱势农民的日常抗争,尚未引起学界的深入关注。矿区农民的日常抗争,正如斯科特所描述的那样,是一种避免公开反叛风险的"弱者的武器",其目的并非通过革命性的方式直接激烈地对抗国家基本制度和政治统治,也非对国家意志和行为的盲目依从,而是通过一系列自主行为促使国家调整政策和行为模式(Scott, 1985)。深入探究矿区农民维权的日常背景,有助于我们更全面地理解他们长期存在的隐形维权行为及其潜在风险,从而避免这些日常维权泛化为更广泛的社会运动或政治革命(张绪清,2016)。同样,国际上关于采矿业中的"日常社会环境抵抗"也尚未得到足够的重视。现有研究所涵盖的大多数抵抗都是可见的、公开的,并且社会和矿业公司已经意识到抵抗的发生和存在。然而,隐形冲突一旦积累到一定程度,其对社会造成的危害性可能比显性冲突大得多。这些问题将如何影响对制度可信度的评估,仍然是一个未知的领域,亟待进一步的研究。

综上所述,本书在探讨矿业制度及其可信度方面取得了一定的成果,但仍面临若干限制和不足。近年来,中央政府和地方政府在移民安置、生态修复和安全生产等方面投入了大量资源,有效解决了诸多历史遗留问题。本书作者将长期致力于矿业领域的研究，持续跟踪政策动向，对矿业领域的公共治理问题进行整体性、全景式的深入研究。最新的研究成果包括环保督察中矿业领域的治理、矿业安全、尘肺病工伤保险认定，以及"偷矿"现象等。这些研究成果将进一步丰富矿业领域的公共治理以及制度可信度的知识积累。

第五节　政策建议

本书强调了制度可信度在制度设计和政策实施中的重要性。政策制定者需明确认识到，制度干预和发展项目的成功不仅取决于法规的执行，而且更与制度的可信度、社区接受度以及历史遗留问题等因素密切相关。根据制度可信度量表和干预措施检查表清单（Ho，2016：1139），不同水平的制度可信度对应着差异化的制度干预策略。通常而言，制度可信度越高，所需的制度干预则相应减少。然而，在实践中，国家的制度干预措施往往忽视了对制度可信度的考量。例如，中央政府对小型矿山的规范化法规制定，虽出于规范行业发展的初衷，但由于小型矿山对当地经济的巨大贡献，地方政府、矿工和农民对此政策产生了强烈的抵制情绪。这种命令式的干预方式（命令必须做的事情）忽视了小型煤矿长期累积的制度可信度，导致政策在基层实施中遭遇重大挑战，部分规定未能有效执行（Andrews-Speed et al.，2005；Wright，2007）。因此，未来的政策制定应更加注重对特定情境下制度可信度的评估，并灵活调整制度干预措施。

采矿作为一种高风险且具破坏性的活动，冲突的持续不仅源于采矿技术本身的破坏性，而且更与体制安排未能充分保护人类和自然环境密切相关。解决采矿冲突成为政府面临的一项长期挑战。因此，本书提出了一系列针对采矿冲突问题的策略性建议，强调国家应根据制度可信度来决定干预措施的力度和方式。

第一，当前的法律法规主要基于露天开采的外部性，而对地下采矿导致的地面土地征用缺乏明确的法律要求，这使得采矿公司能够未经同意或事先通知即进行开采。地表权利与地下权利之间的这种区别造成了不可避免的张力（宋文飞等，2012）。它导致居民被迫流离失所，失去了参与和自决的权利。因此，政府需制定一套规范的矿业用地流程。对于集体土地，应建立集体建设用地流转制度，不再限定必须由国家征收或征用，允许矿业权人通过出让、租赁、作价入股等多种方式使用集体土地。停止矿业用地供给侧的国有化模式，社会对此能够形成共识。按照《中共中央关于全面深化改革若干重大问题的决定》精神以及 2019 年修改的《土地管理法》的规定，农村集体建设用地不经政府征收可直接进入市场，集体土地与国有土地在产权上平等，在市场上同价。矿业用地供给侧改革让土地权人支配和处置属于自己的权利，但同时保护耕地的战略安排和土地权人的生存和环境权益必须得到合理的保护。

在法律和政策规范制定方面，多数学者建议制定矿业用地条例，或者在新的《矿产资源法》的修订中，将矿业用地作为单独一类土地用途进行管理。由于矿产资源具有空间非选择性，矿业用地与一般建设用地有很大区别，应当单独规范。在政策建议方面，郑娟尔等（2015）主张扩大土地利用方式，特别是鼓励采用临时用地方式，主要有三个考量因素：矿业用地的使用年限、是否有永久性建筑物、是否易于复垦。对于短期用地，除建造构筑物和建筑外，可通过临时用地方式取得；长期性矿业用地则需办理征用手续。也有学者建议采用年租制、股权制和置换制等多种土地供应机制。根据十三届全国人大常委会立法规划要求，自然资源部起草了《矿产资源法（修订草案）》（征求意见稿），并于 2020 年向社会各界征求意见。在总结地方改革经验的基础之上，《修订草案》第三十条创设了专门的矿业用地条款，第一次从中央立法层面尝试建立矿业用地制度，以系统性地解决矿业用地供给严重不足的问题。这是从实践探索走向制度化、体系化的一个开端，但仍然有进一步完善和细化的空间。而要建立一个真正行之有效的矿业用地制度有待于制度在实践中的功能和可信度。

同时，针对采矿塌陷地，建议设立专门的复垦管理机构和基金，制订矿山土地的复垦方案和置换方案；建立矿产资源开发损害补偿制度，设置合理的矿业用地税费和补偿标准。在矿地退出方面，我国目前对矿业复垦后土地的实际利用分三类：一是收归国有国用；二是原矿山企业持有并使用，复垦为农用地的或有偿承包或无偿提供使用，复垦为商业或综合用途的，按垦后土地用途规范处理；三是闲置土地。建议建立激励机制，将复垦费列支生产成本或项目总投资预算，建立复垦信用制度。

第二，重视土地的社会福利功能。正如费孝通在《乡土中国》中所说，"中国社会是乡土性的。土字的基本意义是指泥土。乡下人离不开泥土，因为在乡下住，种地是最基本的谋生办法"。当涉及移民安置的项目时，必须将土地视为一种重要的社会福利。这是因为土地在保护农民免受逆境和外部冲击方面扮演着至关重要的角色。然而，这一社会功能往往未被充分认可。在矿业移民安置搬迁过程中，许多农民失去了原有的土地，然而，这些农民也往往没有得到新的土地分配，意味着他们失去了最后的社会保障手段，生计受到了严重的影响。失去了土地的农民无法依靠农业维持生计，而城市化的进程又未能为他们提供足够的就业机会，使得他们的生活变得困难。同时，对于被拆迁村的受损房屋，补偿往往不足。正如这项研究表明的那样，搬迁的农民对生计的改变深感关切。为了解决这一问题，需要采取措施确保受影响农民的社会福利和替代性就业。

第三，实现矿产资源开发利益的共享和分配。矿业社区往往承担不成比例的矿产开发成本，却没有得到足够的补偿，并且在经济和社会利益中所占份额也很小。这种不公平的局面必须得到改善。因此，需要采取措施来多样化收入来源，并建立长期的利益分享计划。"利益共享"（benefit sharing）的理念逐渐引起国际社会关注，成为解决资源开发利益冲突的有效尝试。党的十八大报告也提出，"建立公共资源出让收益合理共享机制"，并指出，"实现发展成果由人民共享、必须深化收入分配制度改革"。在矿产资源开发利益分配中，应充分考虑各级政府、矿山企业、资源地居民等各利益相关方之间的利益分配，建立科学合理的资源开发收益分配体系。在矿产资源收益分配中应综合考虑和评估矿产资源所在地居民因采矿带来的环境污染、生态破坏等一系列负外部性所造成的经济损失，除了给予一定的经济补偿之外，还应从矿产资源开发中分享更多的机会和利益。同时，还要对已经造成的生态环境破坏进行及时的修复治理。

第四，加强环境风险的评估和管理。由于采矿过程中固有风险仍然存在，因此社区需要更多地获取有关环境风险的信息，并对潜在损害的可能性和严重性进行准确的评估。在地面塌陷的情况下，相关的时间跨度很长。然而，评估这种复杂的风险往往超出农村社区的能力范围，需要专业的环保机构来协助完成。环保机构应具备充足的资金和独立性，以便进行规范的风险评估和管理。同时，这些机构应尊重当地居民的价值、传统和地方知识，积极推动公众参与，确保信息的透明度和公正性。为了实现可持续的矿业发展并避免或减少潜在的冲突，当地社区应能够有效地参与决策过程。从社会治理的角度来看，建立健全利益受损群体的利益表达机制和权益维护机制至关重要。这不仅有利于维护利益受损者的合法权益，促进社会稳定，也是推进国家治理体系和治理能力现代化的应有之义。

参考文献

中文文献

白重恩、王鑫、钟笑寒:《规制与产权:关井政策对煤矿安全的影响分析》,《中国软科学》2011年第10期。

曹霞:《中外"小矿"法律概念比较研究——写在我国〈矿产资源法〉修改之际》,《自然资源学报》2010年第8期。

曹宇:《规避与管控:矿业权转让与矿股变动关系研究》,《北京航空航天大学学报》(社会科学版)2014年第2期。

曹宇、刘冲:《矿业用地治理的思路变革与制度完善——兼评〈矿产资源法(修订草案)〉(征求意见稿)》,《中国土地科学》2021年第12期。

陈阿江:《水污染事件中的利益相关者分析》,《浙江学刊》2008年第4期。

陈阿江、程鹏立:《"癌症—污染"的认知与风险应对——基于若干"癌症村"的经验研究》,《学海》2011年第3期。

陈景平、胡振琪、袁冬竹等:《采煤塌陷区搬迁村庄耕作半径变化特征及其影响研究》,《农业工程学报》2019年第8期。

陈涛、谢家彪:《混合型抗争——当前农民环境抗争的一个解释框架》,《社会学研究》2016年第3期。

陈晓捷、任筱、董彩琪:《陕西铜川雷家坡炭窠窑神庙碑刻》,《咸阳师范学院学报》2012年第5期。

陈晓运:《去组织化:业主集体行动的策略——以G市反对垃圾焚烧厂建设事件为例》,《公共管理学报》2012年第2期。

陈旭清、高满良:《境外NGO对北京地区非传统安全的影响研究》,《中国行政管理》2020年第12期。

崔龙鹏、白建峰、史永红等:《采矿活动对煤矿区土壤中重金属污染研究》,《土壤学报》2004年第6期。

崔娜：《共享发展理念下矿产资源开发收益分配机制研究》，《中国矿业》2020年第2期。

代启福：《我们村不会沉下去吧——西南两个煤矿采空村日常生活中的风险研究》，《西南民族大学学报》（人文社科版）2017年第7期。

代启福、马衣努·沙娜提别克：《资源诅咒还是利民开发——大渡河上游一项采铅案例的灾难人类学研究》，《云南师范大学学报》（哲学社会科学版）2014年第3期。

戴光全、陈欣：《国际NGO在中国——艾滋病合作项目个案的社会人类学观察》，《社会科学家》2009年第9期。

党新朋：《地与矿的恩恩怨怨——对当前矿业用地管理的思考》，《中国土地》2010年第10期。

邓晓玲、张绍良、胡璐等：《徐州市采煤塌陷地治理过程中若干问题的思考》，《煤炭经济研究》2010年第7期。

刁统菊：《解读〈创建窑神庙记〉》，《民俗研究》2004年第1期。

董江爱、霍小霞：《矿权与乡村治理》，《社会主义研究》2012年第4期。

董江爱、徐朝卫：《基于煤矿资源的利益博弈和策略选择——山西煤矿开采与经营中的政企关系研究》，《中国行政管理》2015年第2期。

段鹏飞、吴高峰、张伟等：《山西采煤沉陷区地质灾害特征分析》，《地质调查与研究》2014年第4期。

段友文：《山西煤区民俗与煤神崇拜》，《民俗研究》1993年第4期。

段跃芳：《IRR模型及其对我国非志愿移民安置的现实意义》，《三峡大学学报》（人文社会科学版）2002年第6期。

樊胜岳、杨觐菲、刘文文：《以交易成本结构度量制度可信度研究——以内蒙古自治区翁牛特旗为例》，《电子科技大学学报》2018年第5期。

范振林：《矿产资源资产管理体制改革的对策建议》，《矿产保护与利用》2017年第5期。

丰雷、蒋妍、叶剑平等：《中国农村土地调整制度变迁中的农户态度——基于1999~2010年17省份调查的实证分析》，《管理世界》2013年第7期。

冯仕政：《沉默的大多数：差序格局与环境抗争》，《中国人民大学学报》2001年第1期。

高国镜：《窑神——中国十二生肖系列小说之子鼠篇》，《北京文学》2007年第4期。

龚胜生、张涛：《中国"癌症村"时空分布变迁研究》，《中国人口·资源与环境》2013 年第 9 期。

郭郝川、张爱国：《采煤沉陷区移民补偿标准优化研究》，《中国煤炭》2016 年第 6 期。

郭巍青、陈晓运：《风险社会的环境异议——以广州市民反对垃圾焚烧厂建设为例》，《公共行政评论》2011 年第 1 期。

郭星华、邢朝国：《从送法下乡到理性选择——乡土社会的法律实践》，《黑龙江社会科学》2010 年第 1 期。

韩淑娟、颉慧玲：《山西省采煤沉陷区移民生存状态及生活特征分析》，《山西农业大学学报》（社会科学版）2017 年第 7 期。

郝爱华、张爱国：《采煤沉陷区移民安置问题探讨》，《中国煤炭》2016 年第 2 期。

郝爱华、张爱国、薛龙义等：《采煤沉陷区移民的自愿性研究——以乡宁县西坡镇为例》，《山西师范大学学报》（自然科学版）2016 年第 3 期。

贺欣：《法院推动的司法创新实践及其意涵——以 T 市中级人民法院的行政诉讼为例》，《法学家》2012 年第 5 期。

贺佑国、刘文革、李艳强：《世界煤炭工业发展综论》，《中国煤炭》2021 年第 1 期。

胡美灵、肖建华：《农村环境群体性事件与治理——对农民抗议环境污染群体性事件的解读》，《求索》2008 年第 12 期。

郇庆治：《环境非政府组织与政府的关系：以自然之友为例》，《江海学刊》2008 年第 2 期。

黄培锋、黄和亮：《中国集体林产权安全感知及影响因素研究——以福建省为例》，《亚太经济》2019 年第 1 期。

黄胜开：《我国矿业用地取得制度价值的检视与重构》，《理论月刊》2016 年第 9 期。

黄文山、张玉松：《采煤塌陷地治理与权属调处》，《中国土地》2010 年第 6 期。

蒋莉、罗胜利：《我国矿产资源管理体制存在的不足及其对策》，《安全与环境工程》2013 年第 2 期。

景军：《认知与自觉：一个西北乡村的环境抗争》，《中国农业大学学报》（社会科学版）2009 年第 4 期。

康纪田：《对农村矿业用地首选租赁制的质疑》，《中国煤炭》2009 年第 11 期。

劳可夫、吴佳：《基于 Ajzen 计划行为理论的绿色消费行为的影响机制》，

《财经科学》2013 年第 3 期。
李德进：《试论我国矿产资源法律制度的现况和缺陷》，《中国矿业》2013 年第 7 期。
李虹韦、钟涨宝：《农地确权对农地转出意愿的影响：基于确权制度可信度的调节效应分析》，《资源科学》2020 年第 9 期。
李佳洺、余建辉、张文忠：《中国采煤沉陷区空间格局与治理模式》，《自然资源学报》2019 年第 4 期。
李锴：《矿业用地使用权取得方式的改革》，《湖南社会科学》2011 年第 3 期。
李敏、唐素琴：《"事先知情同意"制度在我国的适用》，《科技与法律》2009 年第 6 期。
李乔：《行业神崇拜：中国民众造神史研究》，北京出版社 2013 年版。
李茜、毕如田：《土地的社会职能与矿区农民可持续生计发展——山西省朔州露天煤矿区为例》，《农业与技术》2009 年第 3 期。
李帅、白中科、张继栋：《山西省露天采矿用地方式改革研究》，《中国土地科学》2013 年第 5 期。
李香菊、祝玉坤：《西部地区矿产资源产权与利益分割机制研究》，《财贸经济》2011 年第 8 期。
李永华、姬艳芳、杨林生等：《采选矿活动对铅锌矿区水体中重金属污染研究》，《农业环境科学学报》2007 年第 1 期。
李永金、龙军：《四川省采煤沉陷区综合治理探讨》，《中国煤炭》2020 年第 10 期。
刘爱琳、匡文慧、张弛：《1990—2015 年中国工矿用地扩张及其对粮食安全的潜在影响》，《地理科学进展》2017 年第 5 期。
刘宪水、孟强、唐萌：《关于完善塌陷地征用制度的思考与建议》，《山东国土资源》2006 年第 3 期。
刘潇阳：《环境非政府组织参与环境群体性事件治理：困境及路径》，《学习论坛》2018 年第 5 期。
柳博会、严金明、鲍家伟：《能源型城市采煤塌陷地的危害及相关对策研究——以淮北市为例》，《兰州学刊》2009 年第 3 期。
卢琴：《INGO 与事业单位在扶贫领域中的合作模式——以甘孜州为例》，《行政论坛》2008 年第 1 期。
卢之遥、冯金朝：《林权制度的可信度研究——以黔东南苗族地区为例》，《贵州民族研究》2015 年第 10 期。

陆继霞、Anna Lora-Wainwright:《铅锌矿开发对矿区农户可持续生计的影响》,《贵州社会科学》2014 年第 8 期。

陆继霞、林杜娟、江彬:《农民对铁矿开发带来的环境污染的认识及其影响因素研究》,《安徽农业科学》2011 年第 18 期。

陆益龙、杨敏:《关系网络对乡村纠纷过程的影响——基于 CGSS 的法社会学研究》2010 年第 3 期。

鹿士明:《采煤塌陷地征用问题探讨》,《土壤》2002 年第 2 期。

罗丞:《消费者对安全食品支付意愿的影响因素分析——基于计划行为理论框架》,《中国农村观察》2010 年第 6 期。

罗春霞、方菁:《矿区居民对开矿引起环境污染与健康影响的认知研究》,《卫生软科学》2013 年第 6 期。

罗亚娟:《乡村工业污染中的环境抗争——东井村个案研究》,《学海》2010 年第 2 期。

骆云中、许坚、谢德体:《我国现行矿业用地制度存在的问题及其对策》,《资源科学》2004 年第 3 期。

马超、于晓虹、何海波:《大数据分析:中国司法裁判文书上网公开报告》,《中国法律评论》2016 年第 4 期。

马怀德、解志勇:《行政诉讼案件执行难的现状及对策——兼论建立行政法院的必要性与可行性》,《法商研究》(中南政法学院学报)1999 年第 6 期。

马克伟、张巧玲:《认清土地国情 珍惜有限土地》,《中国农业资源与区划》2001 年第 3 期。

钱永坤:《煤矿工人"统计"的生命价值研究》,《统计研究》2011 年第 4 期。

[荷兰]皮特·何、[美国]瑞志·安德蒙:《嵌入式行动主义在中国——社会运动的机遇与约束》,李婵娟译,社会科学文献出版社 2012 年版。

秦天宝:《论遗传资源获取与惠益分享中的事先知情同意制度》,《现代法学》2008 年第 3 期。

屈茂辉:《基于裁判文书的法学实证研究之审视》,《现代法学》2020 年第 3 期。

冉冉:《如何理解环境治理的"地方分权"悖论:一个推诿政治的理论视角》,《经济社会体制比较》2019 年第 4 期。

饶静、叶敬忠、谭思:《"要挟型上访"——底层政治逻辑下的农民上访分析框架》,《中国农村观察》2011 年第 3 期。

石方军:《我国"癌症高发村"的产生时间、空间分布及影响因素》,《医学与社会》2020年第2期。

史兴民、刘戎:《煤矿区居民的环境污染感知——以陕西省韩城矿区为例》,《地理研究》2012年第4期。

宋环钰、陶树人、徐淼:《矿区非自愿性移民问题研究》,《辽宁工程技术大学学报》(社会科学版)2000年第3期。

宋文飞、李国平、韩先锋:《中国地表权、地下权概念、应用模式及相关问题分析》,《中国人口·资源与环境》2012年第4期。

宋晓:《判例生成与中国案例指导制度》,《法学研究》2011年第4期。

苏玮玮、何作顺:《矿区环境重金属污染及其机体健康效应的研究进展》,《现代预防医学》2009年第22期。

孙英辉、肖攀:《完善矿业用地使用权的法律设置》,《理论月刊》2011年第6期。

谭荣:《自然资源产权制度研究:理论与进展》,《中国土地科学》2020年第2期。

唐应茂:《司法公开及其决定因素:基于中国裁判文书网的数据分析》,《清华法学》2018年第4期。

佟昕雨:《浅析我国行政诉讼执行难及其对策》,《法制与社会》2014年第20期。

童星、张海波:《群体性突发事件及其治理——社会风险与公共危机综合分析框架下的再考量》,《学术界》2008年第2期。

汪兴国、袁文瀚:《矿农纠纷及其解决机制的法社会学分析》,《江苏社会科学》2013年第6期。

王保民:《"两权重叠"的法律问题——关于煤炭、煤层气矿业权分置现象的思考》,《西南政法大学学报》2010年第3期。

王承武、王志强、马瑛等:《矿产资源开发中的利益分配冲突与协调研究》,《资源开发与市场》2017年第2期。

王建、黄煦、崔周全等:《矿业领域社会许可的产生与意义》,《中国矿业》2016年第6期。

王军洋、王慧玲:《当代中国社会抗议的议题分类与研究路径——基于英文学界中国研究文献的考察》,《甘肃行政学院学报》2019年第5期。

王利明:《论征收制度中的公共利益》,《政法论坛》2009年第2期。

王卿、陈绍充:《基于粮食安全视角的"18亿亩耕地红线"的战略意义研究》,《宏观经济研究》2010年第3期。

王晓红、荆青青、周英杰等：《山东省采煤沉陷遥感动态监测》，《国土资源遥感》2017 年第 3 期。

王亚坤、赵珩、Peter Ho：《农民权益保障视角下的土地征用程序研究——以河北省 5 个建设项目为例》，《中国农业资源与区划》2019 年第 4 期。

王育宝、陆扬：《陕北油气矿区居民土地流转与生态环境受偿意愿研究》，《干旱区资源与环境》2019 年第 5 期。

温铁军、郎晓娟、郑风田：《中国农村社会稳定状况及其特征：基于 100 村 1765 户的调查分析》，《管理世界》2011 年第 3 期。

文正益：《矿业权价款只是国家出资勘查资本权益的回报——对矿业权价款制度扩大化的思考及建议》，《中国国土资源经济》2012 年第 4 期。

吴明微：《近现代煤矿工人祭祀音乐文化研究》，《贵州大学学报》（艺术版）2018 年第 5 期。

吴文洁、胡健：《两种财产权利的冲突：油气资源矿权与土地产权》，《西安石油大学学报》（社会科学版）2007 年第 3 期。

吴文洁、李美玉、李美英：《完善矿业用地制度——消除我国油气资源地"资源诅咒"的一重要途径》，《中国国土资源经济》2008 年第 1 期。

武旭：《我国矿业用地相关制度的分析与完善》，《中国矿业》2012 年第 10 期。

谢青霞、戴茂华：《我国矿产资源法研究综述》，《生态经济》2011 年第 1 期。

谢青霞、花明：《建国以来我国矿产资源法发展与研究述评》，《中国矿业》2010 年第 11 期。

邢新田：《关于矿业权价款的理论思考》，《中国国土资源经济》2013 年第 2 期。

许坚、钟京涛、赵淑琴：《矿业用地征用取得引起的问题及对策》，《中国地质矿产经济》2003 年第 12 期。

薛曜祖、黄蕾：《采煤沉陷区非自愿移民安置模式研究》，《农林经济管理学报》2017 年第 1 期。

薛艺兵：《在家门口的田野上——音乐人类学田野工作的中国话题》，《音乐艺术》（上海音乐学院学报）2009 年第 1 期。

杨昌彪：《矿区生态修复的行为责任与状态责任之辩以〈矿产资源法〉第三次修订为契机》，《西南石油大学学报》（社会科学版）2020 年第 4 期。

杨金晶、覃慧、何海波：《裁判文书上网公开的中国实践——进展、问题与完善》,《中国法律评论》2019年第6期。

殷海善、白中科:《地下权和地上权:采矿土地的产权析分》,《中国土地科学》2008年第8期。

殷海善、白中科:《大型煤炭企业征地安置研究——以平朔矿区2008年征地搬迁为例》,《资源与产业》2015年第6期。

应星:《作为特殊行政救济的信访救济》,《法学研究》2004年第3期。

应星:《草根动员与农民群体利益的表达机制——四个个案的比较研究》,《社会学研究》2007年第2期。

应星、徐胤:《"立案政治学"与行政诉讼率的徘徊——华北两市基层法院的对比研究》,《政法论坛》2009年第6期。

俞振宁、谭永忠、练款等:《基于农户认知视角的重金属污染耕地治理式休耕制度可信度研究》,《中国农村经济》2019年第3期。

虞磊珉:《当前我国矿产资源法律制度的不足与完善》,《能源研究与信息》2003年第2期。

袁树森:《老北京煤业习俗研究》,《北京历史文化研究》2007年第1期。

曾繁旭、黄广生、李艳红:《媒体抗争的阶级化:农民与中产的比较》,《东南学术》2012年第2期。

曾明、廖瑾莹:《利益失衡:社会稳定中的"资源诅咒"之源——基于A省矿区的调研》,《江西社会科学》2015年第11期。

曾明、夏毓璘:《"资源诅咒":资源丰裕地区的社会稳定困境——以X矿区为例》,《武汉大学学报》(哲学社会科学版)2013年第5期。

曾明、夏毓璘、刘纪善:《"以稳要挟"下的"人民币维稳":基于F矿区的个案研究》,《中国社会公共安全研究报告》2014年第1期。

曾琦、杨耀淇:《压煤村庄搬迁对农业生产的影响——以兖州市为例》,《中国人口·资源与环境》2017年第2期。

张金俊:《"诉苦型上访":农民环境信访的一种分析框架》,《南京工业大学学报》(社会科学版)2014年第1期。

张挺:《环境污染侵权因果关系证明责任之再构成——基于619份相关民事判决书的实证分析》,《法学》2016年第7期。

张卫:《当代西方社会冲突理论的形成及发展》,《世界经济与政治论坛》2007年第5期。

张绪清:《分配逻辑与贫困"再生"——乌蒙山矿区H村农民的生计问题考量》,《贵州社会科学》2014年第3期。

张绪清:《环境冲突与利益表达——乌蒙山矿区农民"日常抵抗"问题探

析》,《贵州师范大学学报》(社会科学版) 2016 年第 2 期。
张玉林:《灾害的再生产与治理危机——中国经验的山西样本》,《中国乡村研究》2013 年第 1 期。
张月琴:《煤窑神信仰与民国初年的山西大同矿区社会》,《民俗研究》2013 年第 1 期。
赵丽娜:《山西煤窑神——"老君爷"》,硕士学位论文,华东师范大学,2009 年。
赵淑芹、刘树明、唐守普:《我国当前矿业用地制度绩效及其完善研究》,《国土资源情报》2010 年第 12 期。
赵晓华、李淑英:《和谐区域矿农关系重构之调查与研究》,《北京城市学院学报》2013 年第 2 期。
郑娟尔、付英、冯春涛等:《地权细分及可实施性与采矿用地制度改革》,《国土资源科技管理》2014 年第 2 期。
郑娟尔、袁国华、章岳峰:《矿业用地制度:问题与对策》,《国土资源科技管理》2015 年第 6 期。
郑美珍:《灵活供地 明确退出——解决采矿用地"两头难"问题》,《国土资源情报》2011 年第 8 期。
周冰、靳涛:《青木昌彦的制度观与制度演化的进化博弈思想评析》,《江苏社会科学》2004 年第 3 期。
周黎安:《中国地方官员的晋升锦标赛模式研究》,《经济研究》2007 年第 7 期。
朱力、李德营:《现阶段我国环境矛盾的类型、特征、趋势及对策》,《南京社会科学》2014 年第 10 期。
朱力、袁迎春:《我国居民社会矛盾的解决方式——基于全国 9 市调查数据的分析》,《中共中央党校(国家行政学院)学报》2020 年第 2 期。
朱清、王联军:《矿产资源开发扶贫研究》,《中国国土资源经济》2016 年第 7 期。
庄文嘉、岳经纶:《从法庭走向街头——"大调解"何以将工人维权行动挤出制度化渠道》,《中山大学学报》(社会科学版) 2014 年第 1 期。
宗云峰:《采煤沉陷区移民安置问题探讨》,《中国煤炭》2012 年第 10 期。

英文文献

Abuya, Willice O. 2013. "What Is in a Coconut? An Ethnoecological Analysis of Mining, Social Displacement, Vulnerability, and Development in Rural Kenya", *African Studies Quarterly* 14 (1&2): 1 – 21.

Adriancet, Madeleine, 1991. "Agents of Change: The Roles of Priests, Sisters and Lay Workers in the Grassroots Catholic Church in Brazil", *Journal for the Scientific Study of Religion* 30 (3): 292 – 305.

Ahl, Björn, and Daniel Sprick. 2018. "Towards Judicial Transparency in China: The New Public Access Database for Court Decisions." *China Information* 32 (1): 3 – 22. https://doi.org/10.1177/0920203X17744544.

Ahmad, Nesar, and Kuntala Lahiri-Dutt. 2006. "Engendering Mining Communities: Examining the Missing Gender Concerns in Coal Mining Displacement and Rehabilitation in India." *Gender, Technology and Development* 10 (3): 313 – 39. https://doi.org/10.1177/097185240601000302.

Ajzen, Icek. 1991. "The Theory of Planned Behavior." *Organizational Behavior and Human Decision Processes* 50: 179 – 211.

Ajzen, Icek, and Martin Fishbein. 1977. "Attitude-Behavior Relations: A Theoretical Analysis and Review of Empirical Research." *Psychological Bulletin* 84 (5): 888 – 918. https://doi.org/10.1037/0033 – 2909.84.5.888.

Andrews-Speed, Philip, Guo Ma, Bingjia Shao, and Chenglin Liao. 2005. "Economic Responses to the Closure of Small-Scale Coal Mines in Chongqing, China." *Resources Policy* 30 (1): 39 – 54.

Andrews-Speed, Philip, Minying Yang, Lei Shen, and Shelley Cao. 2003. "The Regulation of China's Township and Village Coal Mines: A Study of Complexity and Ineffectiveness." *Journal of Cleaner Production* 11 (2): 185 – 96. https://doi.org/10.1016/S0959 – 6526 (02) 00038 – 0.

Aoki, Masahiko. 2001. *Toward a Comparative Institutional Analysis.* Cambridge, MA: MIT press.

Aoki, Masahiko. 2007. "Endogenizing Institutions and Institutional Changes." *Journal of Institutional Economics* 3 (1): 1 – 31. https://doi.org/10.1017/s1744137406000531.

Arellano-yanguas, Javier. 2014. "Religion and Resistance to Extraction in Rural Peru: Is the Catholic Church Following the People?" *Latin American Research Review* 49: 61 – 80. https://www.jstor.org/stable/43670216.

Aroca, Patricio. 2001. "Impacts and Development in Local Economies

Based on Mining: The Case of the Chilean II Region." *Resources Policy* 27: 119–34.

Aron, Janine. 2000. "Growth and Institutions : A Review of the Evidence." *The World Bank Research Observer* 15 (1): 99–135.

Arvanitidis, P. A., and G. Papagiannitsis. 2020. "Urban Open Spaces as a Commons: Exploring the Credibility Thesis in the Self-Governed Navarinou Park of Athens, Greece." *Cities* 97: 102480. https://doi.org/10.1016/j.cities.2019.102480.

Aubert, Vilhelm. 1966. "Some Social Functions of Legislation." *Acta Sociologica* 10 (1/2): 98–120.

Auty, Richard M. 1993. *Sustaining Development in Mineral Economies: The Resource Curse Thesis.* London: Routledge.

Auty, Richard M. 2007. "Natural Resources, Capital Accumulation and the Resource Curse." *Ecological Economics* 61 (4): 627–34.

Azapagic, Adisa. 2004. "Developing a Framework for Sustainable Development Indicators for the Mining and Minerals Industry." *Journal of Cleaner Production* 12 (6): 639–62.

Badera, Jarosław, and Paweł Kocoń. 2014. "Local Community Opinions Regarding the Socio-Environmental Aspects of Lignite Surface Mining: Experiences from Central Poland." *Energy Policy* 66: 507–16.

Baechler, Günther. 1998. "Why Environmental Transformation Causes Violence: A Synthesis." *Environmental Change and Security Project Report* 4: 24–44.

Bainton, Nicholas A., and Martha Macintyre. 2013. *"My Land, My Work": Business Development and Large-Scale Mining in Papua New Guinea. Research in Economic Anthropology.* Vol. 33. Emerald Group Publishing Limited.

Banks, Glenn. 2013. "Little by Little, Inch by Inch: Project Expansion Assessments in the Papua New Guinea Mining Industry." *Resources Policy* 38 (4): 688–95.

Banks, Glenn, Dora Kuir-Ayius, David Kombako, and Bill Sagir. 2013. "Conceptualizing Mining Impacts, Livelihoods and Corporate Community Development in Melanesia." *Community Development Journal* 48 (3): 484–500. https://doi.org/10.1093/cdj/bst025.

Bastida, Elizabeth. 2001. "A Review of the Concept of Security of Mineral

Tenure: Issues and Challenges. " *Journal of Energy and Natural Resources Law* 19: 31 - 43.

Beblawi. 1987. "The Rentier State in the Arab World. " *Arab Studies Quarterly* 9 (4): 383 - 98.

Behrends, Andrea, and Remadji Hoinathy. 2017. "The Devil's Money: A Multi-Level Approach to Acceleration and Turbulence in Oil-Producing Southern Chad. " *Social Analysis* 61 (3): 56 - 72. https://doi.org/10.3167/sa.2017.610304.

Bernard, H. Russell. 2011. *Research Methods in Anthropology*. Rowman Altamira.

Bian, Zhengfu, Hilary I. Inyang, John L. Daniels, Frank Otto, and Sue Struthers. 2010. "Environmental Issues from Coal Mining and Their Solutions. " *Mining Science and Technology (China)* 20 (2): 215 - 23. https://doi.org/10.1016/S1674 - 5264 (09) 60187 - 3.

Billings, Dwight B. 1990. "Religion as Opposition: A Gramscian Analysis. " *American Journal of Sociology* 96 (1): 1 - 31. https://doi.org/10.1086/229491.

Billon, Philippe Le. 2010. "Oil and Armed Conflicts in Africa. " *African Geographical Review* 29 (1): 63 - 90. https://doi.org/10.1080/19376812.2010.9756226.

Blackburn, Keith, and Michael Christensen. 1989. "Monetary Policy and Policy Credibility: Theories and Evidence. " *Journal of Economic Literature* 27 (1): 1 - 45.

Blinder, Alan S. 2000. "Central-Bank Credibility: Why Do We Care? How Do We Build It?" *American Economic Review*, 7161, 90 (5): 1421 - 31. https://doi.org/10.1257/aer.90.5.1421.

Brasselle, Anne Sophie, Frédéric Gaspart, and Jean Philippe Platteau. 2002. "Land Tenure Security and Investment Incentives: Puzzling Evidence from Burkina Faso. " *Journal of Development Economics* 67 (2): 373 - 418. https://doi.org/10.1016/S0304 - 3878 (01) 00190 - 0.

Butler, Sarah. 2015. "The Chilean Miners' Miracles: How Faith Helped Them Survive. " CNN. 2015. https://edition.cnn.com/2015/08/02/world/chilean - miners - miracles/index.html.

Cai, Yongshun. 2008a. "Local Governments and the Suppression of Popular

Resistance in China." *The China Quarterly* 193（2008）：24 – 42. https：//doi. org/10. 1017/S0305741008000027.

Cai, Yongshun. 2008b. "Social Conflicts and Modes of Action in China." *The China Journal* 59：89 – 109.

Cao, Xia. 2007. "Regulating Mine Land Reclamation in Developing Countries：The Case of China." *Land Use Policy* 24（2）：472 – 83. https：//doi. org/10. 1016/j. landusepol. 2006. 07. 002.

Carrington, Kerry, and Margaret Pereira. 2011. "Assessing the Social Impacts of the Resources Boom on Rural Communities." *Rural Society* 21（1）：2 – 20. https：//doi. org/10. 5172/rsj. 2011. 21. 1. 2.

Celhay, Pablo A. , and Diego Gil. 2020. "The Function and Credibility of Urban Slums：Evidenceon Informal Settlements and Affordable Housing in Chile." *Cities* 99：102605. https：//doi. org/10. 1016/j. cities. 2020. 102605.

Cernea, Michael M. 1997. "The Risks and Reconstruction Model for Resettling Displaced Populations." *World Development* 25（10）：1569 – 87. https：//doi. org/10. 1016/S0305 – 750X（97）00054 – 5.

Cernea, Michael M. 2003. "For a New Economics of Resettlement：A Sociological Critique of the Compensation Principle." *International Social Science Journal* 55：37 – 45.

Cernea, Michael M. 2008. "Compensation and Benefit Sharing：Why Resettlement Policies and Practices Must Be Reformed." *Water Science and Engineering* 1（1）：89 – 120.

Cernea, Michael M. , and Hari Mohan Mathur. 2008. *Can Compensation Prevent Impoverishment? Reforming Resettlement through Investments and Benefit-Sharing.* Oxford University Press.

Chan, Hon S. , and Jie Gao. 2012. "Death versus GDP! Decoding the Fatality Indicators on Work Safety Regulation in Post-Deng China." *The China Quarterly* 210：355 – 77. https：//doi. org/10. 1017/S0305741012000379.

Chang, Ha-joon. 2002. *Kicking Away the Ladder：Development Strategy in Historical Perspective. Perspective.* Anthem Press. https：//doi. org/10. 1002/jid. 970.

Chang, Ha-Joon. 2007. *Institutional Change and Economic Development.* Edited by Ha-Joon Chang. Tokyo, New York, Paris：United Nations University Press.

Chang, I. Shin, Jing Wu, Yanxia Yang, Mingmin Shi, and Xiaochun Li. 2014. "Ecological Compensation for Natural Resource Utilisation in China." *Journal of Environmental Planning and Management* 57 (2): 273 – 96. https://doi.org/10.1080/09640568.2012.740409.

Chen, Hong, Hui Qi, and Qun Feng. 2013. "Characteristics of Direct Causes and Human Factors in Major Gas Explosion Accidents in Chinese Coal Mines: Case Study Spanning the Years 1980 – 2010." *Journal of Loss Prevention in the Process Industries* 26 (1): 38 – 44. https://doi.org/10.1016/j.jlp.2012.09.001.

Chen, Huirong. 2020. "Institutional Credibility and Informal Institutions: The Case of Extralegal Land Development in China." *Cities* 97: 102519. https://doi.org/10.1016/j.cities.2019.102519.

Chen, Huirong. 2022. "Linking Institutional Function with Form: Distributional Dynamics, Disequilibrium, and Rural Land Shareholding in China." *Land Use Policy* 120: 106283. https://doi.org/10.1016/j.landusepol.2022.106283.

Chen, Jie. 2010. "Transnational Environmental Movement: Impacts on the Green Civil Society in China." *Journal of Contemporary China* 19 (65): 503 – 23. https://doi.org/10.1080/10670561003666103.

China Labour Bulletin. 2008. "Bone and Blood: The Price of Coal in China." Hong Kong. http://www.clb.org.hk/en/files/File/bone_and_blood.pdf.

Chow, Kwok Keung. 1997. "Eastern Traditional Business Values: Mercantile Patron Gods in Hong Kong." HKIBS/WPS/013 – 978. Hong Kong.

Conde, Marta. 2017. "Resistance to Mining: A Review." *Ecological Economics* 132: 80 – 90. https://doi.org/10.1016/j.ecolecon.2016.08.025.

Conde, Marta, and Philippe Le Billon. 2017. "Why Do Some Communities Resist Mining Projects While Others Do Not?" *The Extractive Industries and Society* 4 (3): 681 – 97. https://doi.org/10.1016/J.EXIS.2017.04.009.

Coser, Lewis A. 1956. *The Functions of Social Conflict*. Routledge.

Coser, Lewis A. 1957. "Social Conflict and the Theory of Social Change." *The British Journal of Sociology* 8 (3): 197 – 207. https://doi.org/10.2307/586859.

Cottarelli, Carlo, and Curzio Giannini. 1997. *Credibility without Rules?*: Mone-

tary Frameworks in the Post-Bretton Woods Era. International monetary fund.

Cukierman, Alex, and Allan H. Meltzer. 1986. "A Theory of Ambiguity, Credibility, and Inflation under Discretion and Asymmetric Information." *Econometrica* 54 (5): 1099 – 1128. https://doi.org/10.2307/1912324.

D'Angelo, Lorenzo. 2015. "'Diamond Mining Is a Chain''. Luck, Blessing, and Gambling in Sierra Leone's Artisanal Mines.'" *Critical African Studies* 7 (3): 243 – 61. https://doi.org/10.1080/21681392.2015.1077467.

Dahrendorf, Ralf. 1958. "Toward a Theory of Social Conflict." *Journal of Conflict Resolution* 2 (2): 170 – 83.

Dale, Michael O. 1996. "Security of Tenure as a Key Issue Facing the International Mining Company: A South African Perspective." *J. Energy & Nat. Resources L.* 14: 298.

Dasgupta, Susmnita, and David Wheeler. 1997. "Citizen Complaints as Environmental Indicators: Evidence from China." *Policy, Research Working Paper*, WPS 1704.

Davenport, Jade. 2012. "St Barbara-Patron Saint of Miners." Miningweekly. 2012. https://www.miningweekly.com/article/st-barbara-patron-saint-of-miners-2012-02-24.

Davis, Rachel, and Daniel Franks. 2014. "Costs of Company-Community Conflict in the Extractive Sector, Corporate Social Responsibility Initiative Report No. 66." Cambridge, MA.

Davy, Benjamin. 2018. "After Form. The Credibility Thesis Meets Property Theory." *Land Use Policy* 79: 854 – 62. https://doi.org/10.1016/J.LANDUSEPOL.2017.02.036.

Deng, Yanhua, and Guobin Yang. 2013. "Pollution and Protest in China: Environmental Mobilization in Context." *China Quarterly*, No. 214: 321 – 36. https://doi.org/Doi 10.1017/S0305741013000659.

Denomy, Alexander Joseph. 1939. "An Old French Life of Saint Barbara." *Mediaeval Studies* 1: 148 – 78. https://doi.org/10.1484/j.ms.2.305856.

Deutsch, Morton. 1969. "Conflicts: Productive and Destructive." *Journal of Social Issues* 24 (1).

Dogaru, Diana, Jurg Zobrist, Dan Balteanu, Claudia Popescu, Mihaela Sima, Manouchehr Amini, and Hong Yang. 2009. "Community Perception of

Water Quality in a Mining-Affected Area: A Case Study for the Certej Catchment in the Apuseni Mountains in Romania." *Environmental Management* 43 (6): 1131 – 45. https://doi.org/10.1007/s00267 – 008 – 9245 – 9.

Downing, Theodore E. 2002. "Avoiding New Poverty: Mining-Induced Displacement and Resettlement." *Mining, Minerals and Sustainable Development*, No. 58: 1 – 29.

Downing, Theodore E., and Carmen Garcia Downing. 2006. "Development That Impoverishes Is Not Development." *Frontiers: A Journal of Women Studies* 1: 1 – 5.

Drazen, Allan, and Paul PR Masson. 1994. "Credibility of Policies Versus Credibility of Policymakers." *The Quarterly Journal of Economics* 109 (3): 735 – 54.

Easthope, Hazel, Ryan van den Nouwelant, and Sian Thompson. 2020. "Apartment Ownership around the World: Focusing on CredibleOutcomes Rather than Ideal Systems." *Cities* 97: 102463.

Fan, Shengyue, Jinfei Yang, Wenwen Liu, and He Wang. 2019. "Institutional Credibility Measurement Based on Structure of Transaction Costs: A Case Study of Ongniud Banner in the Inner Mongolia Autonomous Region." *Ecological Economics* 159: 212 – 25. https://doi.org/10.1016/j.ecolecon.2019.01.019.

Fan, Shengyue, Tianyu Zhang, and Mengyao Li. 2021. "The Credibility and Bargaining during the Process of Policy Implementation—a Case Study of China's Prohibitionof Open Burning of Crop Straw Policy." *Journal of Chinese Governance* 6 (2): 283 – 306.

Fellner, William. 1979. "The Credibility Effect and Rational Expectations: Implications of the Gramlich Study." *Brookings Papers on Economic Activity* 1 (79): 167 – 78.

Felstiner, William, Richard Abel, and Austin Sarat. 1980. "The Emergence and Transformation of Disputes: Naming, Blaming, Claiming..." *Law & Society Review* 15 (3): 631 – 54.

Feng, Qun, and Hong Chen. 2013. "The Safety-Level Gap between China and the US in View of the Interaction between Coal Production and Safety Management." *Safety Science* 54: 80 – 86.

Fernández-Navarro, Pablo, Javier García-Pérez, Rebeca Ramis, Elena Boldo, and Gonzalo López-Abente. 2012. "Proximity to Mining Industry and Cancer Mortality." *Science of the Total Environment* 435 – 436: 66 – 73. https://doi.org/10.1016/j.scitotenv.2012.07.019.

Feuchtwang, Stephan. 2001. *Popular Religion in China: The Imperial Metaphor*. Surrey, UK: Curzon.

Fielding, Kelly S., Rachel McDonald, and Winnifred R. Louis. 2008. "Theory of Planned Behaviour, Identity and Intentions to Engage in Environmental Activism." *Journal of Environmental Psychology* 28 (4): 318 – 26. https://doi.org/10.1016/j.jenvp.2008.03.003.

Finkel, Steven E., Edward N. Muller, and Karl-Dieter Opp. 1989. "Personal Influence, Collective Rationality, and Mass Political Action." *The American Political Science Review* 83 (3): 885 – 903.

Fishbein, Martin, and Icek Ajzen. 1975. *Belief, Attitude, Intention, and Behavior: An Introduction to Theory and Research*. Boston: Addison Wesley.

Fisman, Raymond, and Yongxiang Wang. 2017. "The Distortionary Effects of Incentives in Government: Evidence from China's" death Ceiling "Program." *American Economic Journal: Applied Economics* 9 (2): 202 – 18. https://doi.org/10.1257/app.20160008.

Fold, Niels, Albert N. M. Allotey, Per Kalvig, and Lasse Moeller-Jensen. 2018. "Grounding Institutions through Informal Practice: Credibility in Artisanal Mining of Aggregates, Ghana." *Land Use Policy* 79: 922 – 31. https://doi.org/10.1016/j.landusepol.2017.06.022.

Franks, Daniel M., Rachel Davis, Anthony J. Bebbington, Saleem H. Ali, Deanna Kemp, and Martin Scurrah. 2014. "Conflict Translates Environmental and Social Risk into Business Costs." *Proceedings of the National Academy of Sciences of the United States of America* 111 (21): 7576 – 81. https://doi.org/10.1073/pnas.1405135111.

Fu, Diana. 2017. "Disguised Collective Action in China." *Comparative Political Studies* 50 (4): 499 – 527. https://doi.org/10.1177/0010414015626437.

Gade, Daniel W. 1983. "Lightning in the Folklife and Religion of the Central Andes." *Anthropos Institute*, no. 78: 770 – 88.

Gallagher, Mary E. 2006. "Mobilizing the Law in China: 'Informed Disenchantment' and the Development of Legal Consciousness." *Law and Society*

Review 40 (4): 783 – 816. https://doi.org/10.1111/j.1540 – 5893.2006. 00281.x.

Garvin, Theresa, Tara K. McGee, Karen E. Smoyer-Tomic, and Emmanuel Ato Aubynn. 2009. "Community-Company Relations in Gold Mining in Ghana." *Journal of Environmental Management* 90 (1): 571 – 86. https://doi.org/10.1016/j.jenvman.2007.12.014.

Ge, Jianping, and Yalin Lei. 2013. "Mining Development, Income Growth and Poverty Alleviation: A Multiplier Decomposition Technique Applied to China." *Resources Policy* 38 (3): 278 – 87. https://doi.org/10.1016/j.resourpol.2013.05.004.

Gelder, Jean-Louis Van. 2010. "What Tenure Security? The Case for a Tripartite View." *Land Use Policy* 27 (2): 449 – 56.

Ghorbani, Amineh, Peter Ho, and Giangiacomo Bravo. 2021. "Institutional Form versus Function in a Common Property Context: The Credibility Thesis Tested through an Agent-Based Model." *Land Use Policy* 102: 105237.

Gilardi, Fabrizio. 2002. "Policy Credibility and Delegation to Independent Regulatory Agencies: A Comparative Empirical Analysis." *Journal of European Public Policy* 9 (6): 873 – 93. https://doi.org/10.1080/1350176022000046409.

Gomes, Sharlene L., and Leon M. Hermans. 2018. "Institutional Function and Urbanization in Bangladesh: How Peri-Urban Communities Respond to Changing Environments." *Land Use Policy* 79: 932 – 41. https://doi.org/10.1016/j.landusepol.2017.09.041.

Goyal, Yugank, Pranab Ranjan, and Ranjan Kumar. 2022. "Informal Land Leasing in Rural India Persists Because It Is Credible." *Land Use Policy* 120: 106299. https://doi.org/10.1016/j.landusepol.2022.106299.

Grabel, Ilene. 2000. "The Political Economy of 'Policy Credibility': The New-Classical Macroeconomics and the Remaking of Emerging Economies." *Cambridge Journal of Economics* 24: 1 – 19. https://doi.org/10.1093/cje/24.1.1.

Greenovation Hub. 2014. "China's Mining Industry at Home and Overseas: Development, Impacts and Regulation." http://www.ghub.org/cfc_en/wp – content/uploads/sites/2/2014/11/China – Mining – at – Home – and – Overseas_Main – report2_EN.pdf.

Griswold, Delilah. 2015. "With Efficacy of Property Rights, Function Can Be More Important than Form." *Yale Environment Review*, 2015.

Groenewegen, John. 2022. "Institutional Form (Blueprints) and Institutional Function (Process): Theoretical Reflections on Property Rights and Land." *Land Use Policy* 121: 106300. https://doi.org/10.1016/j.landusepol.2022.106300.

Haarstad, Håvard, and Arnt Fløysand. 2007. "Globalization and the Power of Rescaled Narratives: A Case of Opposition to Mining in Tambogrande, Peru." *Political Geography* 26 (3): 289–308. https://doi.org/10.1016/j.polgeo.2006.10.014.

Haiko, Hennadii, Pavlo Saik, and Vasyl Lozynskyi. 2019. "The Philosophy of Mining: Historical Aspect and Future Prospect." *Philosophy and Cosmology* 22: 76–90. https://doi.org/10.29202/phil-cosm/22/6.

Hajkowicz, Stefan A., Sonja Heyenga, and Kieren Moffat. 2011. "The Relationship between Mining and Socio-Economic Well Being in Australia's Regions." *Resources Policy* 36 (1): 30–38.

Hanna, Philippe, and Frank Vanclay. 2013. "Human Rights, Indigenous Peoples and the Concept of Free, Prior and Informed Consent." *Impact Assessment and Project Appraisal* 31 (2): 146–57.

Harvard Law Review. 2018. "Making Chinese Court Filings Public? Some Not-So-Foreign American Insights." *Harvard Law Review* 122: 1728–49.

He, Guizhen, Yonglong Lu, Arthur P. J. Mol, and Theo Beckers. 2012. "Changes and Challenges: China's Environmental Management in Transition." *Environmental Development* 3 (July): 25–38. https://doi.org/10.1016/j.envdev.2012.05.005.

He, Guizhen, Lei Zhang, Arthur Mol, Tieyu Wang, and Yonglong Lu. 2014. "Why Small and Medium Chemical Companies Continue to Pose Severe Environmental Risks in Rural China." *Environmental Pollution* 185: 158–67. https://doi.org/10.1016/j.envpol.2013.10.041.

He, Xin. 2007. "Why Did They Not Take on the Disputes? Law, Power and Politics in the Decision-Making of Chinese Courts." *International Journal of Law in Context* 3: 203–25. https://doi.org/10.1017/S1744552307003023.

He, Xin. 2009. "Court Finance and Court Responses to Judicial Reforms: A

Tale of Two Chinese Courts." *Law & Policy* 31 (4): 463 – 86. https://doi.org/10.1111/j.1467-9930.2009.00303.x.

He, Xin. 2014. "Maintaining Stability by Law: Protest-Supported Housing Demolition Litigation and Social Change in China." *Law & Social Inquiry* 39 (4): 849 – 73. https://doi.org/10.1111/lsi.12064.

He, Xin, and Yang Su. 2013. "Do the 'Haves' Come out Ahead in Shanghai Courts?" *Journal of Empirical Legal Studies* 10 (1): 120 – 45. https://doi.org/10.1111/jels.12005.

Heggelund, Gørild. 2006. "Resettlement Programmes and Environmental Capacity in the Three Gorges Dam Project." *Development and Change* 37 (1): 179 – 99.

Hilson, Gavin. 2002a. "The Socio-Economic Impacts of Artisanal and Small-Scale Mining in Developing Countries." *Natural Resources Forum* 26: 3 – 13.

Hilson, Gavin. 2002b. "An Overview of Land Use Conflicts in Mining Communities." *Land Use Policy* 19 (2): 65 – 73. https://doi.org/10.1016/S0264-8377(02)00003-0.

Ho, Peter. 2001a. "Who Owns China's Land? Policies, Property Rights and Deliberate Institutional Ambiguity." *The China Quarterly* 166: 394 – 421. https://doi.org/10.1017/S0009443901000195.

Ho, Peter. 2001b. "Greening Without Conflict? Environmentalism, NGOs and Civil Society in China." *Development and Change* 32 (5): 893 – 921. https://doi.org/10.1111/1467-7660.00231.

Ho, Peter. 2005. *Institutions in Transition: Land Ownership, Property Rights, and Social Conflict in China*. Oxford University Press.

Ho, Peter. 2006. "Credibility of Institutions: Forestry, Social Conflict and Titling in China." *Land Use Policy*. https://doi.org/10.1016/j.landusepol.2005.05.004.

Ho, Peter. 2007. "Embedded Activism and Political Change in a Semiauthoritarian Context." *China Information* 21 (2): 187 – 209. https://doi.org/10.1177/0920203X07079643.

Ho, Peter. 2013. "In Defense of Endogenous, Spontaneously Ordered Development: Institutional Functionalism and Chinese Property Rights." *Journal of Peasant Studies* 40 (6): 1087 – 1118. https://doi.org/10.1080/03066150.2013.866553.

Ho, Peter. 2014. "The 'Credibility Thesis' and Its Application to Property Rights: (In) Secure Land Tenure and Social Welfare in China." *Land Use Policy* 40: 13 – 27. https://doi.org/http://dx.doi.org/10.1016/j.landusepol.2013.09.019.

Ho, Peter. 2015. "Myths of Tenure Security and Titling: Endogenous, Institutional Change in China's Development." *Land Use Policy* 47: 352 – 64. https://doi.org/10.1016/j.landusepol.2015.04.008.

Ho, Peter. 2016a. "An Endogenous Theory of Property Rights: Opening the Black Box of Institutions." *Journal of Peasant Studies* 43 (6): 1121 – 44. https://doi.org/10.1080/03066150.2016.1253560.

Ho, Peter. 2016b. "Empty Institutions, Non-Credibility and Pastoralism: China's Grazing Ban, Mining and Ethnicity." *Journal of Peasant Studies* 43 (6): 1145 – 76. https://doi.org/10.1080/03066150.2016.1239617.

Ho, Peter. 2017a. *Unmaking China's Development: The Function and Credibility of Institutions*. New York: Cambridge University Press.

Ho, Peter. 2017b. "Who Owns China's Housing? Endogeneity as a Lens to Understand Ambiguities of Urban and Rural Property." *Cities* 65: 66 – 77. https://doi.org/10.1016/j.cities.2017.02.004.

Ho, Peter. 2018. "A Theorem on Dynamic Disequilibrium: Debunking Path Dependence and Equilibriumvia China's Urban Property (1949 – 1998)." *Land Use Policy* 79: 863 – 75. https://doi.org/10.1016/j.landusepol.2016.10.023.

Ho, Peter. 2021. "The Discipline of Form: Why the Premise of Institutional Form Does Not Apply to Chinese Capital, Technology, Land and Labor." *Journal of Chinese Governance* 6 (2): 175 – 97. https://doi.org/10.1080/23812346.2020.1841975.

Ho, Peter, and Heng Zhao. 2022. "Mining Conflict and Rent-Seeking in China: A Mixed Method Analysis of Cases of Illegality." *The Extractive Industries and Society* 9: 101031. https://doi.org/10.1016/j.exis.2021.101031.

Hofrichter, Jürgen, and Reif Karlheinz. 1990. "Evolution of Environmental Attitudes in the European Community." *Scandinavian Political Studies* 13 (2): 119 – 46.

Holden, William Norman. 2012. "Ecclesial Opposition to Large-Scale Mining on Samar: Neoliberalism Meets the Church of the Poor in a Wounded Land. " *Religions* 3 (3): 833 – 61. https://doi.org/10.3390/rel3030 833.

Holden, William Norman, and R. Daniel Jacobson. 2009. "Ecclesial Opposition to NonferrousMining in Guatemala: Neoliberalism Meets the Church of the Poor in a Shattered Society. " *The Canadian Geographer* 53 (2): 145 – 64. https://doi.org/10.3390/rel3030833.

Horowitz, Leah. 2002. "Daily, Immediate Conflicts: An Analysis of Villagers' Arguments about a Multinational Nickel Mining Project in New Caledonia. " *Oceania* 73 (1): 35 – 55. https://doi.org/10.2307/40331870.

Horsley, Julia, Sarah Prout, Matthew Tonts, and Saleem H Ali. 2015. "Sustainable Livelihoods and Indicators for Regional Development in Mining Economies. " *Extractive Industries and Society* 2 (2): 368 – 80. https://doi.org/10.1016/j.exis.2014.12.001.

Huang, Yanzhong. 2015. "Tackling China's Environmental Health Crisis. " Council on Foreign Relations. 2015. http://www.cfr.org/china/tackling – chinas – environmental – health – crisis/p36538.

Iimi, Atsushi. 2006. "Did Botswana Escape From the Resource Curse?" *IMF Working Papers* 06 (138): 1. https://doi.org/10.5089/9781451863987.001.

Jackson, Sukhan, and Adrian Sleigh. 2000. "Resettlement for China's Three Gorges Dam: Socio-Economic Impact and Institutional Tensions. " *Communist and Post-Communist Studies* 33 (2): 223 – 41. https://doi.org/10.1016/S0967 – 067X (00) 00005 – 2.

Jin, Zining. 2015. "Environmental Impact Assessment Law in China's Courts: A Study of 107 Judicial Decisions. " *Environmental Impact Assessment Review* 55: 35 – 44. https://doi.org/10.1016/j.eiar.2015.06.008.

Johnson, Eva. 2010. "Mineral Rights: Legal Systems Governing Exploration and Exploitation. " KTH. https://www.kth.se/polopoly_fs/1.352394!/Menu/general/column – content/attachment/FULLTEXT01 (2).pdf.

Johnson, Thomas. 2010. "Environmentalism and NIMBYism in China: Promoting a Rules-Based Approach to Public Participation. " *Environmental Politics* 19 (3): 430 – 48. https://doi.org/10.1080/09644011003690914.

Johnson, Thomas. 2013. "The Health Factor in Anti-Waste Incinerator Campaigns in Beijing and Guangzhou. " *The China Quarterly* 214 (2013): 356 –

75. https：//doi. org/10. 1017/S0305741013000660.

Karakaya, Emrah, and Cali Nuur. 2018. "Social Sciences and the Mining Sector: Some Insights into Recent Research Trends." *Resources Policy* 58: 257 – 67. https：//doi. org/10. 1016/j. resourpol. 2018. 05. 014.

Keefer, Philip. 2007. "Clientelism, Credibility, and the Policy Choices of Young Democracies." *American Journal of Political Science* 51 (4): 804 – 21. https：//doi. org/10. 1111/j. 1540 – 5907. 2007. 00282. x.

Keltner, John W. Sam. 1987. *Mediation: Toward a Civilized System of Dispute Resolution*. ERIC.

Kerswell, Timothy, and Zihong Deng. 2020. "The Political Economy of Pneumoconiosis in China's Mining Industry." *China Review* 20 (1): 191 – 224.

Kitula, A. G. N. 2006. "The Environmental and Socio-Economic Impacts of Mining on Local Livelihoods in Tanzania: A Case Study of Geita District." *Journal of Cleaner Production* 14 (3 – 4): 405 – 14. https：//doi. org/10. 1016/j. jclepro. 2004. 01. 012.

Korah, Prosper Issahaku, Abraham Marshall Nunbogu, Patrick Brandful Cobbinah, and Bernard Afiik Akanpabadai Akanbang. 2019. "Analysis of Livelihood Issues in Resettlement Mining Communities in Ghana." *Resources Policy* 63: 101431. https：//doi. org/10. 1016/j. resourpol. 2019. 101431.

Koroso, Nesru H., Jaap A. Zevenbergen, and Monica Lengoiboni. 2019. "Land Institutions' Credibility: Analyzing the Role of Complementary Institutions." *Land Use Policy* 81: 553 – 64. https：//doi. org/10. 1016/j. landusepol. 2018. 11. 026.

Kostka, Genia. 2016. "Command without Control: The Case of China's Environmental Target System." *Regulation and Governance* 10 (1): 58 – 74. https：//doi. org/10. 1111/rego. 12082.

Krul, Kees, Peter Ho, and Xiuyun Yang. 2021. "Land Titling asa Conflict Remedy or Driver? Analyzing Institutional Outcomes through Latent and Manifest Conflicts in China's Forest Sector." *Land Use Policy* 100: 104880. https：//doi. org/10. 1016/j. landusepol. 2020. 104880.

Kuir-Ayius, Dora Dau. 2016. "Building Community Resilience in Mine Impacted Communities: A Study on Delivery of Health Services in Papua New Guinea." Massey University.

Kydland, Finn E., and Edward C. Prescott. 1977. "Rules Rather than Discretion: The Inconsistency of Optimal Plans." *Journal of Political Economy* 85 (3): 473 –91. https://doi.org/10.1086/260580.

Labonne, Béatrice. 1996. "Artisanal Mining: An Economic Stepping Stone for Women." *Natural Resources Forum* 20 (2 SPEC. ISS.): 117 – 22. https://doi.org/10.1111/j.1477 –8947.1996.tb00644.x.

Lagos, Gustavo, and Edgar Blanco. 2010. "Mining and Development in the Region of Antofagasta." *Resources Policy* 35 (4): 265 –75. https://doi.org/10.1016/j.resourpol.2010.07.006.

Lahiri-Dutt, Kuntala. 2008. "Digging to Survive: Women's Livelihoods in South Asia's Small Mines and Quarries." *South Asian Survey* 15 (2): 217 –44. https://doi.org/10.1177/097152310801500204.

Larsen, Erling. 2005. "Are Rich Countries Immune to the Resource Curse? Evidence from Norway's Management of Its Oil Riches." *Resources Policy* 30 (2): 75 –86. https://doi.org/10.1016/j.resourpol.2004.12.001.

Lei, Yalin, Na Cui, and Dongyang Pan. 2013. "Economic and Social Effects Analysis of Mineral Development in China and Policy Implications." *Resources Policy* 38 (4): 448 – 57. https://doi.org/10.1016/j.resourpol.2013.06.005.

Levy, Juliette. 2016. "A History of Institutional Function: Mexican Notaries and Wealth Distribution-Yucatan, 1850 –1900." *Journal of Peasant Studies* 43 (6): 1249 –61. https://doi.org/10.1080/03066150.2016.1215306.

Li, Ji. 2014. "Dare You Sue the Tax Collector? An Empirical Study of Administrative Lawsuits Against Tax Agencies in China." *Pacific Rim Law & Policy Journal* 23 (1): 57 – 112. http://papers.ssrn.com/sol3/papers.cfm?abstract_id = 2256021.

Li, Wanxin, Jieyan Liu, and Duoduo Li. 2012. "Getting Their Voices Heard: Three Cases of Public Participation in Environmental Protection in China." *Journal of Environmental Management* 98 (1): 65 –72. https://doi.org/10.1016/j.jenvman.2011.12.019.

Li, Zhengtao, Henk Folmer, and Jianhong Xue. 2014. "To What Extent Does Air Pollution Affect Happiness? The Case of the Jinchuan Mining Area, China." *Ecological Economics* 99: 88 – 99. https://doi.org/10.1016/j.ecolecon.2013.12.014.

Li, Zhiyuan, Zongwei Ma, Tsering Jan van der Kuijp, Zengwei Yuan, and

Lei Huang. 2014. "A Review of Soil Heavy Metal Pollution from Mines in China: Pollution and Health Risk Assessment." *Science of the Total Environment* 468 – 469: 843 – 53. https://doi.org/10.1016/j.scitotenv.2013.08.090.

Libiszewski, Stephan. 1991. "What Is an Environmental Conflict." *Journal of Peace Research* 28 (4): 407 – 22.

Lin, Wanlin, and George C. S. Lin. 2023. "Strategizing Actors and Agents in the Functioning of Informal Property Rights: The Tragicomedy of the Extralegal Housing Market in China." *World Development* 161: 106111. https://doi.org/10.1016/j.worlddev.2022.106111.

Liu, Shouying, and Yue Zhang. 2020. "Cities without Slums? China's Land Regime and Dual-Track Urbanization." *Cities* 101: 102652. https://doi.org/10.1016/j.cities.2020.102652.

Liu, Xianbing, Can Wang, Tomohiro Shishime, and Tetsuro Fujitsuka. 2010. "Environmental Activisms of Firm's Neighboring Residents: An Empirical Study in China." *Journal of Cleaner Production* 18 (10 – 11): 1001 – 8. https://doi.org/10.1016/j.jclepro.2010.03.004.

Lo, Alex Y. 2013. "Carbon Trading in a Socialist Market Economy: Can China Make a Difference?" *Ecological Economics* 87: 72 – 74. https://doi.org/10.1016/j.ecolecon.2012.12.023.

Lo, Dic. 2020. "State-Owned Enterprises inChinese Economic Transformation: Institutional Functionality and Credibility in Alternative Perspectives." *Journal of Economic Issues* 54 (3): 813 – 37. https://doi.org/10.1080/00213624.2020.1791579.

Lo, Kevin, and Mark Wang. 2018. "How Voluntary Is Poverty Alleviation Resettlement in China?" *Habitat International* 73 (November 2017): 34 – 42.

Lora-Wainwright, Anna. 2009. "Of Farming Chemicals and Cancer Deaths: The Politics of Health in Contemporary Rural China." *Social Anthropology* 17 (1): 56 – 73. https://doi.org/10.1111/j.1469-8676.2008.00057.x.

Lora-Wainwright, Anna. 2010. "An Anthropology of 'Cancer Villages': Villagers' Perspectives and the Politics of Responsibility." *Journal of Contemporary China* 19 (63): 79 – 99. https://doi.org/10.1080/10670560903335785.

Lora-Wainwright, Anna. 2013. "The Inadequate Life: Rural Industrial Pollution and Lay Epidemiology in China." *China Quarterly* 214 (214): 302 – 20. https: //doi. org/10. 1017/S0305741013000349.

Lora-Wainwright, Anna, Yiyun Zhang, Yunmei Wu, and Benjamin Van Rooij. 2012. "Learning to Live with Pollution: The Making of Environmental Subjects in a Chinese Industrialized Village." *China Journal* 68 (68): 106 – 24. https: //doi. org/10. 1086/666582.

Lubell, Mark. 2002. "Environmental Activism as Collective Action." *Environment and Behavior* 34 (4): 431 – 54. https: //doi. org/10. 1177/00116 502034004002.

Mack, Raymond W., and Richard C. Snyder. 1957. "The Analysis of Social Conflict—Toward an Overview and Synthesis." *Conflict Resolution* 1 (2): 212 – 48. https: //doi. org/10. 2307/172564.

Madebwe, Crescentia, Victor Madebwe, and Sophia Mavusa. 2013. "Involuntary Displacement and Resettlement to Make Way for Diamond Mining: The Case of Chiadzwa Villagers in Zimbabwe." *Journal of Research in Peach, Gender, and Development* 1 (10): 292 – 301.

Mahanty, Sango, and Constance L. McDermott. 2013. "How Does 'Free, Prior and Informed Consent' (FPIC) Impact Social Equity? Lessons from Mining and Forestry and Their Implications for REDD +." *Land Use Policy* 35: 406 – 16. https: //doi. org/10. 1016/j. landusepol. 2013. 06. 014.

Majone, Giandomenico. 1997. "Independent Agencies and the Delegation Problem: Theoretical and Normative Dimensions." *Political Institutions and Public Policy, Dordrecht, Kluwer Academic Publishers*, 139 – 56.

Marois, Thomas. 2022. "A Dynamic Theory of Public Banks (and Why It Matters)." *Review of Political Economy* 34 (2): 356 – 71. https: //doi. org/10. 1080/09538259. 2021. 1898110.

Marois, Thomas, and Ali Rıza Güngen. 2016. "Credibility and Class in the Evolution of Public Banks: The Case of Turkey." *Journal of Peasant Studies* 43 (6): 1285 – 1309. https: //doi. org/10. 1080/03066150. 2016. 1176023.

Mathur, Hari Mohan. 2006. "Resettling People Displaced by Development Projects: Some Critical Management Issues." *Social Change* 36 (I): 36 – 86.

McClymont, Katie, and Adam Sheppard. 2020. "Credibility without Legitimacy? Informal Development in the Highly Regulated Context of the United

Kingdom." *Cities* 97: 102520. https://doi.org/10.1016/j.cities.2019.102520.

Mengistu, Frew, and Meine Pieter van Dijk. 2018. "Credibility of Institutions in Addis Ababa (Ethiopia), Effects of Government Policies on Real Estate Developers." *Land Use Policy* 79: 913 – 21. https://doi.org/10.1016/j.landusepol.2016.12.031.

Merkle, Rita. 2003. "Ningxia's Third Road to Rural Development: Resettlement Schemes as a Last Means to Poverty Reduction?" *Journal of Peasant Studies* 30 (3 –4): 160 –91.

Metters, Richard. 2019. "The Effect of Employee and Customer Religious Beliefs on Business Operating Decisions." *Religions* 10 (8). https://doi.org/10.3390/rel10080479.

Michelson, Ethan. 2007. "Climbing the Dispute Pagoda: Grievances and Appeals to the Official Justice System in Rural China." *American Sociological Review* 72 (3): 459 – 85. https://doi.org/10.1177/000312240707200307.

Minzner, Carl F. 2006. "Xinfang: An Alternative to Formal Chinese Legal Institutions." *Stan. J. Int'l L.* 42: 103.

Miyamura, Satoshi. 2016. "Rethinking Labour Market Institutions in Indian Industry: Forms, Functions and Socio-Historical Contexts." *Journal of Peasant Studies* 43 (6): 1262 – 84. https://doi.org/10.1080/03066150.2016.1192608.

Moffat, Kieren, and Airong Zhang. 2014. "The Paths to Social Licence to Operate: An Integrative Model Explaining Community Acceptance of Mining." *Resources Policy* 39 (1): 61 – 70. https://doi.org/10.1016/j.resourpol.2013.11.003.

Mohai, Paul. 1985. "Public Concern and Elite Involvement in Environmental-Conservation Issues." *Social Science Quarterly*.

Mol, Arthur P. J., and Neil T Carter. 2006. "China's Environmental Governance in Transition." *Environmental Politics* 15 (02): 149 – 70. https://doi.org/10.1080/09644010600562765.

Mollinga, Peter P. 2016. "Secure Rights and Non-Credibility: The Paradoxical Dynamics of Canal Irrigation in India." *Journal of Peasant Studies* 43 (6): 1310 – 31. https://doi.org/10.1080/03066150.2016.1215304.

Monkkonen, Paavo. 2016. "Are Civil-Law Notaries Rent-Seeking Monopolists or Essential Market Intermediaries? Endogenous Development of a Property Rights Institution in Mexico." *Journal of Peasant Studies* 43（6）：1224 – 48. https：//doi. org/10. 1080/03066150. 2016. 1216983.

Moore, Christopher W. 1986. *The Mediation Process：Practical Strategies for Resolving Conflict*. John Wiley & Sons.

Morse, Janice M. 2004. "Theoretical Saturation." *Encyclopedia of Social Science Research Methods* 1：3.

Morton, Katherine. 2005. "The Emergence of NGOs inChina and Their Transnational Linkages：Implications for Domestic Reform." *Australian Journal of International Affairs* 59（4）：519 – 32. https：//doi. org/10. 1080/10357710500367315.

Moser, Adam, and Tseming Yang. 2011. "Environmental Tort Litigation in China." *Environmental Law Reporter* 41. http：//papers. ssrn. com/sol3/papers. cfm? abstract_ id =1821748.

Munday, Pat. 2016. "Mining Cultures and Mary Cults：Where the Sacred and Profane Meet." *Technology and Culture* 57（1）：1 – 23. https：//doi. org/10. 1353/tech. 2016. 0004.

Munro, Neil. 2014. "Profiling the Victims：Public Awareness of Pollution-Related Harm in China." *Journal of Contemporary China* 23（86）：314 – 29. https：//doi. org/10. 1080/10670564. 2013. 832532.

Muradian, Roldan, Joan Martinez-Alier, and Humberto Correa. 2003. "International Capital Versus Local Population：The Environmental Conflict of the Tambogrande Mining Project, Peru." *Society & Natural Resources* 16（9）：775 – 92. https：//doi. org/10. 1080/08941920309166.

Nash, June C. 1979. *We Eat the Mines and the Mines Eat Us：Dependency and Exploitation in Bolivian Tin Mines*. New York：Columbia University Press.

Nguyen, Nga. 2021. "A Review of Social License to Operate in Southeast Asian Mining." *Extractive Industries and Society* 8（2）：100841. https：//doi. org/10. 1016/j. exis. 2020. 11. 007.

Nite, Dhiraj Kumar. 2016. "Worshipping the Colliery-Goddess：Religion, Risk and Safety in the Indian Coalfield（Jharia）, 1895 – 2009." *Contributions to Indian Sociology* 50（2）：163 – 86. https：//doi. org/10. 1177/0069966716635397.

Nor-Hisham, Bin Md Saman, and Peter Ho. 2013. "Social Conflict in the Bakun and Kelau Dam Projects in Malaysia: An Indigenous Perspective." *Journal of Social Sciences-Sri Lanka*, 40 – 57. https://doi.org/10.1002/smll.201300543.

Nor-Hisham, Bin Md Saman, and Peter Ho. 2016. "A Conditional Trinity as 'No-Go' against Non-Credible Development? Resettlement, Customary Rights and Malaysia's Kelau Dam." *Journal of Peasant Studies* 43 (6): 1177 – 1205.

North, Douglass C. 1990. *Institutions, Institutional Change and Economic Performance*. Cambridge: Cambridge University Press. https://doi.org/10.2307/2234910.

North, Douglass C., and Barry R. Weingast. 1989. "Constitutions and Commitment: The Evolution of Institutions Governing Public Choice in Seventeenth-Century England." *The Journal of Economic History* 49 (04): 803 – 32.

O'Brien, Kevin, and Lianjiang Li. 2004. "Suing the Local State: Administrative Litigation in Rural China." *The China Journal* 51 (51): 75 – 96. https://doi.org/10.2307/3182147.

Oranje, Mark, Elsona van Huyssteen, and Johan Maritz. 2020. "Rapid Urbanisation to Non-Metropolitan Urban South Africa: A Call for Accrediting Credible 'Informal' Life-Enhancing Responses and Institutions." *Cities* 96: 102487. https://doi.org/10.1016/j.cities.2019.102487.

Orbell, Sheina, and Paschal Sheeran. 1998. "'Inclined Abstainers': A Problem for Predicting Health-Related Behaviour." *British Journal of Social Psychology* 37 (2): 151 – 65. https://doi.org/10.1111/j.2044 – 8309.1998.tb01162.x.

Otto, James M., Koh Naito, and George Pring. 1999. "Environmental Regulation of Exploration and Mining Operations in Asian Countries." *Natural Resources Forum* 23 (1999): 323 – 34.

Owen, John R., and Deanna Kemp. 2013. "Social Licence and Mining: A Critical Perspective." *Resources Policy* 38 (1): 29 – 35. https://doi.org/10.1016/j.resourpol.2012.06.016.

Owen, John R., and Deanna Kemp. 2014. "'Free Prior and Informed Consent', Social Complexity and the Mining Industry: Establishing a Knowledge Base." *Resources Policy* 41: 91 – 100. https://doi.org/10.1016/j.

resourpol. 2014. 03. 006.
Owen, John R., and Deanna Kemp. 2015. "Mining-Induced Displacement and Resettlement: A Critical Appraisal." *Journal of Cleaner Production* 87: 478 – 88. https://doi.org/10.1016/j.jclepro.2014.09.087.
Owen, John R., and Deanna Kemp. 2016. "Can Planning Safeguard against Mining and Resettlement Risks?" *Journal of Cleaner Production* 133: 1227 – 34. https://doi.org/10.1016/j.jclepro.2016.05.165.
Owen, John R., Deanna Kemp, E. Lebre, John Harris, and K. SVobodova. 2021. "A Global Vulnerability Analysis of Displacement Caused by Resource Development Projects." *Extractive Industries and Society* 8 (2): 100877. https://doi.org/10.1016/j.exis.2021.01.012.
Paredes, Maritza. 2016. "The Glocalization of Mining Conflict: Cases from Peru." *Extractive Industries and Society* 3 (4): 1046 – 57. https://doi.org/10.1016/j.exis.2016.08.007.
Pei, Minxin. 1997. "Citizens v. Mandarins: Administrative Litigation in China." *The China Quarterly* 152: 832 – 62. https://doi.org/doi: 10.1017/S030574 1000047573.
Perreault, Tom. 2013. "Dispossession by Accumulation? Mining, Water and the Nature of Enclosure on the Bolivian Altiplano." *Antipode* 45 (5): 1050 – 69. https://doi.org/10.1111/anti.12005.
Perry, Elizabeth. 2012. *Anyuan: Mining China's Revolutionary Tradition.* Berkeley: University of California Press.
Petkova-Timmer, Vanessa, Stewart Lockie, John Rolfe, and Galina Ivanova. 2009. "MiningDevelopments and Social Impacts on Communities: Bowen Basin Case Studies." *Rural Society* 19 (3): 211 – 28. https://doi.org/10.5172/rsj.19.3.211.
Pigrau, Antoni, Susana Borràs, J Jaria Manzano, and Antonio Cardesa-Salzmann. 2012. "Legal Avenues for EJOs to Claim Environmental Liability." EJOLT Report.
Pils, Eva. 2016. "Assessing Evictions and Expropriations in China: Efficiency, Credibility and Rights." *Land Use Policy* 58: 437 – 44. https://doi.org/10.1016/j.landusepol.2016.07.015.
Pomeranz, Kenneth. 2000. *The Great Divergence: China, Europe and the Making of the Modern World Economy.* Princeton: Princeton University Press.

Qian, Chen, Gerrit Antonides, Nico Heerink, Xueqin Zhu, and Xianlei Ma. 2022. "An Economic-Psychological Perspective on Perceived Land TenureSecurity: Evidence from Rural Eastern China." *Land Use Policy* 120: 106294. https://doi.org/10.1016/j.landusepol.2022.106294.

Roche, Charles, Nawasio Walim, and Howard Sindana. 2019. "Human Flourishing and Extractive-Led Development: 'The Mine Will Give MeWhatever I Like.'" *Extractive Industries and Society* 6 (2): 573–83. https://doi.org/10.1016/j.exis.2019.02.002.

Rolfe, John, Daniel Gregg, Galina Ivanova, Reuben Lawrence, and David Rynne. 2011. "The Economic Contribution of the Resources Sector by Regional Areas in Queensland." *Economic Analysis and Policy* 41 (1): 15–36. https://doi.org/10.1016/S0313-5926(11)50002-5.

Rooij, Benjamin van. 2010. "The People vs. Pollution: Understanding Citizen Action against Pollution in China." *Journal of Contemporary China* 19 (63): 55–77. https://doi.org/10.1080/10670560903335777.

Rooij, Benjamin Van. 2006. *Regulating Land and Pollution in China: Lawmaking, Compliance, and Enforcement: Theory and Cases*. Amsterdam University Press.

Rooij, Benjamin Van, Anna Lora-Wainwright, Yunmei Wu, and Yiyun Zhang. 2012. "The Compensation Trap: The Limits of Community-Based Pollution Regulation in China." *Pace Environmental Law Review* 29 (3): 701–45.

Rui, Huaichuan. 2005. "Development, Transition and Globalization in China's Coal Industry." *Development and Change* 36 (4): 691–710. https://doi.org/10.1111/j.0012-155X.2005.00430.x.

Sachs, Jeffrey D., and Andrew M. Warner. 1995. "Natural Resource Abundance and Economic Growth." National Bureau of Economic Research.

Saich, Tony. 2000. "Negotiating the State: The Development of Social Organizations in China." *The China Quarterly* 161 (161): 124. https://doi.org/10.1017/S0305741000003969.

Schmiedling, H. 1991. "Lending Stability to Europe's Emerging Market Economies: On the Potential Importance of the EC and the ECU for Central and Eastern Europe." 481. Kiel Working Paper. Kiel: Tuebingen (Germany) Mohr (Paul Siebeck).

Schwarz, Rolf. 2008. "The Political Economy of State-Formation in the Arab Middle East: Rentier States, Economic Reform, and Democratization." *Review of International Political Economy* 15 (4): 599 – 621. https://doi.org/10.1080/09692290802260662.

Scott, James C. 1985. *Weapons of the Weak: Everyday Forms of Peasant Resistance.* New Haven, CT: Yale University Press.

Seguin, Chantal, Luc G Pelletier, and John Hunsley. 1998. "Toward a Model of Environmental Activism." *Environment and Behavior* 30 (5): 628 – 52.

Shen, Lei, and Philip Andrews-Speed. 2001. "Economic Analysis of Reform Policies for Small Coal Mines in China." *Resources Policy* 27 (4): 247 – 54.

Shen, Lei, Tao Dai, and Aaron James Gunson. 2009. "Small-Scale Mining in China: Assessing Recent Advances in the Policy and Regulatory Framework." *Resources Policy* 34 (3): 150 – 57. https://doi.org/10.1016/j.resourpol.2009.01.003.

Shen, Lei, and AaronJames Gunson. 2006. "The Role of Artisanal and Small-Scale Mining in China's Economy." *Journal of Cleaner Production* 14 (3 – 4): 427 – 35. https://doi.org/10.1016/j.jclepro.2004.08.006.

Shi, Xunpeng. 2013. "China's Small Coal Mine Policy in the 2000s: A Case Study of Trusteeship and Consolidation." *Resources Policy* 38 (4): 598 – 604. https://doi.org/10.1016/j.resourpol.2013.09.009.

Sjaastad, Espen, and Ben Cousins. 2009. "Formalisation of Land Rights in the South: An Overview." *Land Use Policy* 26 (1): 1 – 9. https://doi.org/10.1016/j.landusepol.2008.05.004.

Small, Mario Luis. 2009. "'How Many Cases Do I Need?': On Science and the Logic of Case Selection in Field-Based Research." *Ethnography* 10 (1): 5 – 38. https://doi.org/10.1177/1466138108099586.

Sobel, Joel. 1985. "A Theory of Credibility." *Review of Economic Studies* 52 (4): 557 – 73. https://doi.org/10.2307/2297732.

Song, Xiaoqian, and Xiaoyi Mu. 2013. "The Safety Regulation of Small-Scale Coal Mines in China: Analysing the Interests and Influences of Stakeholders." *Energy Policy* 52 (January): 472 – 81. https://doi.org/10.1016/j.enpol.2012.09.069.

Sonter, Laura J., Chris J. Moran, Damian J. Barrett, and Britaldo S. Soares-Filho. 2014. "Processes of Land Use Change in Mining Regions." *Journal of Cleaner Production* 84 (1): 494 – 501. https://doi.org/10.1016/j.jclepro.2014.03.084.

Soto, H. de. 2000. *The Mystery of Capital: Why Capitalism Triumphs in the West and Fails Everywhere Else*. Basic Books. New York: Basic Books.

Stasavage, David. 2002. "Private Investment and Political Institutions." *Economics & Politics* 14 (1): 41 – 63.

Stern, Rachel E. 2011. "From Dispute to Decision: Suing Polluters in China." *The China Quarterly* 206 (June 2011): 294 – 312. https://doi.org/10.1017/S0305741011000270.

Stern, Rachel E. 2010. "On the Frontlines: Making Decisions in Chinese Civil Environmental Lawsuits." *Law and Policy* 32 (1): 79 – 103. https://doi.org/10.1111/j.1467-9930.2009.00310.x.

Sun, Li, and Peter Ho. 2018. "Formalizing Informal Homes, a Bad Idea: The Credibility Thesis Appliedto China's 'Extra-Legal' Housing." *Land Use Policy* 79: 891 – 901.

Sun, Li, and Peter Ho. 2020. "A Model for Inclusive, pro-Poor Urbanization? The Credibility of Informal, Affordable 'Single-Family' Homes in China." *Cities* 97: 102465. https://doi.org/10.1016/j.cities.2019.102465.

Szablowski, David. 2002. "Mining, Displacement and the World Bank: A Case Analysis of Compania Minera Antamina's Operations in Peru." *Journal of Business Ethics* 39 (3): 247 – 73. https://doi.org/10.1023/A:1016554512521.

Taussig, Michael. 1980. *The Devil and Commodity Fetishism in South America*. Chapel Hill: University of North Carolina Press.

Thomason, Jane, and Matthew Hancock. 2011. "PNG Mineral Boom: Harnessing the Extractive Sector to Deliver Better Health Outcomes." *Development Policy Centre Discussion Paper*, no. No. 2: 1 – 33.

Tilt, Bryan. 2013. "The Politics of Industrial Pollution in Rural China." *Journal of Peasant Studies* 40 (6): 1147 – 64. https://doi.org/10.1080/03066150.2013.860134.

Tindall, D. B., Scott Davies, and Céline Mauboulès. 2003. "Activism and Conservation Behavior in an Environmental Movement: The Contradictory

Effects of Gender." *Society & Natural Resources* 16 (10): 909 – 32. https: //doi. org/10. 1080/716100620.

Trejo, Guillermo. 2009. "Religious Competition and Ethnic Mobilization in Latin America: Why the Catholic Church Promotes Indigenous Movements in Mexico." *American Political Science Review* 103 (3): 323 – 42. https: //doi. org/10. 1017/S0003055409990025.

Tschakert, Petra, and Kamini Singha. 2007. "Contaminated Identities: Mercury and Marginalization in Ghana's Artisanal Mining Sector." *Geoforum* 38 (6): 1304 – 21. https: //doi. org/10. 1016/j. geoforum. 2007. 05. 002.

Tu, Jianjun. 2007. "Coal Mining Safety: China's Achilles' Heel." *China Security* 3 (2): 36 – 53.

Tzfadia, Erez, Avinoam Meir, Batya Roded, and Eli Atzmon. 2020. "Gray Local Governance and Israeli Indigenous Bedouin: Credibility, Functionality and the Politics of Refusal." *Cities* 97: 102484. https: //doi. org/10. 1016/j. cities. 2019. 102484.

Ulmer, Gordon. 2020. "The Earth Is Hungry: Amerindian Worlds and the Perils of Gold Mining in the Peruvian Amazon." *Journal of Latin American and Caribbean Anthropology* 25 (2): 324 – 39. https: //doi. org/10. 1111/jlca. 12495.

Urkidi, Leire. 2010. "A Glocal Environmental Movement against Gold Mining: Pascua-Lama inChile." *Ecological Economics* 70 (2): 219 – 27. https: //doi. org/10. 1016/j. ecolecon. 2010. 05. 004.

Urkidi, Leire. 2011. "The Defence of Community in the Anti-Mining Movement of Guatemala." *Journal of Agrarian Change* 11 (4): 556 – 80. https: //doi. org/10. 1111/j. 1471 – 0366. 2011. 00326. x.

VanderKlippe, Nathan. 2015. "When a 'Floating Village' Falls to Earth." The Global and Mail. 2015. http: //www. theglobeandmail. com/news/world/when – a – floating – village – falls – to – earth/article25876178/.

Vatalis, Konstantinos I., and Demetrios C. Kaliampakos. 2006. "An Overall Index of Environmental Quality in Coal Mining Areas and Energy Facilities." *Environmental Management* 38 (6): 1031 – 45. https: //doi. org/10. 1007/s00267 – 005 – 0114 – 5.

Wallensteen, Peter. 2007. *Understanding Conflict Resolution*. London: Sage.

Walter, Mariana, and Joan Martinez-Alier. 2010. "How to Be Heard When

Nobody Wants to Listen: Community Action against Mining in Argentina." *Canadian Journal of Development Studies* 30 (1 – 2): 281 – 301. https://doi.org/10.1080/02255189.2010.9669292.

Wang, Pu, Steven A. Wolf, James P. Lassoie, and Shikui Dong. 2013. "Compensation Policy for Displacement Caused by Dam Construction in China: An Institutional Analysis." *Geoforum* 48: 1 – 9. https://doi.org/10.1016/j.geoforum.2013.04.009.

Wang, Shaoguang. 2006. "Regulating Death at Coalmines: Changing Mode of Governance in China." *Journal of Contemporary China* 15 (46): 1 – 30. https://doi.org/10.1080/10670560500331658.

Wang, Weiye, and Jinlong Liu. 2022. "Lessons of Government Centralization and Credibility: A Qualitative Case-Study of Administrative Change in Jiuzhaigou Nature Reserve, China (1982 – 2018)." *Land Use Policy* 113: 105907. https://doi.org/10.1016/j.landusepol.2021.105907.

Warwick, Mara, and Eonard Ortolano. 2007. "Benefits and Costs of Shanghai's Environmental Citizen Complaints." *China Information* 21: 237 – 68.

Weller, Robert P. 1982. "Sectarian Religion and Political Action in China." *Modern China* 8 (4): 463 – 83. https://doi.org/10.1177/009770048200800403.

Wilmsen, Brooke. 2016. "After the Deluge: A Longitudinal Study of Resettlement at the Three Gorges Dam, China." *World Development* 84: 41 – 54. https://doi.org/10.1016/j.worlddev.2016.04.003.

Wilmsen, Brooke, Michael Webber, and Yuefang Duan. 2011. "Development for Whom? Rural to Urban Resettlement at theThree Gorges Dam, China." *Asian Studies Review* 35 (1): 21 – 42.

Wilson, Sigismond A. 2019. "Mining-Induced Displacement and Resettlement: The Case of Rutile Mining Communities in Sierra Leone." *Journal of Sustainable Mining* 18 (2): 67 – 76.

World Bank. 2007. "Cost of Pollution in China: Economic Estimates of Physical Damages."

Wright, Tim. 2000. "Competition and Complementarity Township and Village Mines and the State Sector in China's Coal Industry." *China Information* 14 (1): 113 – 30.

Wright, Tim. 2004. "The PoliticalEconomy of Coal Mine Disasters in China:

'Your Rice Bowl or Your Life.'" *The China Quarterly* 179: 629–46.

Wright, Tim. 2006. "The Performance of China's Industrial Enterprises: A Coal Industry Perspective." *China Information* 20: 165–99. https://doi.org/10.1177/0920203X06066499.

Wright, Tim. 2007. "State Capacity in Contemporary China: 'Closing the Pits and Reducing Coal Production.'" *Journal of Contemporary China* 16: 173–94. https://doi.org/10.1080/10670560701194392.

Wu, Fengshi. 2013. "Environmental Activism in ProvincialChina." *Journal of Environmental Policy & Planning* 15 (1): 89–108. https://doi.org/10.1080/1523908X.2013.763634.

Wu, Jiayu, Yan Song, Jian Lin, and Qingsong He. 2018. "Tackling the Uncertainty of Spatial Regulations in China: An Institutional Analysis of the 'Multi-Plan Combination.'" *Habitat International* 78: 1–12. https://doi.org/10.1016/j.habitatint.2018.07.002.

Xie, Lei. 2009. *Environmental Activism in China*. Routledge. https://doi.org/10.1177/0268580910391007.

Xie, Lei. 2016. "Environmental Governance and Public Participation in Rural China." *China Information* 30 (2): 188–208. https://doi.org/10.1177/0920203X16653880.

Yang, Ching Kun. 1961. *Religion in Chinese Society: A Study of Contemporary Social Functions of Religion and Some of Their Historical Factors*. Berkeley: Univ of California Press.

Yang, Xiuyun. 2018. "Credibility and Social Conflicts: Mining Institutions and Rural Community in China." Delft University of Technology. https://doi.org/10.4233/uuid:28ae13db-bc86-46fb-bf20-0652a3fa2281.

Yang, Xiuyun. 2020. "An Assessment of the Media's Portrayal of Murders at Chinese Mines." *The Extractive Industries and Society* 7 (3): 1066–76. https://doi.org/10.1016/j.exis.2020.07.014.

Yang, Xiuyun. 2022. "Worshipping Colliery Gods in China: A Religious View of Resource Extraction and Mining Safety." *The Extractive Industries and Society* 9: 101041. https://doi.org/10.1016/j.exis.2021.101041.

Yang, Xiuyun, and Peter Ho. 2018. "Conflict over Mining in Rural China: A Comprehensive Survey of Intentions and Strategies for Environmental Activism." *Sustainability* 10 (5): 1669. https://doi.org/10.3390/su10051669.

Yang, Xiuyun, and Peter Ho. 2020. "Mining Institutions, Contention and Credibility: Applying the Conflict Analysis Model to Court Cases in China." *The Extractive Industries and Society* 7 (3): 1011 – 21. https: //doi. org/ 10. 1016/j. exis. 2019. 11. 012.

Yang, Xiuyun, Kees Krul, and David Sims. 2022. "Uncovering Coal Mining Accident Coverups: An Alternative Perspective on China's New Safety Narrative." *Safety Science* 148: 105637. https: //doi. org/10. 1016/j. ssci. 2021. 105637.

Yang, Xiuyun, and Bo Wang. 2021. "Framing and Blaming: Media Coverage of Coal Mining Accident Coverups in China." *The Extractive Industries and Society* 8 (2): 100895. https: //doi. org/10. 1016/j. exis. 2021. 100895.

Yang, Xiuyun, Wenyu Ye, and Qiuping Chen. 2024. "Mineworkers with Pneumoconiosis, Work-Related Injury Compensation, and Empty Institution in China." *The Extractive Industries and Society* 18: 101451. https: // doi. org/10. 1016/j. exis. 2024. 101451.

Yang, Xiuyun, Heng Zhao, and Peter Ho. 2017. "Mining-Induced Displacement and Resettlement in China: A Study Covering 27 Villages in 6 Provinces." *Resources Policy* 53: 408 – 18. https: //doi. org/10. 1016/j. resourpol. 2017. 07. 001.

Yeung, Godfrey. 2020. "Chinese State-Owned Commercial Banks in Reform: Inefficient and yet Credible and Functional?" *Journal of Chinese Governance* 6 (2): 198 – 231. https: //doi. org/10. 1080/23812346. 2020. 1772537.

Yin, Robert. 2014. *Case Study Research: Design and Methods*. Sage publications.

Yueh, Linda. 2021. "The China Paradox: The Endogenous Relationship between Law and Economic Growth." *Journal of Chinese Governance* 6 (2): 257 – 82. https: //doi. org/10. 1080/23812346. 2020. 1785142.

Zeković, Slavka, Ksenija Petovar, and Bin Md Saman Nor-Hisham. 2020. "The Credibility of Illegal and Informal Construction: Assessing Legalization Policies in Serbia." *Cities* 97: 102548. https: //doi. org/10. 1016/j. cities. 2019. 102548.

Zeng, Ming, and Jing Vivian Zhan. 2015. "Sharing Resource Wealth for Peace: A Chinese Strategy to Cope with the Resource Curse." *Extractive Industries and Society* 2 (2): 302 – 9. https: //doi. org/10. 1016/j. exis. 2015. 02. 004.

Zeuthen, Jesper Willaing. 2018. "Whose Urban Development? Changing Credibilities, Forms and Functions of Urbanization in Chengdu, China." *Land Use Policy* 79: 942 – 951. https://doi.org/10.1016/j.landusepol.2017.07.009.

Zhan, Jing Vivian. 2017. "Do Natural Resources Breed Corruption? Evidence from China." *Environmental and Resource Economics* 66: 237 – 59. https://doi.org/10.1007/s10640-015-9947-4.

Zhan, Jing Vivian, and Ming Zeng. 2017. "Resource Conflict Resolution in China." *The China Quarterly* 230 (April): 1 – 23. https://doi.org/10.1017/S030574101700056X.

Zhang, XiuWu, LinSheng Yang, YongHua Li, HaiRong Li, WuYi Wang, and QuanSheng Ge. 2011. "Estimation of Lead and Zinc Emissions from Mineral Exploitation Based on Characteristics of Lead/Zinc Deposits in China." *Transactions of Nonferrous Metals Society of China (English Edition)* 21 (11): 2513 – 19. https://doi.org/10.1016/S1003-6326(11)61044-3.

Zhang, Xuehua, and Leonard Ortolano. 2010. "Judicial Review of Environmental Administrative Decisions: Has It Changed the Behavior of Government Agencies?" *China Journal* 64: 97 – 119.

Zhang, Yue. 2018. "The Credibility of Slums: Informal Housing and Urban Governance in India." *Land Use Policy* 79: 876 – 90. https://doi.org/10.1016/j.landusepol.2017.05.029.

Zhao, Heng, and Karlis Rokpelnis. 2016. "Local Perceptions of Grassland Degradation in China: A Socio-Anthropological Reading of Endogenous Knowledge and Institutional Credibility." *Journal of Peasant Studies* 43 (6): 1206 – 23. https://doi.org/10.1080/03066150.2016.1192609.

Zhao, Xin gang, Lei Wu, and Ang Li. 2017. "Research on the Efficiency of Carbon Trading Market in China." *Renewable and Sustainable Energy Reviews* 79: 1 – 8. https://doi.org/10.1016/j.rser.2017.05.034.

Zhao, Yanjing, and Chris Webster. 2011. "Land Dispossession and Enrichment in China's Suburban Villages." *Urban Studies* 48 (3): 529 – 51. https://doi.org/10.1177/0042098010390238.

Zheng, Ying, and Peter Ho. 2020. "Unpacking the Paradox of 'Insecure' Housing Rights in China: Urban Residents' Perceptions on Institutional Credibility. " *Cities* 97: 102485. https://doi.org/10.1016/j.cities.2019.102485.

Zhou, Ziqi, and Yung Yau. 2021. "The Small Property Rights Housing Institution in Mainland China: The Perspective of Substitutability of Institutional Functions. " *Land* 10: 915. https://doi.org/10.3390/land10090915.

Zhu, Songli, and Judith A Cherni. 2009. "Coal Mining in China: Policy and Environment under Market Reform. " *International Journal of Energy Sector Management* 3 (1): 9-28.

附录　矿业开采对矿区居民影响的问卷调查

您好，我们是关于矿业的发展及其影响研究项目的研究人员，想了解一下您所在村矿业的发展和影响。填写本次问卷将占用您 30—40 分钟的时间。对问卷中问题的回答，没有对错之分，您只要根据平时的想法和实际情况回答就行。我们将对您所提供的所有信息绝对保密。我们在以后的科学研究、政策分析以及观点评论中发布的是大量问卷的信息汇总，而不是对您个人、家庭的具体信息，不会造成您个人、家庭信息的泄露，请您放心。希望您协助我们完成这次访问，谢谢合作。

问卷编号：(＿＿＿＿)　(＿＿＿＿)　(＿＿＿)
　　　　　(县缩写)　(访谈员编号)　(样本编号)

访问员（签名）：＿＿＿＿＿＿＿

复核（签名）：＿＿＿＿＿＿＿

问卷开始时间：[＿][＿] 月 [＿][＿] 日 [＿][＿] 时 [＿][＿] 分；

结束时间：[＿][＿] 时 [＿][＿] 分（24 小时制）

A1. 您家离最近的矿开采点有多远？＿＿＿＿千米

A2. 离您家最近的矿开采点已经生产了多少年？＿＿＿＿年

A3. 矿业开采是否给您带来就业机会，请您回答以下问题：

【如果受访者是男性，则问男性当事人；如果是女性，则问其家庭男性劳动力的情况】

A3a. 您（或家庭中男性劳动力）是否在矿山工作？1. 是　　2. 否

A3b. 您（或家庭中男性劳动力）曾在矿山工作过多长时间？＿＿＿年

A3c. 您（或家庭中男性劳动力）现在还在矿山工作吗？

1. 是　　2. 否

A3d. 您没有在矿山企业工作的原因是？

1. 矿山企业不招本地人；2. 没有到矿山去找工作；3. 身体健康原

因；4. 年龄原因

A3e. 您有在县外或省外务工的经历吗？1. 是　　2. 否

A3f. 在外务工（县外，省外）和在就近的矿山工作，您更喜欢做什么？

1. 在外务工；2. 就近的矿山工作；3. 无所谓

A4. 矿业开采是否给您带来以下的收入？【如回答为"是"，询问此项每年大概收入】

A4a. 从事和矿产品运输相关的工作	1. 是	2. 否	88. 不清楚
A4b. 从事和矿业相关的零售店，小卖部	1. 是	2. 否	88. 不清楚
A4c. 从事和矿业相关的饭店饮食生意	1. 是	2. 否	88. 不清楚
A4d. 出租房屋给别人住宿或开小卖部	1. 是	2. 否	88. 不清楚
A5a. 矿山开采占用土地给予的一次性赔偿	1. 是	2. 否	88. 不清楚
A5b. 矿山开采租用土地给予的年租金	1. 是	2. 否	88. 不清楚
A5c. 矿山开采导致农作物收入减少，给予的赔偿	1. 是	2. 否	88. 不清楚
A5d. 矿山开采导致喝不上水，给予的赔偿	1. 是	2. 否	88. 不清楚
A5e. 矿山开采导致对环境有一定破坏，而给予的赔偿	1. 是	2. 否	88. 不清楚
A5f. 矿山企业定期给的红包，比如春节给老人的红包	1. 是	2. 否	88. 不清楚
A5g. 矿山企业给您家缴纳保险（如医疗保险等）	1. 是	2. 否	88. 不清楚
A5h. 矿山企业缴纳的养路费，过路费等	1. 是	2. 否	88. 不清楚
A5i. 运输车辆缴纳的养路费，过路费等	1. 是	2. 否	88. 不清楚
A5j. 其他和矿业相关的收入，比如：_____			

A6. 如果您从事农业或林业，您认为煤矿开采对您的收成是否有影响：

A. 一定有→
B. 可能有
C. 没有
D. 不知道

如果有影响，那么会引起哪些问题：
A. 减产 B. 产品质量降低 C. 增加成本 D. 其他
平均每年因为污染会给您造成的损失大约为：
A. 100 元以下   B. 100～200 元   C. 200～500 元
D. 500～1000 元   E. 1000～2000 元
F. 2000～5000 元   G. 5000 元以上

A7. 以下论述，您何种程度上赞同与不赞同？

	论述	1. 非常赞成	2. 赞成	3. 一般	4. 不赞成	5. 非常不赞成
A7a	矿产资源是属于国家的，任何人都不能私自开采	1	2	3	4	5
A7b	矿应该由国家来开采	1	2	3	4	5
A7c	矿留着有啥用，还是开采的好	1	2	3	4	5
A7d	矿业开采对我家的好处多于坏处	1	2	3	4	5
A7e	种地能挣几个钱？还不如利用机会把地租出去	1	2	3	4	5
A7f	有矿的村经济条件比其他没矿的条件好	1	2	3	4	5
A7g	开矿给我带来好处，我愿意忍受相应的环境污染	1	2	3	4	5
A7h	企业每年为当地税收作出贡献，当然地方政府不会下决心治理污染	1	2	3	4	5
A7i	即使有环境污染和生态破坏，也应维持经济发展速度	1	2	3	4	5

您好，在这部分我们想了解下矿业开采对环境方面的影响。

B1. 您对［矿区］居住点环境问题的评价：

环境问题	很严重	比较严重	一般	比较轻	没有
在您的居住区环境污染总体上是	1	2	3	4	5
大气污染	1	2	3	4	5
水污染	1	2	3	4	5
噪声	1	2	3	4	5
塌陷	1	2	3	4	5

B2. 您是否担心环境污染给您的生活、健康带来影响？
1. 非常担心　　2. 比较担心　3. 一般　4. 不太担心　5. 不担心

B3. 您认为当地居民的环境保护意识：
1. 意识很强　　2. 比较强　　3. 一般　4. 较差　　　5. 很差

B4. 您当地政府对环境保护工作：
1. 非常重视　　2. 比较重视　3. 一般　4. 不太重视　5. 很不重视

B5. 您是否愿意为改善环境而对附近的污染企业采取相应的行动：
1. 非常愿意　　2. 比较愿意　3. 一般　4. 不太愿意　5. 很不愿意

B6. 您认为周围的居民在何种程度上参与了针对污染企业的行动？
1. 非常不积极　2. 不积极　　3. 一般　4. 积极　　　5. 非常积极

B7. 您认为环保部门在何种程度上能积极和有效地处理环保投诉？
1. 非常不积极　2. 不积极　　3. 一般　4. 积极　　　5. 非常积极

B8. 您认为环保行动能在何种程度上改善居住地的环境质量？
1. 非常没用　　2. 没用　　　3. 一般　4. 有用　　　5. 非常有用

B9. 您认为您的环保行动在何种程度上能够获得社会上的认可和赞赏？
1. 非常没有认可 2. 没有认可　3. 一般　4. 认可　　　5. 非常认可

B10. 截至目前，您是否曾采取过以下针对附近污染企业的环保行动：

	措施	采取过此措施	没有采取过此措施
1	写信或打电话向环保部门投诉	1	2
2	亲自到环保等部门上访投诉，请求处理	1	2
3	向政府部门反映情况	1	2
4	向村委会反映情况	1	2
5	直接和污染企业交涉，寻求补偿	1	2

续表

	措施	采取过此措施	没有采取过此措施
6	参加针对污染企业的抗议活动	1	2
7	向媒体曝光	1	2
8	对污染企业提出法律诉讼，请求损害赔偿	1	2
9	不去污染企业应聘和工作	1	2

您好，在这部分我们想了解下您的家庭土地是否受矿业开采的影响。

C1. 在矿业开采中，您家承包的土地（包括耕地、林地、草地、荒地等）是否发生过以下情况？

C1a.	土地被政府征用后用于矿业开采	有	没有	如"有"，跳至
C1b.	土地直接出租给矿山企业	有	没有	问题C2a
C1c.	没有以上情况			跳至问题C1d

C1d. 您希望您家的地被占着好，还是留着好？
1. 占着好；2. 留着好，3 说不清
C1e. 您希望您家的土地是被政府征用还是直接出租给企业？
1. 政府征用；2. 直接出租给企业；3. 说不清
【对没有土地被征用/租用的被访者，跳至C7关于纠纷的部分】

【采访员注意，请根据C1选择读出下面［征用/租用］项】

C2a. 您的土地于［＿＿＿］年被［征用/租用］，面积为［＿＿＿］亩，得到了［＿＿＿］元赔偿。

C2b. 当您的土地被［征用/租用］时，您得到了什么福利？【多选】

1	住房安置	6	养老保险
2	最低生活保障	7	子女上学优惠
3	非农就业机会/招工安置	8	医保
4	职业培训	89	其他福利，请注明＿＿＿
5	城市户口	10	以上全没有

C2c. 当您的土地被［征用/租用］时，您希望得到什么福利？【多选】

1	住房安置	6	养老保险
2	最低生活保障	7	子女上学优惠
3	非农就业机会/招工安置	8	医保
4	职业培训	89	其他福利，请注明_____
5	城市户口		

C3. 在土地被［征用/租用］过程中

C3a	土地被［征用/租用］时，您是否得到了［征用/租用］通知	1. 有	2. 没有	88. 不清楚
C3b	［征用/租用］补偿款谈判时，村集体是否代表过村民讨价还价	1. 有	2. 没有	88. 不清楚
C3c	［征用/租用］补偿标准是否征求过村民的意见	1. 有	2. 没有	88. 不清楚
C3d	您对您家庭被［征用/租用］的土地面积是否清楚	1. 有	2. 没有	88. 不清楚
C3e	您对您家庭被［征用/租用］的土地边界是否清楚	1. 有	2. 没有	88. 不清楚
C3f	被［征用/租用］时，是否有［征用/租用］证明	1. 有	2. 没有	88. 不清楚
C3g	补偿款是直接分到每家每户的	1. 有	2. 没有	88. 不清楚
C3h	村集体是否得到了一部分的补偿款	1. 有	2. 没有	88. 不清楚
C3i	村集体是否有权参与土地［征用/租用］赔偿款的分配	有权	无权	88. 不清楚
C3j	村集体留有的土地补偿款是否应该在村和组之间分配	应该	不应该	88. 不清楚

C4. 您对［征用/租用］程序和结果的满意度

	非常满意	比较满意	一般	不太满意	很不满意
征地程序	1	2	3	4	5
赔偿金额	1	2	3	4	5

C5. 总体来说，您是否愿意土地被征用/出租？
1. 愿意　　2. 不愿意　　3. 说不清

C6. 如果您对［征用/租用］不满意，不满意的原因？【多选】

1	未就补偿金额征求过农民意见	5	没有得到任何补偿
2	大量补偿款被当地政府或干部截留滥用	6	补偿太低
3	邻村给的补偿更高	7	补偿不足以维持农民长期生活
4	邻村给的福利更多	8	补偿水平远低于市场价格
		98	其他，请注明_____

C7. 在矿业开采过程中是否出现过下列纠纷？［如有此纠纷，依次就该纠纷询问 C8 的问题］

	纠纷类型	出现过该类纠纷		C81 对象	C82 时间	C83 持续时间	C84 措施	C85 花费	C86 满意度
C7a	土地补偿款谈不拢	1. 有	2. 没有						
C7b	土地补偿款被截留	1. 有	2. 没有						
C7c	土地补偿款分配不均	1. 有	2. 没有						
C7d	没有谈妥，就使用土地	1. 有	2. 没有						
C7e	协议用地范围不清楚	1. 有	2. 没有						
C7f	道路使用纠纷	1. 有	2. 没有						
C7g	（地裂塌陷引起的）房屋损害纠纷	1. 有	2. 没有						
C7h	土地不适用耕种的纠纷	1. 有	2. 没有						
C7i	用工纠纷，如工资、解雇等	1. 有	2. 没有						
C7j	矿难纠纷	1. 有	2. 没有						
C7k	其他，请注明	1. 有	2. 没有						

C8a. 此纠纷主要是针对：

1. 其他村民；2. 村干部；3. 矿山企业；4. 政府；5. 其他，请注明_____

C8b. 纠纷是什么时间发生的：_____年

C8c. 纠纷持续了多少时间？_____天/月/年

C8d. 当有此纠纷时，您采取了什么措施？

1	找企业谈判，协商解决	
2	到企业阻工，要求解决	如"有"，跳至问题 C9a—C9d
3	找政府	
4	向媒体曝光	如"有"，跳至问题 C10a—C10b
5	到法院去上诉	如"有"，跳至问题 C11
6	上访	如"有"，跳至问题 C12a—C12c
7	其他，请注明_____	

C8e. 您为了解决此类纠纷，花了多少钱？_____元

C8f. 纠纷解决满意情况？

1. 非常满意 2. 比较满意 3. 一般 4. 不太满意 5. 很不满意

【根据 C84 选项，询问下列各项】

C9a. 如果您曾为了维护自己的利益，到工厂去阻工过，主要采取什么措施？

1. 静坐示威 2. 不让运输 3. 破坏设备 4. 迫使停产 5. 其他

C9b. 如果您曾为了维护自己的利益，到工厂去阻工过，参与人员主要有哪些人？

1. 独自或和家庭成员   2 和亲戚朋友   3 和同村村民   4 其他

C9c. 如果您曾为了维护自己的利益，到工厂去阻工过，有多少人参与？

1. 1 人   2. 2—5 人   3. 6—20 人   4. 21—50 人   5. 51 人以上

C9d. 如果您曾为了维护自己的利益，到工厂去阻工过，结果如何？

1. 对方报警抓人   2. 诉求成功解决   3. 没有解决问题

4. 部分解决   5. 其他

C10a. 如果您曾向媒体曝光过，媒体的反馈是？

1. 没有反应   2. 派记者来调查，但是没后文了

3. 有报纸文字报道 4. 电视报道   5. 其他

C10b. 如果您曾向媒体曝光过，结果如何？
1. 政府派人来解决，并成功解决
2. 政府派人来解决，并部分成功解决
3. 没有反应，问题没解决
4. 其他

C11. 如果您到法院去提起诉讼：

1	法院没有受理案件
2	受理了案件，全部解决了问题
3	受理了案件，部分解决了问题
4	受理了案件，完全没有解决问题
5	中途撤诉
6	其他，请注明

C12a. 如果您上访过，到哪一级别的部门上访过？
1. 县级部门   2. 省级部门   3. 北京   4. 其他

C12b. 如果您曾上访过，一起上访的人数有多少？
1. 1 人   2. 2—5 人   3. 6—20 人   4. 21—50 人
5. 51 人以上

C12c. 上访的结果如果？
1. 返还原地处理，处理中   2. 诉求成功解决
3. 没有解决问题   4. 其他

您好，我们在这部分想了解下您现在的居住情况及搬迁意愿。

D1. 请您对您现居住点的各项情况给予评价：

	非常满意	比较满意	一般	不太满意	很不满意
住房条件	1	2	3	4	5
住房质量	1	2	3	4	5
交通环境	1	2	3	4	5
中小学教育	1	2	3	4	5
医疗卫生和保障	1	2	3	4	5

续表

	非常满意	比较满意	一般	不太满意	很不满意
供电	1	2	3	4	5
自来水	1	2	3	4	5
治安形势	1	2	3	4	5
居住条件总体满意度	1	2	3	4	5

D2. 您的家庭是否从矿区搬迁出来的？

1	否，还继续在矿区	
2	是从矿区搬迁出来的	跳至问题 D7

此部分针对还继续在矿区居住的村民：

D3. 如果您的家庭住在矿区，您是否希望能够搬迁出来：

1	希望	跳至 D4
2	不希望	跳至 D5
88	不知道	

D4. 如果您希望从矿区搬迁出来，但是还没有搬迁的原因是：

1	自己家庭资金不够，不能搬出
2	政府没有提供相应的搬迁补偿
3	政府提供的搬迁补偿不够
4	其他原因，请注明_____

D5. 为了从矿区搬迁出来，您认为相关各方应该占多大的责任？【假设，搬迁需 10 万块钱，您认为政府应该补贴多少，企业补贴多少，个人出多少？访谈员根据回答情况，填入百分比】

1	政府	
2	企业	
3	个人	

D6. 您不希望从矿区搬迁的原因是：

1	搬迁补偿太低
2	搬迁后生活缺乏保障
3	搬迁后生产、生活方式变化
4	其他原因，请注明_____

【对继续留在矿区居住的被访者，此部分访谈结束，跳至背景信息】

【以下问题针对已搬迁居民】
D7. 如果您家是从矿区搬迁出来的，是因为什么而搬迁的？

1	土地征用
2	地质灾害搬迁
3	高山生态移民搬迁
4	宅基地复垦搬迁
89	其他原因，请注明_____

D8. 您的家庭是什么时间搬迁的？_____年
D9. 您现居住地距离原矿山居住点多远？_____千米
D10. 您是否自愿搬迁的？

1	完全自愿自主搬迁的
2	要求政府、企业协助搬迁
3	政府强制要求搬迁
4	政府建议搬迁

D11. 搬迁时，得到了何种补偿？（多选）

1	一次性现金补偿
2	生活补助
3	社保安置
4	住房安置
5	土地补偿
6	其他，请注明＿＿＿＿＿

D12. 为了从矿区搬迁出来，您认为相关各方应该占多大的责任？【假设，搬迁需10万块钱，您认为政府应该补贴多少，企业补贴多少，个人出多少？访谈员根据回答情况，填入百分比】

1	政府	
2	企业	
3	个人	

D13. 搬迁后，您原居住点的土地情况？

1	土地被完全占有，名下没有土地了		跳至 D15
2	土地被部分占用	还余（　　）亩	
3	土地没有被占用	有（　　）亩	

D14. 如果您原居住点还有土地，您怎么处理的？

1	继续按照原来生产方式耕种（如原来种两季，现仍种两季）
2	减少每年耕种量（如两季变一季；减少管理）
3	因距离远没有耕种了
4	承包给其他人了
5	其他，请注明＿＿＿＿＿

D15. 您的现有住房，是否有房产证？
1 有；2 没有；3 不清楚
D16. 搬迁后，您的户口是

| 1 | 农业户口 |
| 2 | 非农户口 |

D17. 您觉得您自己的身份是：

1	农民
2	城市居民
3	不是农民也不是城市居民
4	说不清楚

D18. 搬迁前后，您家庭的收入情况：

收入构成	搬迁前 是否有此项收入	此项收入每年多少钱？	搬迁后 是否有此项收入（有打钩）	此项收入每年多少钱？
一般农作物	1. 有 2. 无		1. 有 2. 无	
经济作物	1. 有 2. 无		1. 有 2. 无	
饲养家禽	1. 有 2. 无		1. 有 2. 无	
开店	1. 有 2. 无		1. 有 2. 无	
门店出租	1. 有 2. 无		1. 有 2. 无	
临时性务工	1. 有 2. 无		1. 有 2. 无	
本地务工	1. 有 2. 无		1. 有 2. 无	
外地务工	1. 有 2. 无		1. 有 2. 无	
下岗津贴	1. 有 2. 无		1. 有 2. 无	
政府补助	1. 有 2. 无		1. 有 2. 无	
退休金	1. 有 2. 无		1. 有 2. 无	
亲人供养	1. 有 2. 无		1. 有 2. 无	
其他	1. 有 2. 无		1. 有 2. 无	

D19. 搬迁前后，您家庭的支出情况：

支出构成	搬迁前 是否有此项支出		搬迁前 支出每年多少钱？	搬迁后 是否有此项支出		搬迁后 支出每年多少钱？
食物支出	1. 有	2. 无		1. 有	2. 无	
居住（房租、物业管理费等）	1. 有	2. 无		1. 有	2. 无	
生活用水费用	1. 有	2. 无		1. 有	2. 无	
用电费用	1. 有	2. 无		1. 有	2. 无	
天然气、煤气费用	1. 有	2. 无		1. 有	2. 无	
医疗保健	1. 有	2. 无		1. 有	2. 无	
生产经营性支出	1. 有	2. 无		1. 有	2. 无	
人情礼金支出	1. 有	2. 无		1. 有	2. 无	
其他	1. 有	2. 无		1. 有	2. 无	

D20. 总体来说，与搬迁前相比，目前家庭生活水平：
1. 提高；2. 下降；3. 没有变化

D21. 搬迁后，您是否后悔搬迁出来？

1	不后悔
2	后悔，但是也回不去了
3	后悔，有机会会搬回去住
4	其他，请注明_____

最后，我想要了解一下您个人的基本情况，仅供分析使用，希望您不要介意。

E1. 您的性别：1 男　2 女
E2. 您的出生年份：[_____ | _____ | _____ | _____] 年
E3. 受教育程度（包括目前在读的）：

E3a	您的受教育程度	E3b	您家庭成员的最高学历
1	没上过学	1	没上过学
2	小学及以下	2	小学及以下
3	初中	3	初中
4	高中	4	高中
5	大专及本科	5	大专及本科
6	研究生及以上	6	研究生及以上

E4. 您家庭的收入情况：

E4a	您个人的月收入情况	E4b	您家庭的2014年收入情况
1	500元及以下	1	5000元以下
2	501—1000元	2	5001—10000元
3	1001—2000元	3	10001—20000元
4	2001—3000元	4	20001—30000元
5	3001—4000元	5	30001—40000元
6	4001—5000元	6	40001—50000元
7	5000元以上	7	50000元以上

E5. 您的家庭人口情况：

E5a	与您住在一起的家人（包括您本人）	[＿＿＿] 人
E5b	需抚养的18岁以下人口	[＿＿＿] 人
E5c	18岁以上子女及其配偶	[＿＿＿] 人
E5d	住在一起的老人数量	[＿＿＿] 人
E5e	在家务农成年人	[＿＿＿] 人
E5f	在外打工成年人	[＿＿＿] 人
E5g	赋闲在家	[＿＿＿] 人

E6. 您的家庭所在地距离您经常去的集镇有多远？＿＿＿＿＿＿千米

E7. 您的家庭在现居住点已经居住了多少年？＿＿＿＿＿＿年

E8. 您的家庭拥有和实际耕作的土地情况？

	土地面积	实际耕种面积
E8a 水田	[＿＿＿＿＿＿] 亩	[＿＿＿＿＿＿] 亩
E8b 旱地	[＿＿＿＿＿＿] 亩	[＿＿＿＿＿＿] 亩
E8c 林地	[＿＿＿＿＿＿] 亩	[＿＿＿＿＿＿] 亩
E8d 草地	[＿＿＿＿＿＿] 亩	[＿＿＿＿＿＿] 亩

E9. 您的家庭中是否有购买以下保险？

E9a	[＿＿＿＿＿＿] 人购买了城镇居民社会保险
E9b	[＿＿＿＿＿＿] 人购买了农村养老保险
E9c	[＿＿＿＿＿＿] 人购买了农村医疗保险